KB136684

머니 앤드 러브

Money and Love

Copyright ⓒ2022 Myra Strober, Abby Davisson
Korean Translation Copyright ⓒ2023 by Previewbooks. Korean edition is published
by arrangement with Fletcher & Co. through Duran Kim Agency.

이 책의 한국어판 저작권은 듀란킴 에이전시를 통한
Fletcher & Co.와의 독점계약으로 도서출판 프리뷰에 있습니다.
저작권법에 의하여 한국 내에서 보호를 받는 저작물이므로 무단전재와 무단복제를 금합니다.

MONEY
and
LOVE

─── 머니 앤드 러브 ───

마이라 스트로버 · 애비 데이비슨 지음 | 이기동 옮김

도서
출판 프리뷰

로렌은 훌쩍이며 눈물을 훔쳤다. 그날 하루 좋은 일들이 있었는데 왜 기분이 그 지경이 되었는지 생각해 보았다. 뉴욕 최고 명문 대학원으로부터 입학허가서가 날아왔다. 그것도 전액 장학생으로 받아준다는 것이었다. 그런데 3년 동안 사귀어 온 남자친구 그레그가 그 소식을 듣고 자기는 직장에서 승진한 지 얼마 되지 않아 지금 있는 캘리포니아를 떠날수 없다고 했다. 더 놀랄 일은 그 말을 하면서 한쪽 무릎을 꿇고 결혼하자며 프러포즈를 하는 것이었다.

대학원 진학과 남자친구의 청혼 둘 다 오랫동안 기다려온 일이었다. 그런데 이 멋진 소식들이 그동안 상상해 온 것과 다른 결과로 나타났다. 정녕 그레그와의 관계와 자신의 미래 사이에서 양자택일해야 한다는 말인가? 하루 사이에 로렌은 일과 사랑, 즉 러브 앤드 머니 love and money 라는 복잡하고 어려운 문제와 마주하게 되었다. 어느 쪽을 택할 것인가? 그녀는 이 어려운 결정을 어떻게 내릴 것인가? 어쩌면 이 두 번째 질문이 더 중요할지도 몰랐다.

살면서 우리는 어쩔 수 없이 일과 사랑이라는 문제와 관련된 힘든 결정과 마주하게 된다. 생의 동반자와 자신의 경력 사이에서 어느 쪽을 택할지 양자택일해야 하고, 결혼할지 말지를 놓고 고민하고, 아이를 가질지 말지를 놓고 고민한다. 그리고 병들어 아프거나 장애가 있는 가족을 돌보는 문제, 자신의 병이나 장애를 이겨내는 문제를 놓고도 힘든 결정과 마주한다. 어느 도시에 가서 살지 고민하고, 가사 분담을 어떻게 할지를 놓고도 쉽지 않은 결정을 내려야 한다. 승진이나 좋은 일자리 제안을 받고 망설이고, 지출과 저축, 투자를 어떻게 가져갈지를 놓고 고민한다. 일과 자녀 양육을 조화롭게 해나갈 줄도 알아야 하고, 언제 어떤 식으로 이직이나 전직을 할지도 고민해야 한다. 관계를 더 돈독히 할 상대와 관계를 끝낼 상대도 선별해야 한다. 부모님 연세가 드시면 노후를 어떻게 돌봐드릴지, 장례 준비도 미리 해놓아야 한다. 자신도 나이가 들면서 은퇴 후 생활을 어떻게 하고, 배우자가 아프면 어떻게 돌볼지 대비해야 한다.

일과 사랑이 걸린 이런 결정은 결코 쉽지 않다. 더구나 우리는 큰 변화가 빠르게 일어나고 있는 시기에 이런 문제와 마주하고 있다. 코로나바이러스 팬데믹을 겪으며 미국인 중에서도 부엌이나 거실, 침실로 일자리를 옮긴 사람이 수백만 명에 이른다. 다양한 연령층의 가족과 사랑하는 사람을 돌보면서 일을 병행하게 된 것이다. 생활과 일을 분리하는 게 갑자기 환상 속의 일이 되고 말았고, 사람들은 이 두 가지가 얼마나 밀접하게 연결돼 있는지 실감하게 되었다. 현실이 이렇게 바뀌며 러브 앤드 머니와 관련해 결정을 내려야 할 목록에 복잡한 항목들이 새로 추가되었다.

- 맞벌이 부부의 가사 분담 규칙은 계속 변할 것이다. 팬데믹 이전부터 재택근무 남편의 수가 증가했는데, 이 추세가 계속 이어지고 더 가팔라질까? 팬데믹 시기에 많은 여성이 일터를 떠났는데 이들이 돌아오면 어떤 일이 벌어질까?
- 기술 기반 경제가 강화되면서 사라지는 일자리가 있는가 하면 새로 만들어지는 일자리들도 있다.
- 원격 일자리는 눈에 띄게 더 늘어날 것이다. 줌zoom 피로 현상을 걱정한다는 소리도 있지만 과연 그럴까? 재택근무 증가는 누구나 부러워하는 흐름이 아닐까?

물 부족, 대형 산불, 폭풍을 비롯한 여러 기상이변처럼 기후변화로 인해 나타나는 현상들까지 우리가 어디서, 어떻게, 누구와 삶을 영위할지를 결정하는 데 점점 더 많은 영향을 미칠 것이다. 이런 거대 변화를 겪는 한편 사람들은 온라인 세상에 빠져 지낸다. 온라인 세상은 우리의 생각을 왜곡하고, 어떤 삶이 좋다는 이상적인 가상현실을 보여준다. 세상이 복잡해지며 일과 사랑의 관계와 관련해 우리가 내려야 하는 결정도 점점 더 복잡해지고 있다.

이 책은 여러분이 일과 사랑에 관해 여러 결정을 내리는 데 도움을 주는 가이드 역할을 할 것이다. 여러분에게 어떤 결정을 내리라고 직접 말해 주지는 않을 것이다. 결정은 여러분만이 내릴 수 있다. 대신 우리는 유용한 프레임워크와 관련 연구 결과를 제공하고, 여러분이 원하는 방향으로 우선순위를 정하고, 결정을 내리는 데 도움을 주려고 할 것이다.

그렇게 하면 여러분은 보다 편안하게 자신감을 가지고 중요한 결정을 내릴 수 있게 될 것이다. 여러분의 힘으로 어떻게 할 수 없는 외부 요인이 여러분의 삶을 좌지우지하려고 할 때도 확고한 틀을 가지고 여러분의 인생항로를 바로잡아 나갈 수 있게 될 것이다. 한발 한발 더 큰 삶의 목표와 꿈을 향해 나아가고, 자신이 바로 자기 삶의 주인이라는 강한 확신을 갖게 될 것이다. 삶의 일부분이 아니라 중요한 부분 대부분에서 자신이 주인이라는 확신이다. 이런 부분들이 합쳐져서 인생의 더 큰 행로를 결정해 나가도록 여러분 스스로가 삶의 주인이 되는 것이다.

어려운 시기에는 삶을 한번 되돌아봄으로써 더 나은 쪽으로 결과를 이끌어갈 수 있다. 1970년에 노동경제학자인 마이라 교수는 당시 강의를 하고 있던 캘리포니아대학교 버클리 캠퍼스(UC 버클리) 측으로부터 절대로 종신교수 트랙에 오를 수 없을 것이라는 통보를 받았다. 어린아이 두 명의 엄마라는 게 이유였다. 이 성차별적인 편견을 극복하기 위해 그녀는 노동과 가정을 주제로 한 세미나 강의를 개설해 달라고 요구했는데, 이 세미나는 호평을 받으며 얼마 되지 않아 정식 과목으로 바뀌었다. 그로부터 2년 뒤에 UC 버클리는 그녀에게 조교수 자리를 제안했으나 그녀는 이를 거절하고 스탠퍼드대학교 경영대학원GSB 최초의 여성 정교수로 임용되었다. 이후 수십 년 동안 그녀는 엄청난 인기를 누린 학과목 '노동과 가정'Work and Family 강의를 통해 수천 명의 학생들을 인도했고, 이 강의가 이 책을 쓰도록 영감을 주었다. 마이라 교수는 2018년에 은퇴해 스탠퍼드대 교육대학원GSE과 GSB의 명예교수로 물러났다.

처음에 UC 버클리에서, 나중에는 스탠퍼드대에서 '노동과 가정' 과목을 가르치면서 마이라 교수는 수업에서 다루는 많은 주제를 본인 스스로 겪었다. 공동육아group childcare가 자리 잡지 않은 시절에 아이들을 키웠고, 이혼과 재혼, 노모를 돌보고, 나중에는 파킨슨병 진단을 받은 남편을 간호했다. 세월이 지나며 점점 더 많은 여성이 일터로 진출하고 여러 분야에서 문화 전반이 크게 변했다. 40년 동안 이 과목을 가르치면서 마이라 교수는 자신을 비롯해 다른 이들의 경험을 반영하고, 새로운 연구 결과와 초청 연사들의 경험을 접목해 강의 내용을 계속 새롭게 가다듬었다.

'노동과 가정' 강좌가 계속해서 큰 인기를 누린 것은 마이라 교수의 일관성 있으면서도 유연한 강의방식 덕분이었다. '일어난 일에 대해서 직설적으로, 그리고 사실만 이야기한다.'는 그녀는 강의 내내 이런 핵심 철학을 고수했다. 검증된 자료에 의존하면서 자료의 한계성을 면밀히 검토했다. 개인적인 견해와 경험을 토론에 활용했다. 그리고 학생들에게 가정과 일터, 나아가 사회를 변화시키는 일에 자신이 맡은 역할을 다 하라고 격려했다.

이런 핵심적인 접근법을 충실히 지키면서도 과목 자체는 시간에 따라 변화하는 문화적 신념과 규율에 맞게 발전시켰다. 스탠퍼드대 GSB는 민간 엘리트 교육기관으로 대학 내 모든 그룹의 입장을 다 반영하지는 않는다. 하지만 대학이 다양성을 존중하면서 '노동과 가정' 강의의 주요 관심사도 따라서 바뀌었다. 국제 학생 수가 증가하면서 유럽 학생들은 미국 학생들이 결혼에 '집착'하는 것을 보고 놀라워했다. "도대체 왜 결혼을 꼭 하려고 하는 거지요?" 유럽 학생들은 이렇게 물었다. 반면에 파키스탄, 인도에서 온 일부 학생들은 자기 나라에 중매결혼 제도가 있다는 사실에 안도했다. 생의 동반자를 선택하는 데 드는 수고를 덜어준다는 이유에서였다.(흥미롭게도 이들 나라에서 온 여학생과 중성인 학생들은 중매결혼에 대해 남학생들만큼 찬성하는 입장을 보이지 않았다.) 인종, 민족, 성별, 성적 지향 면에서 다양성이 확대되면서 강의는 역사적으로 소외된 집단의 문제까지 다루게 되었다. 흑인이라는 사실이 결혼할 때 어떤 영향을 미치는가? 자녀를 가지려고 하는 데 게이라는 사실이 어떤 영향을 미치는가? 소수 그룹에 속한다는 사실이 구직과 사는 곳을 정하는 데 어떤 영향을 미치는가?

강좌 개설 초기부터 다양한 인종과 민족 배경을 가진 여학생, 남학생, 중성 학생 등 수천 명이 수강신청을 했다. 미혼, 교재 중인 학생, 기혼자, 그리고 여러 성적 지향을 가진 학생들이 강의를 들으러 왔다. 학생들은 마이라 교수가 한 강의들 중에서 제일 유익한 강의 가운데 하나였다고 말했다. 졸업 후 몇 해가 지난 뒤 학생들은 학부와 대학원에서 수강한 다른 어떤 강의보다도 마이라 교수의 그 강의가 인생 준비를 더 알차게 시켜 주었다고 쓴 편지를 보내왔다. 그리고 그때 강의실에서 배운 정보와 방법을 지금도 유용하게 활용하고 있다고 했다.

그 학생들 가운데 한 명이 바로 애비Abby였다. 그녀는 경영대학원에 다니던 2008년에 마이라 교수의 강의를 들었는데 당시 같은 경영대학원에 다니고 사귄 지 1년 된 남자친구 로스Ross도 함께 강의를 들었다. 졸업이 가까워지면서 두 사람은 같은 도시에서 직장을 구할지, 그럴 경우 동거를 시작할지 여부 등을 정할 필요가 있었다. 처음에는 그런 생각을 입에 올리는 것 자체가 힘들었던 두 사람은 마이라 교수의 강의를 통해 진지하고 효과적으로 의사결정을 하는 방법을 배웠다.

마이라 교수의 강의는 애비와 로스 모두에게 큰 도움이 되었고, 로스는 혼전 동거 문제를 두 사람의 졸업 논문 주제로 삼았다. 이 논문을 시작으로 이후 두 사람은 여러 건의 공동 작업을 진행했다. 애비와 로스는 10년 넘는 결혼생활을 통해 두 명의 자녀를 두었다. 두 사람은 그 수업이 맞벌이 부부의 자녀 양육이라는 공중곡예 같은 삶을 성공적으로 헤쳐 나갈 청사진을 제공해 주었고, 나아가 자신들의 삶을 바꾸어 놓았다고 말한다.

졸업 후에도 애비와 로스는 마이라 교수와 연락을 주고받았고, 얼마 후 마이라 교수는 두 사람을 초청 연사로 강의에 초대하기 시작했다. 두 사람은 10년 가까이 매년 샌프란시스코에서 팔로알토까지 자동차로 45분을 달려 초청 연사로 강의실을 찾았다. 자동차를 함께 타고 가면서 두 사람은 부부관계를 되돌아보는 시간을 가졌다. 자동차 대화는 결국 가사 분담 문제로 귀결되더라는 우스갯소리도 했다. 애비는 포춘 200대 기업에서 승진 사다리를 차곡차곡 올라갔다. 그녀는 동료들이 커리어와 관련한 결정을 내리는 데 집안일이 얼마나 자주 영향을 미치는지 알게 되었다. 가정 친화적인 문화와 여성이 다수인 직장 내 인력구조에도 불구하고 그런 문제가 공개적으로 논의되거나 인정된 적은 없었다. 애비는 많은 이들이 마이라 교수의 수업에서 가르치는 프레임워크와 통찰력을 접할 수 있다면 큰 도움이 될 것으로 생각했다.

마이라 교수는 은퇴한 뒤 어느 날 애비와 점심을 함께 하는 자리에서 자신의 강의 내용을 책으로 쓰고 싶다고 했다. 스탠퍼드 강의실 바깥에 있는 많은 사람들에게 강의 내용을 들려주고 싶다는 희망이었다. 마이라 교수는 맞은편에 앉은 애비를 쳐다보면서 공동저자를 할 적임자를 찾았다고 생각했다. 애비는 강의를 직접 들은 제자이고, 가정과 일을 함께 영위하는 전쟁 같은 삶을 살았다. 그러면서 나이 드신 부모를 부양하고, 자녀 둘을 키우면서 성공적으로 직장생활을 해나가는 그녀보다 더 나은 적임자가 어디 있겠는가? 그 첫 점심 식사를 시작으로 두 사람은 이 책 저술에 매달렸다.

이 책에서 소개하는 이야기는 출처가 여러 곳이고 다양한 견해를 반영하고 있다. 마이라 교수의 제자와 동료, 친구들의 이야기도 다수 들어 있다. 제자인 애비도 급우, 가족, 친구들의 이야기를 소개했다. 범위를 넓히기 위해 스탠퍼드 경영대학원 졸업생을 대상으로 조사를 실시했고, 독특한 견해를 밝힌 조사 응답자 수십 명과 후속 인터뷰도 진행했다. 사생활 보호를 위해 이름과 누구인지 짐작될 만한 내용을 바꿨지만 각자의 사정이 담긴 이야기의 본질은 유지되도록 했다.

인종과 성별, 성적 지향, 나이, 능력, 계층과 관련해 우리 사회에서 벌어지는 부당한 일들이 사람들의 선택에 부정할 수 없는 차이를 만들어낸다고 우리는 생각한다. 인터뷰에 응한 흑인 몇 명은 자신들이 미국 기업에서 겪은 인종차별 때문에 사업가의 길을 택했다고 했다. 한 명은 이렇게 말했다. "흑인이라는 사실이 내 경력에 미치는 가장 큰 영향은 대규모 조직에서 최고 자리에 오르기는 꿈같은 일이라는 점이다. 최고위 자리에 오르려면 여러 승진 계단을 거쳐야 하는데 그때마다 인종적인 편견과 맞닥뜨리게 된다. 업무능력 평가에서도 그렇고 스폰서십을 찾는데도 그렇다."

포춘 선정 100대 기업의 부사장 자리에 오른 어느 흑인은 "미국 기업은 나 같은 사람이 일하기 좋도록 만들어진 곳이 아니다."라고 직설적으로 말했다. 우리는 이러한 차별이 엄연히 존재한다는 사실을 인정하고 이를 해소하기 위한 방안을 논의한다. 진정한 평등이 실현되기 위해서는 여러 분야에서 전면적인 시스템 변화가 필요하지만 그것은 이 책에서 다룰 범위 밖에 있다.

이 책을 효과적으로 활용하려면

이 책은 여러분이 의사결정을 하는 데 유용한 특별한 통합 접근법을 제공하려고 한다. 이 접근법을 이용해 여러분 스스로 삶의 목표와 우선순위에 맞게 의사결정을 하도록 여지를 제공해 주려는 것이다. 여러분의 삶을 구성하는 여러 부분은 시간의 흐름에 따라 자연스럽게 부침을 거듭한다. 그런 가운데서도 유난히 오래 마음에 남는 부분들이 있을 것이다. 의사결정의 틀이 되는 5C 프레임워크를 소개한 Chapter 01을 읽고 나면 이후부터는 내용별로 차례차례 읽어도 좋고, 그때그때 마음 가는 대로 어느 챕터든 골라 읽어도 좋다.

책의 목적은 여러분 스스로 두 눈을 크게 뜨고 어떤 방향으로 나아갈지를 결정하도록 여지를 주려는 것이다. 이러한 목표를 향한 탐구는 Chapter 02부터 본격적으로 시작되는데 먼저 배우자를 선택하는 데 있어서 관련된 핵심적인 의사결정 과정을 살펴본다. 이 선택 과정은 이후 살아가면서 마주하게 될 수많은 결정의 방향 설정에 영향을 미치게 된다. 이어지는 챕터에서는 결혼할지 말지, 자녀를 가질 것인지, 가사 분담, 어디서 살고, 이사는 언제 할지, 가정생활과 직장생활을 조화롭게 해나가는 문제, 어려운 인간관계를 극복해 나가는 법, 어쩔 수 없이 마주하는 이혼의 과정, 그리고 집안의 어른을 부양하는 문제 등을 다룬다.

마지막으로 한발 뒤로 물러나 큰 그림을 보려고 했다. 사회 규범이 어떻게 바뀌고 있고, 일하는 곳과 지역사회에서 여러분 스스로 어떻게 변화의 주역 역할을 할 수 있을지 살펴보았다. 수시로 이 책을 펼쳐봄으로써 5C 프레임워크가 여러분의 의사결정 과정과 자신감을 키우는 데 도움이 되었으면 좋겠다. 또한 여러분이 책에 소개된 내용을 통해 인생의 어려운 시기에 좋은 동반자가 있다는 위안을 받기를 바란다.

우여곡절로 가득 찬 게 우리의 삶이고, 우리 모두 어쩔 수 없이 힘든 결정을 내리며 살아간다. 하지만 고교에서는 의사결정과 관련된 과목을 가르치지 않고, 대학에서도 대안을 검토하고 비슷한 결정을 놓고 비교해 보는 방법을 가르치는 학과목은 없다. 각자가 원하는 개별 우선순위를 서로 단절시킴으로써 우리는 일과 사랑을 이것 아니면 저것의 양자택일로 만든다. 예를 들어 좋은 직장과 행복한 결혼 둘 중에서 하나를 택하라는 식이다. 이런 전제를 당연한 것으로 받아들이는 대신 우리는 왜 두 가지 모두를 받아들일 방법을 찾아보지 않느냐고 묻는다.

분명히 말하지만 '모든 걸 한꺼번에 다 가지라는 것'은 아니고, 모두 다 가지라고 하는 것도 전혀 아니다. 여러분이 원하는 바가 무엇인지를 분명히 하고, 그런 다음 충분한 정보와 균형감각을 가지고 여러분의 개인적인 목표와 직업상의 목표를 추구하라는 것이다. 책에 소개한 5C 프레임워크는 유연하면서도 확고한 분석틀을 제시한다. 이 틀은 여러분의 삶에서 마주하게 되는 많은 중요한 일과 인간관계를 설정하는 데 영향을 미칠 것이다. 그렇게 해서 여러분은 더 많은 선택의 여지가 있다는 사실을 알고, 더 나은 결론을 얻고, 아울러 더 느긋한 즐거움을 맛보게 될 것이다.

대중문화에서 묘사하는 것처럼 사랑은 동화가 아니고, 일도 구속이 아니다. 일과 사랑이 힘을 합하면 두 가지 모두 매우 강력한 힘을 발휘해 여러분과 여러분이 사랑하는 사람이 가장 원하는 삶을 키워갈 수 있도록 도와줄 수 있다.

우리는 기존의 의사결정 콘텐츠에 들어 있지 않은 무엇인가를 제공하기 위해 이 책을 썼다. 바로 인간관계를 고려해 직업과 인생의 가이드를 제공하려는 것이다. 우리가 제시하는 프레임워크는 가장 개인적인 선택과정에 적용하는 의사결정 틀이고, 사랑과 일에서처럼 여러분이 살면서 마주하게 되는 중요한 결정을 내리는 데 로드맵이 되어 줄 것이다. 이 틀은 많은 이들에게 적용되고 도움을 줄 것이다.

우리는 스스로를 낙관적 현실주의자로 생각한다. 우리는 이 책에서 여러 까다로운 문제를 해결하기 위해 노력했고, 원고를 미리 읽어본 많은 이들이 위안을 주는 내용이라고 평가했다. 여러분도 그런 위안을 받았으면 좋겠다. 나아가 이 책이 개인적인 차원과 사회적인 차원에서 변화를 위한 행동에 나서도록 여러분을 자극해 주기를 바란다. 여러분의 가족, 친구, 그리고 젊은이들을 비롯해 모든 연령대의 지인들과 그 뜻을 함께 나누었으면 좋겠다. 이른 나이에 보다 사려 깊은 결정을 내리기 시작하면 우리는 그만큼 더 행복하고 더 현명해질 것이다.

우리의 삶에서 사랑과 일 만큼 건강과 행복에 중대한 영향을 미치는 요소는 없을 것이다. 이 두 요소는 역사적으로 서로 맞부딪치는 것으로 생각되어 왔다. 일과 사랑 중에서 어느 쪽이 더 중요할까? 여러분은 어느 쪽을 택할 것인가? 경험해 보니 일과 사랑은 삶의 가치와 욕망에 걸맞는 삶을 살도록 우리를 인도하는 초대장 같은 것이다. 그래서 책 제목을 『머니 앤드 러브』*Money and Love*로 정했다. 부디 이 초대를 받아들여 여러분 자신과 여러분의 삶에 잠재해 있는 능력을 일깨우는 데 이 책을 사용했으면 좋겠다.

글 싣는 순서

MONEY *and* LOVE

Chapter 01

일과 사랑

5C 프레임워크 활용하기

　　　　　　　　지나고 보면 제대로 보인다는 말이
있지만, 우리의 의사결정 '시력'이 실제로 나쁜 게 아니라 잠시 흐려진
것이라면 어떻게 할 것인가. 로렌은 갑자기 남자친구 그레그와 결혼해
캘리포니아에 주저앉을지, 최고 명문 대학원의 전액 장학생 입학 제안
을 받아들여 뉴욕으로 떠날지를 놓고 양자택일해야 하는 처지가 되었
다. 당연히 그녀는 큰 부담을 느꼈다. 3년 동안 사귀며 사랑하는 남자
와 결혼하는 게 옳을까? 아니면 명문 대학원에 진학해 자신이 원하는
장래를 향해 길을 개척해 나가는 게 잘하는 것일까? 그녀는 어떤 방법
으로 이 결정을 내려야 할까? 만약 여기서 '잘못된' 선택을 하면 그녀의
미래 전부가 몽땅 망쳐지고 마는 것인가?

철학자 루스 챙Ruth Chang은 중요한 결정은 삶의 행로를 바꾸어놓을 수 있지만, 바람직한 대안들이 있을 경우에만 좋은 결정이 될 수 있다고 했다.[1] 다시 말해 하나 이상의 선택지가 긍정적인 요소를 가져야 좋은 결정을 내릴 수 있다는 것이다.

사회생활을 하는 동안 우리는 중요한 결정은 세분화된 방법을 통해 내리는 게 실용적이라고 배웠다. 전통적으로 커리어와 관련한 선택을 할 때는 관계에 대한 선택을 고려에 넣지 말라고 한다. 자신이 원하는 일과 일자리에만 초점을 맞춰 생각하라는 것이다. 그리고 사랑에 관한 결정을 내릴 때는 어떤 사랑을 원하는지에 대해서만 생각하라고 권한다. 로렌의 경우에는 현실적으로 감정적인 결정(사랑)이 불가피하게 경제적인 혜택(돈)에 영향을 미친다. 그 반대의 경우도 마찬가지다. 전체 그림을 보지 않고 좋은 결정을 내릴 수는 없다.

_____ 결정을 신속히 내리고 싶은 충동 억제하기

전체를 보며 장기적으로 최적의 결정을 내리기는 쉽지 않다. 사회과학 연구(경험을 포함해서)는 우리가 본능적으로 관심 범위를 좁혀 단기적이거나 한정된 요소들의 부분집합에 집중하는 경향이 있다고 강조한다. 단기적이고 한정된 요소 두 가지 다 해당되기도 한다. 노벨 경제학상 수상자 대니얼 카너먼Daniel Kahneman은 명저 『생각에 관한 생각』Thinking, Fast and Slow에서 사람의 뇌가 생각할 때 사용하는 두 가지 시스템에 대해 설명한다.[2] 시스템1은 통찰적이고 감정적이며, 우리가 피곤하거나 급할 때, 그리고 특별히 낙관적인 기분에 휩싸여 있을 때 이 시스템으로 넘어간다. 너무 들떠서 결과를 따져볼 겨를이 없을 때 우리 뇌에서 "어쨌든 좋아."라고 말하라고 부추기는 부분이다. 흥분한 나머지 부정적인 결과는 상상하기조차 힘들 때 "일단 한번 해보자!"라고 말하라고 부추기는 것도 바로 이 부분이다. 시스템2는 전혀 다른 성향을 갖고 있다. 시스템2는 보다 사려 깊고 논리적인 접근을 하기 때문에 숙고하라고 주문한다. 우리 뇌의 이 부분은 우리가 "어쨌든 좋아." "일단 한번 해보자!"라는 식으로 말하는 것을 들으면 "잠깐, 이게 정말 좋은 생각일까?"라고 반문하거나 "기다려 봐, 한발 물러서서 다른 요인도 모두 검토해 보자."라고 주문한다.

시스템2 사고는 충동성과 편견에 중대한 견제 역할을 한다. 이 책의 상당 부분은 여러분이 사랑과 일에 관한 결정을 내릴 때 시스템2를 가동하도록 돕는 데 할애되었다. 결정 과정의 속도를 늦추고, 여러분이 한 가지 이상의 각도에서 결정을 검토하도록 여유 공간을 만들어 주려는 것이다. 이렇게 함으로써 여러분은 보다 많은 정보를 토대로 자신이 의도한 대로 결정을 내리게 될 가능성이 높아진다. 하지만 그렇게 하는 게 생각만큼 간단한 일이 아니다. 때때로 사람들은 자신이 심사숙고해서 결정을 내린다고 생각하지만, 실제로는 장기적으로 도움이 되지 않는 즉흥적인 반응에 의지한다.

_____ 미래가 불확실해도
계획은 필요하다

아무리 잘 짜인 계획도 전혀 예기치 않은 때 옆길로 빠질 수 있다. 유대인 격언에 '인간이 계획을 세우면 하느님이 웃는다.'는 말이 있다. 계획은 아예 세울 필요가 없다는 말을 할 때 자주 인용되는 격언이다. 어떤 결과가 나타날지 도저히 알 수 없다면 계획이 무슨 소용이 있겠는가. 진부하게 들릴지 모르나 계획과 관련해 이런 말도 있다. '계획 짜기에 실패하는 것은 실패를 계획하는 것이다.'(When you fail to plan, you plan to fail.) 그러나 계획을 짠다고 의도한 결과가 나온다고 보장해 줄 수 있는 사람은 아무도 없다. 좋은 예를 하나 들어보자. 2019년에 우리 가운데 몇 명이나 2020년에 닥칠 팬데믹에 대비할 계획을 세우고 있었을까? 하지만 아무리 불완전하고 불확실한 세상이라고 해도 계획은 필요하고 중요한 일이다. 계획을 세우지 않으면 여러분이 원하는 결과물을 얻어내지 못할 가능성은 크게 증가한다.

사랑과 일에 관한 결정을 내릴 때 여러분이 필요하다고 생각하는 정보는 대부분 손에 넣기 어려울 것이다. 그러려면 미래를 예견하는 능력이 있어야 하기 때문이다. 예를 들어 둘째 아이를 가질 계획을 세운다는 것은 앞으로 태어날 아이의 건강상태나 기질이 어떨지 모른다는 사실을 받아들이는 것이다. 현실이 그렇다고 하더라도 철저한 검토과정을 거쳐서 원하는 결정을 내린다면 여러분의 생각과 판단의 수준이 올라갈 것이다. 원하는 결과물이 나오지 않더라도 여러분의 선택이 새로운 환경에 잘 적응할 수 있도록 '마음 근육'mental muscle이 단련되는 효과가 있을 것이다.

———— 사랑과 일에 대한
논리적 접근

언제, 어떻게, 얼마나 자주 계획을 세우는가는 어느 정도 그 사람의 개성에 따라 달라진다고 할 수 있다. 어떤 사람은 어렸을 적부터 계획을 세우기 시작해 그 습관을 계속 유지한다. 애비는 아홉 살때 여름방학 캠프에서 일기를 쓰기 시작했는데 이튿날 입을 옷을 일기에 미리 골라두었다. 또 내가 아는 어떤 여성은 휴가 가기 전에 필요한 물건을 스프레드시트에 꼼꼼하게 작성해 놓아야 직성이 풀린다. 타고난 품성이 그렇든 습관이든, 아니면 둘 다이든 이런 사람들은 '계획을 세우는 사람들'이 분명하다. 계획 세우는 게 몸에 익은 사람들이다. 하지만 계획 세우기나 그에 수반되는 일을 하기 싫어하는 사람들도 있다. 어떤 사람은 그런 것을 성가시다고 생각하고, 분위기 망치는 일이라고 생각하는 사람도 있다. 이처럼 사람마다 각자 스타일이 다르고 그걸 존중해 줄 필요도 있다. 하지만 아무리 즉흥적인 성격을 가진 사람이라도 일과 사랑에 관련된 중요한 결정을 내릴 때 미리 숙고하는 시간을 갖는다면 그건 유익한 일이다. 적어도 후회할 일을 줄이는 효과는 있을 것이다.

흔히 대중문화에서는 '진정한 사랑은 사람을 정신 못 차리게' 만든다고 한다. 계획을 세우는 일은 심사숙고와 뇌 운동이 필요하다는 점을 들어 사랑과 계획은 본질적으로 서로 양립할 수 없다고 생각해 버리는 사람도 있다. 하지만 사려 깊게 접근한다고 사랑이 훼손되는 건 아니다. 냉철한 눈으로 관계에 임하면 오히려 더 오래 그 사랑을 누릴 가능성이 높아진다. 관계에 포함된 위험 요소를 미리 피해 갈 수 있기 때문이다. 그건 돈에 있어서도 마찬가지다. 어떻게 쓸지 미리 잘 숙고해 둔다면 궁극적으로 즐거운 마음으로 돈을 소유하고, 그것을 얻기 위해 투자한 경험을 즐기게 될 것이다.

계획 세우기가 체질적으로 맞지 않는다면 굳이 일기장을 펴거나 스프레드시트를 만들지 않아도 된다. 대신 우리가 여기서 소개하는 의사결정 프레임워크를 이용해 일과 사랑에 관련된 결정을 내리는 데 필요한 생각의 폭과 수준을 넓히고 끌어올릴 수 있을 것이다. 그렇게 하면 우리 모두 어렵고 중요한 결정을 마주하면 어김없이 경험하게 되는 흐릿한 정신적, 정서적 안개를 걷어내는 데 도움이 될 것이다. 다시 말해 이 접근법을 쓰면 여러분의 선택은 '되돌아보니 괜찮더라.'는 정도가 아니라 성공할 확률이 아주 높아질 것이다.

_____ 5C 프레임워크
활용하기

"조언을 구할 때 우리는 무엇을 선택하라는 말을 듣고 싶은 게 아니다. 대부분은 어떤 방법으로 선택하는 게 좋을지에 대한 안내가 필요한 것이다." 조직 심리학자 애덤 그랜트Adam Grant는 이렇게 말한다. "최상의 충고는 어떤 행동을 하라고 특정해 주지 않는다. 우리 머릿속에 들어 있는 맹점을 찾아내 보여주고, 우리가 선택할 우선순위를 선명하게 드러내 주는 게 좋은 충고이다."[3]

5C로 부르는 우리의 5단계 프레임워크가 사랑과 일에 관한 여러분의 의사결정 수준을 높이고, 그렇게 해서 나타날 결과에 대한 자신감을 높여 줄 것이다. 5C 프레임워크는 또한 여러분에게 힘든 결정을 피하지 않고 마주하도록 용기를 불어넣어 줄 것이다.

step 1 명확히 하기 Clarify

어떤 결정을 내리려면 먼저 자신이 정말 원하는 게 무엇인지부터 생각한다. 좋아하는 건 무엇이고, 좋아하지 않는 것은 무엇인지 진지하게 생각해 보는 것이다. 이런 구분은 언뜻 쉬워 보인다. 로렌은 그레그와 결혼할지 아니면 대학원 진학을 택할지를 놓고 곰곰이 생각해 보고는 자기가 행복한 결혼생활과 공부를 계속하는 것 두 가지 모두를 얼마나 간절히 원하는지 알았다. 하지만 자신의 행복에 핵심적인 자리를 차지하는 그 두 가지 중에서 하나만 선택하는 것은 원하지 않았다. 이런 사실을 깨닫기까지의 과정도 생각보다 훨씬 더 복잡했다. 그레그와는 3년을 사귀었고, 친구와 가족들도 모두 자신이 당연히 그 남자와 결혼할 것이라고 생각하고 있었다. 그레그와의 관계와 자신의 진로 중에서 하나를 양자택일해야 할 것인가. 만약 자신의 진로 때문에 그레그와의 관계를 포기한다면 두 사람의 관계를 아끼는 주위 사람들을 실망시킬 수가 있었다.

자신이 원하는 것을 지키기 위해서는 남이 내 앞길에 만들어 놓은 장애물을 헤쳐 나가야 하는 경우가 많다. 특히 많은 성취를 이루는 사람들은 목표 리스트에서 성과물을 체크해 나가는 것을 좋아할 것이다. 자신의 '인생 목표' 리스트가 부모나 사회가 기대하는 목표가 아니라 자신이 진심으로 원하는 목표로 채워진다면 사람들은 그걸 이루기 위해 더 열심히 노력할 것이다.

자신이 원하는 바를 다른 사람이 원하는 것과 분리하는 작업은 우리 모두가 경험하는 이른바 '모방 욕망'mimetic desire이라는 것 때문에 더 어려워진다. '모방 욕망'은 프랑스 인류학자 르네 지라르René Girard가 처음 쓰기 시작한 용어로 주위에 있는 사람들로 인해 생기는 욕망을 가리킨다. 예를 들어, 친구들이 집을 사는 걸 보면 세를 얻어 사는 집에서 불만 없이 잘 지내던 사람도 집을 사야 하는 것 아닌가 하고 따라서 생각하게 된다는 것이다. 존경하는 사람의 행동으로부터 자신도 모르는 사이에 영향을 받는 경우가 많다. 물론 상품 브랜드와 광고업계에서는 1700년대부터 이런 현상을 알고 이용해 왔다. 당시 도자기 회사 웨지우드Wedgewood는 영국 국왕 조지 3세의 왕비를 위해 찻잔 세트를 제작하고, 자사 제품이 왕실의 승인을 받았다는 의미로 '로열'Royal이라는 브랜드 이름을 붙여서 팔았다.[4]

우리는 시간과 공간을 투자해 철저한 자기성찰을 통해 자신이 무엇을 원하고, 원하지 않는지를 결정할 수 있다. 이 과정을 거치며 마음 깊이 자리한 자신이 진정으로 좋아하는 것을 수면 위로 끌어올려 그것을 질투, 분노, 슬픔, 공포 같은 감정과 분리시키는 게 중요하다. 그런 감정을 객관적으로 받아들이면 자기연민 같은 감정은 한편으로 치우고 자기가 진정으로 원하는 것이 무엇인지 분명하게 알 수 있게 된다. 이를 위해선 어느 정도의 발굴 작업이 필요하다. 왜냐하면 격한 감정은 전면과 중앙에 자리해서 여러분이 진정으로 좋아하는 것을 가릴 수 있기 때문이다. 일상의 소음에서 벗어나 자신을 위한 시간을 가지면 내면에 집중하는 데 도움이 된다. 이런 휴식 시간은 거창하게 준비할 필요 없이 혼자 바깥에 나가 잠깐 산책만 해도 된다. 동반자가 있다면 그 사람을 위해 좀 더 많은 시간을 할애해도 좋다.

매리언과 애니카 두 사람 모두 게이라고 커밍아웃하기 전 남성과 결혼했다. 이후 두 사람 모두 이혼했고, 지금은 성인이 된 자녀들이 있다. 두 사람은 5년째 서로 연인으로 지내고 있다. 이들이 사는 주에서는 동성 간 결혼이 합법화되었기 때문에 매리언은 결혼하고 싶어 했다. 하지만 애니카는 확신이 서지 않았고, 이 문제를 놓고 여러 달 고민하면서도 결혼할 의사는 생기지 않았다. 예전에 남편의 청혼을 받았을 때 그녀는 이르다는 생각을 했지만 부모님이 서두르는 바람에 결혼했다. 같은 실수를 되풀이하고 싶지 않았다. 매리언은 애니카가 진짜 어떤 관계를 원하는지 확신이 설 때까지 잠시 헤어져 있는 게 좋겠다고 제안했다. 애니카도 자신이 무엇을 원하는지 분명해지면 다시 찾아오겠다고 약속했다. 놀랍게도 매리언은 1년 가까이 애니카로부터 아무 소식을

결정을 미루어야 할 때

플라톤, 데카르트 같은 철학자들은 중요한 결정을 내릴 때 격정passion이 개입되면 안 된다고 했다.[5] 하지만 현실에서는 격정이 개입되지 않을 수가 없다. 우리가 결정을 내릴 때는 항상 감정이 개입되고, 일과 사랑과 관련된 중요한 결정을 내릴 때 특히 더 그렇다. 왜냐하면 일과 관련된 결정을 내리는 당사자는 동반자, 배우자, 부모, 성인이 된 자녀 등 사랑하는 사람들과의 관계 속에 있고, 모든 결정은 경제적인 면과 감정적인 면을 모두 갖고 있기 때문이다.

그래도 중요한 결정을 내릴 때는 논리적이고 심사숙고하는 시스템2 사고를 하는 게 중요하다. 경험상으로 볼 때 조급하거나 화나고, 겁에 질린 상태에서는 중요한 결정을 내리지 않고 피하는 게 상책이다. 또한 동반자가 있을 때는 그 결정이 당신에게 국한되는 경우라고 하더라도 동반자의 생각과 입장은 어떤지 알아본다.

듣지 못했다. 그동안 매리언은 다른 여성과 데이트도 해보았지만 자기가 애니카를 너무도 그리워한다는 사실만 확인했다.

마침내 애니카는 매리언의 집을 찾아와 문 앞에서 이제 준비가 되었노라고 말했다. 그동안 1년 동안 심리치료를 받으며 자신에 대해 많은 것을 알게 되었고, 자기가 진정으로 원하는 게 무엇인지 알았다고 했다. 매리언은 그녀를 보고 뛸 듯이 반가웠고, 관계를 다시 시작하고 싶다는 말을 듣고 너무 기뻤다. 얼마 뒤 두 사람은 결혼했고 이후 10년 넘게 함께 살고 있다. 떨어져 있는 동안 두 사람은 힘든 시간을 보냈지만, 그 시간은 두 사람의 관계를 더 단단하게 묶어주었고, 애니카에게 그토록 원하던 자기 확신을 얻을 기회를 안겨 주었다.

step 2 소통하기 *Communicate*

자신이 진정으로 원하는 게 무엇인지 명확히 한 다음에는 자기가 내리는 결정으로 인해 가장 영향을 많이 받을 사람들과 소통한다. 양방향 대화는 건강한 관계를 지탱해 주는 초석이다. 관계 전문가로 베스트셀러 작가인 존 가트맨John Gottman과 줄리Julie 가트맨 부부는 건강한 관계를 유지시켜 주는 두 축은 신뢰와 헌신이라고 말한다. 그리고 이 두 축은 잦은 소통을 통해 강화된다.[6]

관계에서 원활한 소통이 이루어지기 위해서는 양쪽 모두 자기가 진정으로 원하는 게 무엇인지 분명히 알아야 한다. 자기성찰과 양방향 소통이 함께 이루어져야 하는 것이다. 관계에 새로운 문제가 생기면 그때마다 새로운 자기성찰과 양방향 소통이 뒤따라야 한다. 두 개의 계단 모양이 서로 교차되는 DNA의 이중나선 형태를 떠올려도 좋을 것이다.

로렌은 그레그와의 대화를 통해 그가 전통적인 결혼관을 고수하고 있다는 사실을 알게 되었다. 먹을 것은 남자가 나가서 벌어올 테니 여자는 집안일을 해야 한다는 생각이었다. 그 사실을 안 다음 그녀는 자기 일을 갖고 가정도 꾸리고 싶다는 꿈을 포기할 수 있는지 진지하게 자문해 보았다. 결론은 두 가지 다 갖기는 어렵다는 것이었다. 슬픈 일이지만 로렌은 그레그와의 관계를 끝내고 장학금을 받아 대학원에 진학하는 쪽을 선택했다. 그녀는 그 선택을 지금까지 자신이 한 제일 잘한 선택에 속한다고 생각한다. 현재 그녀는 대형 박물관의 수석 큐레이터로 일하며 10년 넘게 행복한 결혼생활을 하고 있다. 남편과는 집안일을 분담하고 자녀 양육도 함께하며 서로의 일과 꿈을 응원한다.

_____ 소통은 언제 어떻게 하는 게 좋은가?

남녀가 서로 알기 시작한 초기에 어떤 소통 패턴을 만드는지가 중요하다. 소통의 패턴은 시간이 지나며 바뀔 수 있다. 바꾸려고 노력하면 바꿀 수 있다. 하지만 대화를 시작하는 방식은 관계가 지속되는 내내 소통에 영향을 미칠 가능성이 높다. 데이트를 하고 있거나 새로운 관계를 시작했다면 초기 몇 개월 혹은 몇 년 동안 소통에 많은 투자를 한다. 자기가 겪는 일과 감정, 자기가 내리는 크고 작은 결정을 상대와 나눈다. 그리고 자기는 당연하다고 생각하는 일이라도 상대에게 왜 그런 감정을 갖게 되는지에 대해 말해 준다. 어느 정도 자리가 잡힌 관계인 경우는 대화의 통신선을 천천히 여는 게 좋다. 생각과 감정을 갑자기 쏟아내면 두 사람 모두에게 부담이 될 수 있다.

늘 예의를 지키며 조용하게 진행한다고 좋은 소통은 아니다. 때로는 믿을 수 없을 정도로 어색하고 불편한 방식으로 소통이 이루어지기도 한다. 서로 언성을 높이고, 나중에 흥분한 나머지 말이 지나쳤다며 사과를 주고받기도 한다. 부모님이 서로 언성을 높여 말다툼하지 않는 가정에서 자랐다면 생산적인 방법으로 소통하는 비법을 부모님으로부터 전수받기 바란다. 어떤 부부는 결혼 10주년 전야에 이런 말을 들려주었다. "여러 번의 격렬한 말다툼과 대판 싸움, 그리고 수없이 되풀이한 일상적인 소통 등 실전에서 우리가 어떤 어투를 쓰는지 되짚어보았다. 항상 소통에 성공한 것은 아니지만, 그럼에도 불구하고 우리는 대화하려는 노력을 포기한 적은 없었다." 여기서 중요한 단어는 바로 대화를 위한 '노력'이다.

늘 성공하지는 않겠지만 그래도 입을 닫고 돌아앉아 버리지 않고 대화 노력을 계속하는 게 훨씬 더 낫다. 어떤 경우든 '담쌓기'stonewalling, 다시 말해 두 사람 사이에 담을 쌓아 버리는 짓은 피해야 한다. 가트맨 박사 부부는 담쌓기를 '결혼의 종말을 예고하는 묵시록에 등장하는 4명의 기수 중 하나'라고 말한다. 담쌓기를 비난, 경멸, 방어와 함께 관계의 종말을 예고하는 부정적인 소통 방법 가운데 하나로 꼽는 것이다.[7] 소통을 중요시하는 것은 여러분이 상대방을 소중하게 생각하고, 상대의 감정과 입장을 존중한다는 신호를 보내는 것이다.

step 3 대안 알아보기 *Consider a Broad Range of Choices*
다양한 방안을 고려한다

어떤 결정을 내리기 전에 가능한 대안을 광범위하게 올려놓고 고려하는 게 중요하다. 이것 아니면 저것 하는 식으로 양자택일해야 하는 경우는 별로 없다. 더 나은 결정을 내리기 위한 핵심적인 방법 중 하나가 바로 대안의 폭을 넓히는 것이다. 고려해 봄직한 대안을 가능성의 테이블에서 무심코 치워버린 적은 없는가? 선택할 대상의 폭을 너무 좁게 잡아 두 개의 대안을 놓고 잘못된 선택을 하지는 않았는가? 서로 모순되는 방안들을 해결책이라고 선택하지는 않았는가?

상하이 출신인 민과 용은 샌프란시스코에 있는 대형 투자은행에 근무하며 만났다. 두 사람은 결혼 후 같은 경영대학원에 입학해서 금융 분야를 공부했다. 민은 첫딸을 출산한 뒤 육아에 전념하려고 대학원을 1년 휴학했다. 남편 용은 학업을 계속하며 짬짬이 육아를 도왔다. 용은 대학원 졸업 뒤 샌프란시스코에서 정식 직원으로 일자리를 잡았고, 민도 대학원에 다시 다니기 시작했다. 그 무렵 남편 용은 출장이 잦아 주말에만 육아를 도울 수 있게 되었다. 민은 급우의 말을 듣고 다른 두 학생 가족과 함께 공동육아 단체에 가입했고 한동안은 해결책이 되는가 싶었다. 하지만 얼마 안 가 자기 딸과 다른 집 아이들을 함께 돌보며 빼앗기는 시간 때문에 학업을 따라가기가 벅차다는 사실을 알게 되었다. 마침 대학의 데이케어 센터에 빈자리가 하나 생기자 딸을 그곳에 맡기고 안도의 한숨을 돌렸다.

졸업과 함께 민은 남편이 다니는 회사로부터 함께 일하자는 제안을 받았다. 일류 기업이었다. 그 제안을 받아들이면 남편과 함께 샌프란시스코에서 같이 살 수 있게 되지만 그건 두 사람 모두 출장을 많이 다녀야 한다는 뜻이기도 했다. 민은 그 제안을 무척 받아들이고 싶었지만 그렇게 되면 육아는 어떻게 할 것인가? 낮시간에 아이를 맡기는 것만으로는 안 되고, 저녁시간과 주말에도 가끔 아이를 맡아줄 곳이 필요했다.

입주 보모를 구하려고 면접을 몇 명 보았지만 '제3의 부모' 노릇을 해줄 마땅한 사람을 찾기가 쉽지 않았다. 부부 모두 많은 시간을 집밖에서 보내기 때문에 완전히 믿고 아이를 맡길 수 있고, 어느 의미에서는 부모 대신 아이의 양육을 책임져 줄 사람이 필요했다. "이제는 특단의 조치가 필요해요." 민은 남편에게 이렇게 말했다.

몇 주 동안 심사숙고하고, 부부끼리는 물론이고 친구, 다른 맞벌이 부부들과도 이야기한 끝에 용은 한 가지 방안을 생각해 냈다. 부모가 계시는 곳 가까이로 가는 것이었다! 출장이 잦은 맞벌이 부부들이 그렇게 해서 아이를 키웠다. 그가 다니는 회사는 상하이에도 지점이 있는데 부부의 부모 모두 상하이에 살고 있었다. 회사에서 두 사람을 상하이 지점에서 일할 수 있도록 해줄까? 그리고 부모들이 아이 키우는 일을 선뜻 맡아주실까? 다양한 대안을 생각한 노력이 마침내 결실을 맺었다. 회사에서는 두 사람이 상하이 지점에서 근무하도록 조치해 주기로 했고, 양가 부모는 손녀딸을 돌보게 된 것을 엄청나게 좋아하셨다. 민과 용 부부는 그런 도움을 받을 수 있는 처지여서 운이 좋았다. 두 사람은 시간과 에너지를 쏟아 브레인스토밍을 통해 처음에는 '생각지도 않았던' 대안을 찾아낸 것이다.

step 4 다른 사람의 의견 듣기 *Check In*
친구, 가족 등 다른 사람의 의견을 듣는다

결정을 내리기까지의 과정 곳곳에서 다른 사람의 의견을 듣는 게 도움이 된다. 남의 의견을 듣는 게 여러 면에서 도움이 될 수 있다. 로렌의 경우에는 자기가 믿고 따르는 사람들과 의견을 나누면서 자신이 진정으로 원하는 게 무엇인지 분명하게 정리되었다. 민과 용 부부는 자기들과 비슷한 처지에 놓인 친구들과 이야기를 나누면서 고려할 대안의 폭을 넓히는 쪽으로 눈을 뜨게 되었다.

애비는 대학원에서 마이라 교수의 수업을 듣기 전에는 아이를 낳으면 파트타임 일을 할 생각이었다. 그 계획을 좀 더 구체적으로 따져보려고 몇 사람과 의견을 나누었다. 친구나 동료들과만 이야기한 게 아니라 관련 서적과 논문도 찾아보았다. 그렇게 해서 파트타임 일을 하면 최소 20퍼센트 임금 불이익을 당한다는 사실을 알게 되었다. 마이라 교수의 수업을 들으며 파트타임 근로자들은 복리후생비도 더 적게 받는다는 사실을 알게 되었다.(이 문제는 Chapter 07에서 더 자세히 다룬다.)[8] 애비는 평등을 매우 중요한 가치로 생각했기 때문에 같은 일을 하면서 풀타임으로 일하는 사람보다 적은 액수의 임금을 받는다는 사실은 받아들이기 어려웠다. 파트타임으로 일하겠다는 계획을 접고 아이를 가진 다음에도 풀타임 일을 하기로 마음먹었고, 또한 이 분야에 꼭 필요한 변화를 만들기 위해 힘쓰기로 했다.(이 문제는 Chapter 10에서 다룬다.)

때로는 예기치 않은 곳에서 너무도 귀중한 의견을 듣게 되는 경우가 있다. 이웃이나 지인, 낯선 사람으로부터도 여러분이 필요로 하는 영감을 얻는다. 애바는 제일 유익한 이야기를 간접적으로 전해 들었다. 그녀는 20년을 경력단절로 지냈는데 막내가 고교를 졸업하자 다시 직장에 다니기로 했다. 하지만 직장을 다시 구하기가 쉬울 것 같지 않은 생각이 들었다. "20년이나 놀던 여자를 누가 받아주겠어?" 남편 마이크에게 이렇게 말했다. 그리고 어떤 분야에서 어떤 일을 할지 감이 잡히지 않는다고도 했다.

남편은 아내가 다시 일을 시작하는데 찬성이었다. 그래서 취미로 뛰는 성인 야구팀의 아는 사람에게 아내의 고민을 이야기했더니 그 사람이 선뜻 이런 말을 했다. "오, 내 여동생도 같은 경우였어요. 여동생 이 메일 주소를 드릴 테니 애바씨 더러 혹시 만나고 싶으면 언제든지 연락 해 보라고 해요."

생면부지의 그 여동생에게 연락하면서부터 애바 앞에는 신천지가 펼쳐지기 시작했다. 놀랍게도 경력단절 여성의 재취업을 전문적으로 돕는 회사들도 있었다. 온라인 정보를 숱하게 접할 수 있었다. 블로 그, 취업 코치, 온라인 세미나를 비롯해 같은 처지의 구직자에 이르기 까지 관련 정보가 넘쳐났다. 돌고 돌아 시간이 걸리기는 했지만 마침 내 그녀는 맘에 드는 곳에서 의료 보조원으로 일을 시작했다. 남편이 성인 야구팀 동료에게 아내의 사정을 털어놓으면서 일이 풀리기 시작 한 것이다.

'머니 앤드 러브'와 관련된 결정 가운데는 경력단절 후 재취업을 원 하는 경우처럼 가능한 여러 사람에게 의견을 구하는 게 도움이 되는 때 가 있다. 이와 달리 소수의 사람들로부터 의견을 듣는 게 훨씬 더 현명 한 경우들도 있다. 어떤 여성은 아이를 가질지 말지를 고민하면서 자 기가 정말 믿고 따르는 몇 명에게만 의견을 물어보았다고 했다. 초기에 많은 사람들로부터 이래라저래라 너무 많은 말을 들으면 부담스럽고 자칫하면 의기소침해질 수 있겠다는 걱정도 들었다고 했다.

창의적인 태도도 도움이 될 수 있다. 나디아의 남편은 결혼하고 몇 년 지나면서 신체장애를 앓기 시작했다.(미국 질병통제예방센터 추산으로는 미국 내 성인 4명 가운데 1명꼴로 주요 일상생활에 지장을 주는 장애를 앓고 있다.)[9]

장애가 시작된 초기부터 남편은 집안일 대부분을 도울 수 없게 되었고 거의 모든 집안일을 나디아가 도맡아서 했다. 아이를 가질 생각을 하면서부터 그녀는 전통적인 맞벌이 부부 가정은 자기들과 사정이 다르다고 생각했다. 그 대신 혼자 아이를 키우는 친구와 동료들의 이야기를 들어보면서 그들의 의견에 더 공감이 가고 도움이 된다는 사실을 알게 되었다.

이처럼 다른 사람의 의견을 구할 때는 다양한 소리를 듣는 게 좋다. 때로는 예기치 않은 의견과 정보가 여러분을 최적의 해결책으로 인도해 준다는 사실에 놀라게 될 것이다.

step 5 예상 결과 따져보기 *Explore Likely Consequences*

무슨 일을 결정할 때 제일 어려운 일 가운데 하나가 바로 주요 대안들의 예상되는 결과를 예측해 보는 것이다. 어떤 일을 정말 원한다고 자신 있게 말하기는 어렵다. 하지만 아무리 불확실한 경우에도 각 대안을 선택했을 때 예상되는 결과를 서로 비교해 보면 좀 더 나은 결정을 내릴 수 있을 것이다. 어쩌면 여러분도 이미 이런 방법을 쓰고 있을지 모른다. 사랑과 일은 서로 밀접하게 얽혀 있어서 일과 관련된 결정이 사랑하는 사람에게 좋지 않은 영향을 줄 수 있고, 반대로 사랑과 관련된 결정이 일에 부정적인 결과를 초래할 수 있다는 사실을 명심하기 바란다.

결과를 예측해 보기 위해서는 예상되는 결과를 분류하는 일부터 시작한다. 예를 들어, 다른 도시에서 일자리 제안이 들어와 어떻게 할까 생각 중이라고 치자. 우선은 그 일자리 자체를 따져본다. 그 제안을 받아들여서 혹시라도 잘못될 일은 없는가? 비즈니스 업계에서 자주 쓰는 '사전 부검'premortem과 비슷한 기법이다. 어떤 프로젝트를 진행할 때 실패할 경우를 가정해 그 원인을 사전 점검해서 합당한 대비책을 세우는 것이다.[10] 예상되는 문제가 있을지 미리 따져보는 것은 어떤 결정을 내렸을 때 뒤따를 결과를 검토하는 좋은 출발점이다. 물론 이때 좋은 결과도 함께 따져봐야 한다. 어떤 결과가 나오는 게 나한테 좋을까?

다른 도시의 일자리 제안을 받아들였을 때 어떤 결과가 나타날지 예상하기 위해서는 이런 질문을 던져 볼 수 있다. 그곳에서 내 상사가 될 사람은 어떤 인물인가? 그곳의 사내 문화는 어떤가? 여러분이 직접 보았거나 듣고 경험한 내용을 토대로 생각해 본다. 미리 조율해서 합의한 출장 횟수가 바뀔 가능성은 없는가? 스타트업이라면 회사가 망할 경우 여러분의 백업 플랜은 있는가? 그 일자리의 미래 강점은 어떤 게 있을까? 다른 도시로 이사할 경우를 가정해서는 이런 질문을 생각해 본다. 이사할 경우 배우자에게, 그리고 배우자가 하는 일에 어떤 영향을 미칠까? 자녀들과 부모님, 친구들과의 관계에는 어떤 영향을 줄까? 그 도시에 오래 살아서 내가 이사 갈 경우 주위 사람들에게 나를 소개시켜 줄 친구는 있는가? 아니면 내 힘으로 일일이 새로운 인간관계를 만들어 나가야 하나? 그곳으로 이사 가면 나한테 어떤 혜택이 돌아오는가?

예상되는 결과를 떠올린 다음에는 그 결과가 실현될 가능성을 매겨 본다. 소통의 경우와 마찬가지로 이 작업도 한번 해보는 데 의의가 있다. 이용할 수 있는 정보와 경험을 총동원해서 가능성을 따져본다. 다른 사람의 의견을 듣는 게 가능성을 보다 현실적으로 그리는 데 도움이 된다. 예를 들어 여러분의 자녀와 같은 또래 아이를 둔 부모들과 접촉해 보면 도움이 될 수 있다. 이사 갈 후보지 동네에 가서 일주일 동안 집을 빌려 그곳 생활을 직접 경험해 보는 것도 좋다. 디자인 용어로 '경험의 견본'prototype을 만들어 보는 것이다.

자신이 내린 결정이 시간이 지나며 어떤 양상으로 결과가 나타날지 생각해 본다. 결과를 다음과 같이 분류한다. 초단기간(이후 몇 개월), 단기간(이후 몇 개월에서 2년 사이), 장기간(2년 이후). 초단기간 내지 단기간에는 부정적인 결과가 나온 것처럼 보이는 일이 장기간으로는 중간 수준 혹은 긍정적인 결과로 이어지는 경우가 있다. 새 일자리가 있는 곳으로 이사하는 경우도 당장은 그곳에서 새로운 친구를 만들기 쉽지 않겠지만 2년 정도 지내다 보면 새 친구를 몇 명은 사귀게 될 것이다.

생각이 많아 결정을 쉽게 내리지 못하는 사람에게는 이런 사전 분석이 길고도 험한 과정처럼 생각될 수 있겠지만 단언하건대 그렇지 않다. 이런 예상 질문 대부분은 여러분의 마음 한편에 이미 자리하고 있는 것들이다. 그 문제에 의식적으로 집중함으로써 숨은 두려움과 마주하고 필요한 정보를 구하자는 것이다. 다시 말해, 모든 예상 가능한 결과를 펼쳐보는 게 불필요한 과정을 생략하고 여러분이 원하는 결정을 내리는 데 도움이 된다.

맷과 클레어 부부는 코로나바이러스 팬데믹을 겪으며 어려운 결정 하나를 내렸다. 클레어는 여러 해 동안 다른 도시에서 일하러 오라는 제안을 거절했다. 남편 맷이 지금 사는 곳에서 일하며 쌓은 인적 네트워크를 버리고 떠나기 싫어했기 때문이다. 그런데 팬데믹을 겪으며 남편의 생각이 바뀌었다. 여러 달 동안 친구나 직장 동료들과의 대면접촉 없이 집안에 틀어박혀 재택근무를 해보니 자기 삶에서 제일 소중한 것은 아내와 아이들이라는 사실을 절감한 것이다. 이런 생각이 확고해지자 다른 도시로 직장을 옮기는 것에 훨씬 유연한 입장이 되었다.

앞으로 사소해 보이지만 까다로운 문제들, 골치 아픈 문제들, 그리고 일과 사랑에 관한 다양한 결정들을 다루며 계속 5C 분석틀(명확히 하기, 소통하기, 대안 알아보기, 다른 사람의 의견 듣기, 예상 결과 따져보기)을 활용할 것이다.

선택에 필요한 프레임워크

여기는 5C 프레임워크를 일과 사랑 관련 문제에 적용해 보는 공간이다. 여러분이 제일 관심 있는 분야도 바로 이 일과 사랑 문제일 것이다. 우선 생각나는 대로 답을 적은 다음 내용을 가다듬어 나가도록 한다.

명확히 하기 *Clarify*

현재 일·사랑 문제와 관련해 제일 큰 관심사는 무엇인가?

....

이 문제에 결정을 내릴 때 제일 크게 고려할 사항이 무엇인가?

....

나는 ~을 원한다	나는 ~을 원하지 않는다
1.	1.
2.	2.
3.	3.

소통하기 *Communicate*

이 결정으로 본인 외에 가장 큰 영향을 받을 사람은 누구인가?

....

그들에게 어떻게 말할 것인가?

....

그들에게 무엇을 물어볼 것인가?

....

대안 알아보기 *Consider*

어떤 해결책을 예상해 볼 수 있나?(4~5개의 해결책을 생각해 본다.) 예상되는
대안을 충분히 생각해 보았는가? 이후에도 새로운 대안이 생각나면 리스트
에 추가한다.

다른 사람의 의견 듣기 *Check In*

새로운 정보를 어떻게 구하는가?
도움말을 해줄 사람 명단을 만든다.
사람 외에도 도움이 될 소스를 알아본다.(서적, 논문 등)

예상 결과 따져보기 *Consequences*

여러분이 내리는 결정이 기간별로 어떤 결과를 나타낼지 예측해 본다.

....

초단기간(몇 개월 사이)

....

단기간(몇 개월에서 2년 사이)

....

장기간(2년 이후)

....

부정적인 결과가 일어나지 않도록 막을 방법은 무엇인가?

....

결심이 서면 어떤 결정을 내릴지 적는다. 왜 그런 결론에 도달했는지 이유도 간단히 적는다. 책을 읽으며 여러분의 생각을 계속 가다듬어 나간다. 연습문제는 나중에 미심쩍은 부분이 있으면 다시 꺼내볼 수 있도록 찾기 쉬운 곳에 보관한다.

....

....

....

....

MONEY *and* LOVE

Chapter 02

짝 찾기

사랑과 결혼

　　　　　　　할리우드 영화, 대중음악에서부터 소
개팅 앱 범블Bumble과 틴더Tinder와 같은 소셜 미디어를 보면 사람들은
아직 사랑, 결혼, 허니문 같은 단어를 엄청나게 좋아하는 게 분명하다.
하지만 이상형을 찾아 마우스를 클릭하는 사람이 늘어도 결혼율은 2018
년 사상 최저치를 기록한 이후 계속 떨어지고 있다.[1]

　대중문화에서는 아직도 '진정한 사랑'은 결혼으로 이어지고, 결혼은
사랑하는 사람끼리 하는 것이며, 사랑만 있으면 돈은 문제가 안 된다는
식의 스토리가 통용되고 있다. 하지만 결혼 여부와 관계없이 두 사람의
관계가 장기간 성공적으로 지속되는 데 사랑만 있으면 될까? 남녀의 역
할이 바뀌고 기술 발전과 팬데믹 등 여러 사정에 따라 사람들의 생활관

습과 중시하는 가치의 우선순위도 계속 바뀌었다. 그러면서 결혼 여부를 결정하는 것도 이전보다 더 힘든 일이 되었다. 이 결정을 어떤 방법으로 내릴 것이냐 하는 문제도 대단히 중요해졌다.

_____ 사랑의 종착지가
결혼인가?

결혼제도는 수천 년 동안 우리 사회의 기본적인 구성요소였다. 결혼제도는 남녀의 진실한 관계를 규정하는 데 매우 큰 영향을 미쳤다. 그러다 보니 장기적인 관계에 관한 대부분의 논의는 결혼 이야기로 이어진다. 하지만 결혼을 미루거나 결혼을 아예 고려하지 않는 남녀가 늘면서 이런 문화도 바뀌고 있다.[2]

좋은 관계는 당연히 결혼으로 이어져야 한다며 결혼에 대해 집단적인 관심을 보이는 현상을 긍정적으로 볼 수만은 없다. 사실은 데이트나 교재 너무 일찍부터 결혼에 초점을 맞추다 보면 서로 지지하고 사랑하는 관계를 쌓을 기회가 줄어들 수 있다. 결혼을 늦추거나 아예 포기하는 사람이 점차 늘어나는 사실도 감안해 여기서는 결혼을 주제로 다루되 결혼이 반드시 관계의 목표라고 전제하지는 않을 것이다. 결혼에 관한 사람들의 생각이 실제로 어떻게 바뀔지는 시간이 지나며 분명하게 드러날 것이다. 결혼 문제는 Chapter 03에서 본격적으로 다룬다.

_____ 결혼에 대한
새로운 생각

　　2022년 1월 뉴욕타임스는 케이틀린 그리니지Kaitlyn Greenidge가 쓴 에세이를 실었는데, 싱글 맘이 되어 다른 친척들과 함께 엄마 집에서 살며 느낀 외로움과 기쁨에 대해 쓴 글이었다. 전반적으로 결혼율이 떨어지는 분위기에서 자신이 겪은 일을 이렇게 썼다. "전체 문화가 우리에게 어떻게 처신해야 한다고 요구하는 내용이 바뀌고 있다. 미국은 어떤 나라이고, 남자는 어떠해야 하고, 여자는 어떠해야 하는지, 자녀는 어떻게 해야 하며, 자신은 어떻게 사랑하고, 남은 어떻게 사랑해야 하는지 같은 이야기의 내용이 바뀌고 있는 것이다. 이런 이야기가 이제는 우리를 속박하는 대신 우리를 안내하고 우리에게 위안을 주는 쪽으로 바뀌고 있다."[3]

　　이처럼 개방적이고 희망적인 시각은 우리가 데이트와 장기적인 교제LTRs, 결혼 문제를 다루는 데 있어서 하나의 중요한 출발점이 된다. 2020년 인구 조사에서 미국 내 독신자 수는 약 3,600만 명에 이르는 것으로 나타났다.[4] 새로운 소식은 아니고 독신자 수는 지난 수십 년 동안 꾸준히 증가해 왔다.[5] 결혼한 사람들이 더 오래 살고, 경우에 따라 더 나은 건강상태를 유지한다는 연구 결과가 있다. 그렇다고 하더라도 건강상태는 남녀에 따라 다르고 사회경제적인 신분, 그리고 결혼생활이 어떤지에 따라서도 달라진다.[6] 독신자가 일터에서 차별대우를 받는다고 시사하는 연구 결과도 있다. 독신자는 추가 수당을 주지 않고도 시간외 일을 시킬 수 있다는 식의 편견이다. 그리고 의학적으로도 긴급한 수술이 필요한 경우 독신자는 우선순위에서 뒤로 밀려나도 좋다는 식의 편견이 있었다.[7] 독신자에 대한 이런 편견이 결혼을 일종의 '건강 보험'처럼 받아들이게 했을 수 있다.

독신의 장점도 있다. 특히 독신 여성의 사회적 기회는 나아졌다.[8] 독신자가 늘며 혼외 자녀와 관련된 좋지 않은 인식은 점차 퇴조하고 있고, 이런 현상이 미혼 성인에 대한 편견을 바꾸는 데 일조하고 있다.[9] 그래서 주장하는 바가 뭐냐고? 아직 미흡하지만 결혼으로 이어져야 진정한 사랑이라고 가르치는 역사적 규범이 바뀌고 있다는 말이다. 만약 결혼율이 다시 올라가더라도 평생 사랑할 사람과의 관계에 대한 집단적인 생각은 여러분의 아버지 때와는 완연히 달라질 것이다. 어떻게 해야 장기적인 관계를 성공적으로 이어갈 것인가에 대한 생각이 유연하게 바뀜에 따라 우리 앞에는 새로운 대안들이 놓일 것이다. 결혼에 대한 부담감이 줄어들면서 아이러니하게도 사람들은 자신이 진정으로 원하는 결과를 더 잘 만들 수 있게 될지 모른다. 그 원하는 결과는 사랑하는 사람과의 관계일 수도 있고, 원하는 생활방식, 성공적인 직장생활, 자녀양육일 수도 있다.

_____ 독신이 누리는 장점

　　　　　삶을 함께 할 누군가를 찾는 과정은 엄청나게 감정이 소모된다. 일이 순조롭게 진행되면 최고조의 기분을 맛보지만 그렇지 않을 때는 극도의 좌절감에 휩싸이게 된다. '좋은' 짝을 생리학적으로 제시간을 놓치지 말고 '적기에' 찾으라는 사회적 부담감도 엄청나게 크다. 우리가 개발한 프레임워크와 추천 과정을 이용하면 선택 과정이 수월하고 보다 만족스러운 결정을 내리는 데 도움이 될 것이다. 그래도 상당 기간 운명의 여신으로부터 버림받은 기분이 들지 모르지만 그게 영원히 혼자 내버려지는 건 아니다.

　혼자 보내는 시간은 소중하다. 그 시간을 이용해 앞으로 삶의 동반자가 될 사람에게서 자신이 원하는 게 무엇인지 깊이 생각해 볼 수 있을 것이다. 할 수 있는 한 그 시간을 편안한 맘으로 즐기도록 한다. 혼자 산다고 반드시 외로울 것이라는 법은 없다. 사실은 부부생활을 하고 자녀를 여러 명 둔 사람도 외로울 수 있고 실제로 외로움을 겪는다. 아울러 독신자도 기혼자들보다 더 사교적이고, 더 많은 사회적 네트워크를 쌓을 수 있다.[10]

　여러 사회적인 규범이 바뀌고 있다는 점을 잊지 말자. 혼자 사는 건 부담스럽다는 낡은 생각에 주눅 드는 대신 독신이라 즐길 수 있는 기회들을 받아들인다. 직장이나 직업을 바꾸고, 다른 도시나 다른 나라로 이주하고, 진학해서 공부를 더 하고, 삶 전체를 새로 바꿔보는 일은 독신자가 더 수월하게 할 수 있다. 최고조로 자유를 누리는 시간이고, 자신이 제일 원하는 방법으로 그 시간을 쓸 수 있는 것이다.

———— 동화 같은 사랑은 잊어라

사람은 모두 자기 '짝'을 만나게 되어 있다는 옛말이 있다. 하지만 80억 명 넘는 인구가 지구상에 사는데 모두가 자기 짝을 만나게 되어 있다는 말은 점점 더 실현 가능성이 희박하게 되었다. 반드시 만날 것이란 기대로 무작정 '짝'을 찾아다니다가는 불필요한 스트레스만 더 쌓일 수 있다.[11] 당신이 원하는 유일한 한 사람을 찾는 대신 여러분이 그 사람에게 맞고, 그 사람도 여러분과 여러분이 바라는 조건에 맞는 사람을 찾도록 해보라. 성공적이고 지속적인 관계를 가능케 해주는 핵심은 바로 두 사람을 이어주는 관계의 질이 좋아야 한다는 것이다.

일단 '운명의 짝'을 만나야 한다는 짐을 벗어 던지면 '첫눈에 반하는 사랑' '첫눈에 불타오르는 사랑'에 대한 환상에서도 벗어날 수 있게 된다. 만약 첫눈에 페로몬이 미쳐 날뛰듯 분비되지 않으면, 심장이 터질 듯 쿵쾅거리지 않고 평온하다면 그건 서로에게 강한 끌림이 없다는 말이다. 이런 경우에는 일단 '그저 친구로' 시작해서 시간을 두고 장기적인 관계로 이어지는 데 필요한 토대를 마련한다. 마이라 교수는 두 번째 남편인 제이와 거의 30년을 '그저 친구'로 지냈다. 사실 제이는 첫 번째 남편의 친구였고, 첫 결혼식 때 안내를 맡았다. 그로부터 여러 해가 지나고, 두 사람 모두 이혼하고 10여 년이 지난 뒤 어느 날 점심을 함께 하는 자리에서 제이의 생각이 갑자기 확 바뀌었고, 얼마 되지 않아 마이라 교수의 생각도 따라서 바뀌었던 것이다.[12]

애비와 로스 역시 경영대학원에서 만나 '그저 친구'로 시작했다. 하이킹을 함께 다니고, 식사를 함께 하고, 그밖에 여러 재미있는 일을 함께 즐겼다. 봄 방학 때 서로 떨어져 지내본 다음 비로소 애비는 로스에 대한 자신의 감정을 받아들이기로 했다. 두 사람은 데이트를 시작했고, 금방 진지한 관계로 발전되는 걸 보며 누구도 놀라지 않았다. 관계는 시간이 지나며 바뀔 수 있고, 실제로 바뀌는 경우가 많다. 크게 끌리는 상대가 아니고, 동화책에 등장할 법한 방식으로 관계가 맺어진 게 아니라고 해도 상대를 소홀히 생각하지 않는 게 중요하다.

_____ **이상형 목록은 지워 버리자**

많은 이들이 사랑이 특별한 방식으로 찾아오기를 기대하고, 자신이 원하는 상대가 갖추었으면 좋을 자질을 목록으로 만들어놓고 사랑을 찾는 사람들도 많다. 그런 목록을 실제로 기록해서 갖고 있는 사람도 있겠지만 대부분은 머릿속에 그리고 있을 것이다. 이런 행동은 자신이 원하는 상대가 어떤 사람인지에 대한 생각을 분명하게 정리하는

데 도움이 될 수 있다. 하지만 '목록' 작성이 항상 도움이 되는 것은 아니다. 조사에 응한 한 여성 응답자는 자신이 만든 목록이 얼마나 잘못된 것이었는지 이렇게 설명했다.

서로 아는 친구로부터 남편을 처음 소개받았을 때 첫눈에 반한 것은 아니었다. 데이트를 시작하고 나서도 그 남자에게 올인 하지 않았다. 십대 때부터 만들어놓은 자격 요건을 충족시켜 주는 남자가 아니었기 때문이다. 키도 크지 않고, 내가 그리던 구릿빛 피부의 핸섬한 이상형이 아니었다. 카리스마로 나를 완전히 사로잡지도 못했고 달콤한 감성으로 나를 끌어당기지도 못했다. 사회적 지위가 높아 괜찮게 보이지도 않았고, 수입이 좋아 풍요로운 미래를 약속해 주는 것도 아니었다. 오히려 그 반대였다! 사랑이 무엇인지에 대해, 그리고 멋진 남자의 모습에 대한 나의 이런 잘못된 인식을 극복하는 데 몇 년이 걸렸다. 나 자신도 그렇지만 주위의 많은 이들이 내가 선택한 '그 남자'를 보고 놀랐을 것이다. 하지만 우리는 13년 동안 아이 둘을 낳고 잘 살고 있고, 힘든 일들을 겪으며 우리의 사랑은 더 단단해졌다.

처음에는 외모나 사회적 지위, 수입이 얼마인지를 짝을 찾는 데 중요한 조건처럼 생각할 수 있다. 하지만 길게 보면 제일 중요한 것은 이 사람이 성실하게 가정을 꾸리고 부모가 될 자격이 있는지, 상대방이 하는 일을 자기 일 못지않게 존중해 주는 사람이냐는 점이다. 여러분이 만들어놓은 이상형 '목록'에 얼마나 부합하는지에 집착하지 말고, 여러분이 만나는 사람 가운데 좋은 상대가 있는지 마음을 활짝 열고 둘러보라.

_____ 지금도 유유상종인가?

이상형의 조건 목록을 내다버려야 할 또 다른 이유는 애초에 그런 목록은 필요 없을 수 있기 때문이다. 사람은 원래 자기와 비슷한 특성을 가진 상대와 짝을 이루려는 경향을 갖고 있는데, 사회과학자들은 이런 경향을 '긍정적 동류교배'positive assortative mating라고 부른다.[13] 잘 생긴 사람은 잘 생긴 상대를 결혼 상대로 고르고, 교육 수준과 경제적 수준, 체질량지수BMI도 비슷한 수준의 사람끼리 부부가 되는 경우가 많다는 연구 결과가 있다.[14]

비슷한 사람끼리 짝을 이루려는 경향은 편안함을 찾는 인간의 자연스러운 기질에서 비롯되었을 수 있다. 우리는 자신과 닮은 사람을 보면 어느 정도 저절로 친밀감을 느끼게 된다. 물론 이런 현상이 본질적으로 자기와 다른 사람과 사귀는 것을 어렵게 만드는 사회적 구조를 반영하는 것일 수도 있다. 최근에 실시된 한 연구 조사에서는 사회적 구조가 동류교배에 핵심적인 역할을 하며, 미국과 독일에서 온라인으로 맺어진 커플은 온라인 플랫폼의 도움 없이 만난 통제집단 커플보다 교육, 인종, 종교, 민족 면에서 서로 닮은 점이 적은 것으로 나타났다.[15] 하지만 경제학자 폴 오이어Paul Oyer는 남녀 만남 사이트에서도 외모 중시와 경제력 중시 등 동류교배 경향이 엄연히 존재한다고 지적한다.[16]

많은 이들이 1950년대 이후 동류교배가 증가했다고 믿고 있다. 하지만 실제로 동류교배는 교육 수준이 낮은 사람들 사이에서는 증가한 반면 대학교육을 받은 사람들 사이에서는 감소했다.[17] 동류교배는 행복한 결혼생활과 관계가 있을까? 연구 결과에 따르면 양자 사이의 관계는 희박하고 불분명하다. 비슷한 교육 수준과 사회경제적 배경을 가진 사람들끼리의 결혼이 지속적인 혼인관계를 보장해 준다는 확실한 증거는 없다. 행복은 그보다는 여러분이 선택하는 특별한 어떤 사람에 달려 있고, 여러분이 짝을 이룬 그 사람과 어떤 관계를 만들어 가느냐에 달려 있을 가능성이 더 크다.

_____ 상대로부터 무엇을 바라는가?

장기간 관계를 이어갈 파트너를 찾기 전과 찾는 동안 여러분이 취할 가장 중요한 태도 가운데 하나는 자신의 삶에서 가장 원하는 게 무엇이고, 그 사람과의 관계에서 원하는 건 무엇인지를 분명히 하는 것이다. 내 짝이 될 사람, 내가 그 짝과 맺는 관계는 나의 친구, 가족, 그리고 사회 전체가 면밀하게 주시할 수밖에 없기 때문이다. 주변에서 갖는 기대가 부지불식간에 대단히 중요한 비중을 차지할 수 있다. 조사 응답자인 어느 여성이 첫 결혼 때 경험한 이야기를 소개한다.

나는 스물다섯 살 때 내 '이상형'인 남자와 결혼했다. 정치적 영향력이 강한 큰 회사에 다니는 경제력 있고, 똑똑하고, 자상하고 게다가 백인이었다.(우리 가족은 아시아계이다.) 우리 엄마가 좋아할 조건을 모두 갖춘 남자였다. 돌이켜보니 그때 나는 내면에 숨은 자신의 감정보다는 동화처럼 멋진 결혼을 해서 또래 친구들의 부러움을 사고 싶은 욕심이 컸다.(아직 청혼을 받아 보지 못한 친구가 대부분이었다.) 우리는 결혼 10년 만에 헤어졌고, 이후에도 좋은 관계를 유지하고는 있지만 나는 그 결혼을 통해 헤어진 남편에게 상처를 준 게 미안하다. 결혼을 못하게 되면 어쩌나, 아무도 나를 원하지 않으면 어쩌나 하는 내면의 두려움과 엄마를 기쁘게 해드리고 싶다는 희망 때문에 한 결혼이었다. 그런 요인들이 결혼을 결정하는 데 중요한 사유가 되어서는 안 된다.

여러분이 가장 중요시하는 가치와 원칙은 무엇인가? 그 중에서 여러분의 짝도 함께 갖추었으면 하는 덕목은 무엇인가? 정치적, 사회적 견해와 종교와 영적인 문제, 인생관, 중요시하는 가치 등이 이 범주에 포함된다. 가치와 원칙은 좋은 직업을 갖고 있는지 여부와 달리 관계에 영향을 미치는 핵심적인 요소라는 점을 명심해야 한다. 이 가치들은 우리가 자신과 상대, 우리의 삶, 나아가 세계를 어떻게 바라보는지를 결정한다.

오랜 시간 파트너와 행복한 관계를 맺고 있는 조사 응답자 다수가 핵심 가치와 원칙을 공유하는 것의 중요성에 공감을 나타냈다. 조사 응답자인 이 여성은 남편이 된 사람과 삶을 함께 하고 싶다는 확신을 어떻게 해서 갖게 되었는지에 대해 이렇게 말했다.

> 그 남자와 함께 있을 때 느끼는 감정 때문에 거의 그렇게 확신하게 되었다. 그와 함께 있으면 행복하고, 존중하고 싶고, 같이 있다는 생각이 들고, 삶이 충만해지는 기분이 들었다. 서로 전혀 다른 배경에서 자랐음에도 우리는 같은 세계관을 공유했다. 그는 나를 잘 웃겼고 내 의견이 어떤지 궁금해 했다. 나와 내가 하는 일을 존중해 주었다. 그가 옆에 있으면 나는 신이 나고 직징 수준의 '정서적 안정감'을 유지할 수 있었다. 그리고 내 눈에는 그가 잘생겨 보였다.

짝을 찾는 데 자신의 이상형 조건을 목록으로 만들어서 접근하는 방법은 비생산적인 경우가 많다. 성공적인 결합이 이루어지는 데 특히 중요한 요건으로 두 가지 특성을 꼽는 연구들이 있는데 바로 절제와 성실이다.[18] 이 두 특성을 가진 사람은 약속을 철저히 지키고, 배우자 몰래 부정한 짓을 하지 않고, 집안일 분담과 같은 중요한 덕목을 갖추고 있을 가능성이 높다. 주의력 집중 시간이 오래 가는지, 계획적인 생활습관을 갖고 있는지와 같이 사소해 보이는 점들이 사람의 됨됨이를 파악하는 데 유용한 단서가 되기도 한다.

또 하나 중요한 고려사항은 평생 동반자가 될 사람이 여러분을 어떻게 대하는지, 여러분과 어떻게 상호교감을 나누는가 하는 점이다. 관계를 맺기 시작한 초기에는 대부분 열정이 최고조에 올라 있겠지만 장기간 행복한 상태를 지속하는 커플들은 서로 만족하는 이유를 화학적 끌림 이상의 요소에서 찾는다. 애정이나 호감과 함께 깊고 일관된 친밀감, 상호 신뢰가 앞으로 살면서 겪을 수밖에 없는 삶의 굴곡과 우여곡절을 이겨내고 관계를 유지하는 데 없어서는 안 될 필수 요소들이다. 어떤 사람과 데이트를 하고, 어떤 형태로든 만나고 있다면 여러분의 가장 내밀한 곳에 있는 속마음과 감정, 미래에 대한 꿈을 얼마나 편하게 이 사람과 나눌 수 있는지 자문해 보라. 이 사람이 여러분의 생각과 기분을 존중하고, 여러분이 중요하게 생각하는 것을 늘 신중하게 고려해 주는가? 관계를 본격적으로 진전시킬 결심을 하기 전에 반드시 이런 문제를 진지하게 자문해 본다.

다른 특성도 중요한 고려 사항이 될 수 있다. 여러분은 같은 인종이나 같은 민족 사람과 짝을 이루고 싶은 욕구가 강한가? 나이, 집안 분위기, 출생지가 중요한 고려 사항인가? 이런 조건들에 대해서는 보다 개방적인 입장을 가지는 게 도움이 될 수 있다. 그렇게 하면 짝이 될 대상의 폭이 한층 더 넓어지기 때문이다. 이 문제에 대해 한 조사 응답자는 이렇게 말했다.

남편과 나는 나이 차가 크다.(거의 18살 차) 남편을 처음 만났을 때

나는 의심을 많이 했다. 그처럼 좋은 집안에서 자라고 교육 수준이 높은 사람이 왜 진작 결혼하지 않았을까 하는 의구심이 들었기 때문이다. 데이트를 시작하고 나서도 나는 그의 과거 행적을 찾아 눈을 두리번거렸다. 하지만 놀랍게도 그는 단지 자기와 맞는 인연을 못 만난 것뿐이었다. 3개월 정도 만난 시점에 나는 그가 바로 내 짝이라는 확신을 갖게 되었다. 그냥 내게 딱 맞는 사람이라는 느낌이 들었다. 말로 표현할 수 없지만 그냥 느낌으로 알 수 있었다. 나이 차와 자란 환경, 종교가 달라도 우리는 완전히 다른 차원에서 결합이 이루어졌다. 핵심적인 가치와 원칙을 서로 공유한 것이다.

_____ 짝 찾기를 계속할 때와 멈출 때

어떤 식으로든 관계를 '다음 단계'로 발전시키기로 하는 것은 힘든 결정일 수 있다. 그것은 지극히 사적이면서 감정적이고, 또한 현실적인 결정이다. 경제학자들의 말에 의하면 짝 찾기를 멈출 때 발생하는 비용과 계속할 때 드는 비용을 서로 비교해 보는 게 중요하다. 사람을 찾는 데 드는 비용이 그 사람을 찾아서 얻게 되는 혜택보다 많으면 찾는 일을 멈출 때라고 할 수 있다. 온라인을 통해 사람을 만나면 경제적 비용은 적게 들지만 소요되는 시간과 에너지 비용은 많을 수 있다. 만약 아이를 낳고 싶어 하는 여성이라면 임신 능력이 떨어질 것이라는 우려가 현재 진행 중인 관계를 그대로 지속시키는 하나의 이유가 될 수 있다. 어떤 의미에서건 더 나은 상대를 찾으려다가 자칫 심각한 결과로 이어질 수 있기 때문이다. 이와 달리 상대 찾기를 계속하다 보면 자신이 어떤 관계를 원하는지 생각이 더 명료해지고, 자기한테 더 잘 어울리는 사람을 만날 기회를 잡게 될지도 모른다. 선택은 여러분의 몫이고, 어떤 요소를 중요하게 생각하느냐가 관건이다.

바바 시브Baba Shiv 교수가 수행한 연구에 따르면 모든 대안을 동시에 놓고 검토하면 각 대안을 순차적으로 검토하는 것보다 만족도와 몰입도가 더 높아진다고 한다.[19] 시브 교수의 연구는 사실 자신의 중매결혼 경험에서 아이디어를 얻은 것이다. 인도에서 자란 시브 교수는 가정을 이루고 싶다는 생각이 들자 그런 뜻을 자기 어머니에게 말했다. 어머니는 관례대로 서너 명의 신부감을 동시에 추천했고 그는 그중에서 한 명을 선택했다. 다행스럽게도 그의 아내가 될 여성도 자기가 받은 신랑감 중에서 그를 선택했다. 두 사람은 얼마 전 결혼 30주년을 맞았다.

미국에서는 중매결혼이 흔하지 않지만 최근 중매를 찾는 사람의 수가 늘고 있다. 미국인들도 짝을 찾겠다고 우왕좌왕 하기보다는 전문가의 도움이 필요하다는 점을 인정하기 시작한 셈이다.[20] 전문 결혼중개소와 중매의 도움을 받는 게 최선의 해결책이 될 수는 없을 것이다. 하지만 시브 교수의 연구는 '계속 최고의 짝을 찾아 헤매는' 것을 선호하는 사람들이 가진 편견을 부각시켜 준다. 사람들은 반드시 더 나은 상대가 있을 것이라고 믿기 때문에 멀쩡한 관계를 쉽게 포기해 버린다. 많은 데

이트 앱이 그렇게 유도한다.[21]

작가 로리 고틀립Lori Gottlieb은 짝을 찾아 계속 헤매는 짓은 당장 그만두라고 외친다. 그녀는 짝을 찾아다니는 사람들은 그런 노력을 계속하면 완벽한 상대를 찾을 것이라는 비현실적인 희망을 품은 경우가 많다고 지적한다. 어틀랜틱Atlantic 매거진에 실린 유명한 글 '그 사람과 결혼해: 어지간히 괜찮은 남자라면'(Marry Him! The Case for Settling for Mr. Good Enough)에서 그녀는 여성들이 지금보다 더 빨리 '정착'해야 한다고 주장한다. "훌륭한 결혼과 훌륭한 연애가 반드시 같지는 않다."는 게 그녀의 주장이다.[22] 이는 남녀 불문하고, 그리고 결혼 여부와 상관없이 성공적인 관계를 오래 이어온 사람들 모두에게 해당되는 말이기도 하다.

_____ 진정한 관계의 시작은 소통

여러분은 어떤 관계를 원하는가? 아이를 낳아 함께 키울 동반자를 원하는가? 두 사람의 사회생활에 모두 도움이 되는 관계를 원하는가? 한쪽이 사회생활에 전념할 수 있도록 다른 한쪽은 집안 살림에 시간과 에너지를 쏟는 관계를 원하는가?

다시 강조하지만 어떠한 관계가 바람직한 관계라고 지금까지 배운 것은 잊어버리는 게 좋다. 여러분의 이해를 돕기 위해 두 가지 서로 다른 유형의 관계를 소개한다. 하나는 두 사람의 경력을 똑같이 중요시하고, 다른 하나는 어느 한쪽의 경력만 중시하는 경우이다. 물론 이는 여러 다양한 시나리오 가운데서 두 가지만 추려낸 것이다. 이 두 가지 중에서 어느 하나를 양자택일 하라는 게 아니라, 이 두 경우가 여러분의 생각에 단초를 제공해 주면 좋겠다.

부부 유형 A

결혼하기로 한 다음 우리는 두 사람의 직업이 똑 같이 중요하다는 점을 분명하게 받아들이기로 했다.(두 사람은 서로 6년 간격으로 MBA를 마쳤다.) 당시 나는 이미 다니는 회사에서 중역이고 아내는 이제 겨우 출발선에 서 있었다. 우리는 아내도 나중에 중역이 될 수 있어야 한다는 생각으로 살 곳을 정하고 육아도 분담하기로 합의했다. 아내가 특히 힘들어할 때는 아내의 직장생활에 대해 매주 정기적으로 이야기를 나누었다.

부부 유형 B

남편의 그런 면 때문에 그와 결혼한 것은 아니지만, 일보다는 가정이 더 우선인 남편과 결혼한 게 나의 경력과 삶에 매우 긍정적인 영향을 미치고 있다. 남편은 나와 달리 일에 매달리는 것보다는 집안 살림과 돈 관리를 좋아하고 특히 육아와 관련된 일은 아주 좋아한다. 우리는 각각 한 살과 세 살 난 아이가 있다.

커리어와 관련해 내려야 할 무엇보다 중요한 결정이 바로 어떤 사람과 결혼하고, 그 사람과 어떤 관계를 만들어 갈 것이냐 하는 것이다. 많은 이들이 이런 점을 강조한다. 만약 여러분이 많은 시간을 매달려야 하는 고강도 직업을 가지고 있으면 그것을 지지해 줄 짝을 찾는 게 매우 중요하다. 그리고 아이가 태어나면 지금 하는 일을 그만 둘 계획이라면 짝이 될 사람이 그런 생각에 동의하는지 알아야 한다. 우리가 하는 말의 요지는 관계 초기에 자신의 희망과 장래에 대한 꿈을 상대와 소통하라는 것이다. 물론 모든 일을 다 미리 결정할 필요는 없다. 관계가 진전되고 자녀가 태어나면 생각이 바뀌는 경우도 많다. 하지만 만약 여러분은 고강도 직업을 계속 갖고 싶은데, 반려자가 될 사람이 여러분이 집안 살림에 집중해 주기를 바란다면 앞으로 심각한 문제가 일어날 수 있다.

_____ 자신에게 맞는 배우자

짝을 찾으면서 이런 저런 일을 겪다 보면 여러분이 중요하게 생각하는 것의 우선순위도 바뀔 것이다. 개리 베커Gary Becker 교수는 경제학적으로 분석한 결혼 이론에서 배우자를 찾는 과정을 '결혼시장'marriage market으로 개념화 했다. 결혼시장은 다양한 요소와 서로 이질적인 가치들이 뒤섞인 가운데 마침내 원하는 짝을 찾는 곳이다. 경제학자가 아니면 이 과정을 결혼시장이라고 부르지는 않겠지만 마이라 교수는 여러 해 동안 학생들과의 대화를 통해 학생들도 자신이 부지불식간에 일종의 시장행위에 참여하고 있다고 생각한다는 사실을 알게 되었다.

배우자를 찾는 과정을 시장으로 보는 시각의 장점 중 하나는 시간이 지나며 경험의 소중함을 배우게 된다는 것이다. 그 경험이 쌓여 더 정보에 바탕을 둔 결정을 내릴 수 있게 된다. 과일을 사는 경험이 쌓여 좋은 바나나를 고르는 안목이 높아지는 것과 같은 이치이다. 후보감을 만나다 보면 자신이 무엇을 원하는지, 그리고 자기가 원하는 상대는 어떤 사람인지에 대한 지식과 이해가 높아진다. 어느 조사 응답자는 그런 과정을 이렇게 말했다.

처음에 첨단기술 사업가, 그 다음에는 첨단기업 매니저를 만났다. 두 사람 다 미디어 기업의 CEO가 되는 게 목표였다. 나는 그 두 사람을 만나며 시간이 없는 사람과 함께 하는 게 어떤지 알게 되었다. 그 다음에 바텐더로 일하다가 농부 일을 하면서 시간 여유가 많고 일정을 유연하게 조정할 수 있는 사람을 만나 결혼했다. 내가 배우자에게서 기대하는 가장 중요한 덕목은 시간 여유가 많고 시간 유연성이 큰 것이라고 생각했다.

이 여성은 시간 내기가 쉽지 않은 바쁜 직업을 가진 사람을 먼저 만났고, 그런 직업을 가진 사람은 자신이 원하는 것을 채워주지 못한다는 사실을 경험을 통해 배웠다. 대신 그녀는 자기가 필요로 할 때 곁에 있어 주는 '활용성'availability과 시간을 유연하게 쓸 수 있는 '시간 유연성' time flexibility을 배우자의 중요한 자격 요건으로 정했다.

_____ 힘든 이야기일수록 빨리 한다

앞에서 소개한 로렌과 그레그는 동거를 시작하고 나서야 각자 중요시하는 우선순위가 서로 다르다는 사실을 알게 되었다. 로렌은 자기 일을 갖고 싶어 한 반면, 그레그는 집안일과 가정에 충실한 아내를 원했다. 그 무렵 친구들과 양가 가족은 두 사람이 당연히 결혼할 것이라고 생각했다. 그래서 로렌은 둘의 관계를 끝내기가 무척 힘들었다. 많은 커플이 결별을 택하기보다는 문제를 덮고 편한 길을 택하려고 한다. 두 사람이 서로 사랑하고 아끼는 마음만 있으면 다른 문제는 쉽게 풀릴 것이라고 생각하는 것이다.

하지만 앞에서 본 것처럼 관계 초기에 자리 잡은 소통 패턴이 중요한 영향을 미친다. 좋은 게 좋다는 식으로 관계를 시작한 초기에는 심각한 문제를 대화 주제로 올리고 싶지 않을 것이다. 그렇게 하면 나중에 더 큰 문제가 생길 가능성이 높다. 두 사람의 관계가 긍정적으로 발전할 것 같은 생각이 들면 조기에 중요한 문제들을 대화 주제로 삼는 게 좋다. 그런 문제에 대한 자신의 입장을 제때 밝히면 그에 대한 상대의 생각도 더 잘 알 수 있게 되고, 민감한 문제에 대해 대화하는 경험도 쌓인다.

두 사람의 견해차가 드러나 관계가 깨질지 모른다는 막연한 두려움 때문에 이런 대화를 외면하거나 뒤로 미루는 경우들이 있다. 두려움을 갖는 건 충분히 이해되지만 장기적으로 보면 그런 견해차는 관계 초기에 아는 게 좋다. 관계 초기에 서로 타협 불가능해 보이는 목표와 우선순위를 가진 사실이 드러나면 어떻게든 타협점이 찾아진다. 애비와 로스도 관계 초기에 종교와 관련한 대화를 통해 서로 타협점을 찾았다. 애비는 자신처럼 아이들도 유대교 신앙을 따라 양육하고 싶어 한 반면 로스는 독실하게 믿는 종교가 없었다. 그는 애비에게 자기더러 종교적인 삶을 살라고 강요하지만 않는다면 아이들을 유대교 전통으로 키우는 건 상관하지 않겠다고 했다. 결혼하고 아이를 갖는 건 한참 후의 일이지만 그래도 애비는 그 말이 중요한 하나의 이정표처럼 들렸다.

서로 도저히 타협이 불가능해 보이는 주제는 대화하려다 관계의 파탄으로 이어질 수 있다. 처음에는 고통스럽겠지만 아픈 기억도 시간이 지나며 바뀔 수 있다는 점을 명심하기 바란다. 마이라 교수의 학생들 가운데 몇 명은 아무리 어려운 주제라도 대화하라고 한 마이라 교수의 권고에 따라 대화를 했다가 관계가 파탄 났다. 그 학생들이 몇 년 뒤 마이라 교수를 찾아와 고맙다고 인사했다. 그렇게 관계를 끝낸 덕분에 이후 자신의 인생 목표와 꿈에 맞는 사람을 만날 수 있었다고 했다. 다시 말해, 아주 중요한 문제에 대한 견해차가 해소할 수 없을 정도로 크다면 두 사람의 삶이 더 얽히기 전에 그런 사실을 알고 마무리하는 게 더 낫다는 말이다.

다음은 미루지 말고 가능한 한 빨리 이야기를 나누는 게 좋은 주제들이다. 이런 이야기는 꺼내기가 매우 불편할 것이다. 이야기를 꺼내기에 너무 이른 게 아닐까 하는 걱정도 들 것이고, 두 사람의 관계가 이처럼 무거운 주제를 입에 올릴 정도로 발전하지 않았다는 생각도 들 것이다. 하지만 감정을 자극하기 쉬운 문제를 함께 이야기하는 게 서로의 관계를 돈독하게 하는 데 큰 역할을 한다는 점을 기억하기 바란다. 마음 깊은 곳에서 자신에게 중요한 문제라고 생각되면 이야기하는 게 낫다. 더 기다릴 수는 있겠지만 기다린다고 다이빙 보드 높이가 더 낮아지지는 않는다. 그걸 알면 지금 물로 뛰어들어라. 그렇게 해서 도움이 안 되었다면 좋은 경험한 셈 치자. 이 챕터 마지막에 가이드 역할을 해줄 연습 문제를 덧붙여 놓았다.

Question 1 어디서 살 생각인가? 이사할 것인가? 이사 시기는 어떻게 정할 것인가?

두 사람이 어디서 살지를 정하려면 돈이냐 사랑이냐를 놓고 양자택일해야 하는 경우가 자주 있다. 삶의 행로를 바꿀 수 있는 문제이기 때문에 중요한 결정이다. 그리고 지금 같은 글로벌 경제 체제에서는 업무 환경이 광범위하게 분산되어 그만큼 대안도 많고 결정을 내리기도 힘들다. 스페인에서 온 어느 학생은 같은 스페인 학생과 결혼했는데 부부가 함께 마이라 교수의 수업을 들으러 왔다. 이들 부부 학생은 졸업 후 어디서 살지에 대해 선택할 대안을 많이 갖고 있었다. 졸업하던 해 여름에 두 사람은 다음 살 곳으로 고려 중인 국가와 도시로 현지답사 여행을 떠났다. 암스테르담에서 시작해 남쪽으로 벨기에, 룩셈부르크, 스위스를 거쳐 파리, 런던까지 갔다. 다니면서 친구와 동문들을 만나 많은 이야기를 들었다. 두 사람은 마이라 교수에게 그 답사 여행이 선택할 대상을 좁혀 나가는 데 정말 큰 도움이 되었다고 했다. 이들은 최종적으로 룩셈부르크에 정착하기로 했고, 이후 그곳에서 몇 십 년째 행복하게 지내고 있다.

이 스페인 부부는 서로 중요시하는 가치가 일치해서 운이 좋았다. 동성애자인 탠디스는 그렇지 못한 경우인데, 캘리포니아 출신인 그녀는 졸업 후 같은 캘리포니아 출신인 여자친구와 함께 캘리포니아에서 살 것으로 생각했다. 하지만 여자친구는 자기 경력에 제일 도움이 될 곳으로 가고 싶어 했고, 최종적으로 뉴욕으로 가기로 했다. 함께 그곳으로 가서 몇 년을 지냈는데, 탠디스는 그곳에서의 생활이 힘들었다. 어느 해 겨울 로스앤젤레스에 사는 친구들을 보러 가서는 뉴욕으로 돌아가는 비행기를 타지 않았다. 그러던 중 여자친구는 멘토로부터 살고 싶은 곳을 먼저 정한 다음 그곳에서 직장을 구하라는 조언을 들었다. 그로부터 1년 뒤 여자친구는 탠디스가 있는 로스앤젤레스로 왔다. 두 사람은 약혼하고 지금까지 그곳에서 함께 살고 있다. 지난 일을 돌이켜

보며 두 사람은 어디서 살지 먼저 의논했더라면 헛되이 힘든 시간을 보내지 않아도 되었을 것이라고 후회한다.

배우자가 될 사람이 어느 곳을 좋아할 것이라고 절대로 지레짐작하지 않도록 한다. 관계 초기에 서로 물어 보고, 자기는 어떤 곳이 좋다는 점을 분명하게 말한다. 어디서 살지에 대해 의견일치를 본 다음에는 앞으로 실제로 이사할 때 생길 수 있는 여러 매개 변수를 함께 따져보는 게 좋다. 예를 들어 이사할 경우 어느 한쪽이 그로 인해 불이익을 당하면 이사를 포기한다고 사전에 합의해 놓는 커플들도 있다. 이런 전략은 가족 구성원 모두 현재의 생활에 안정감을 주고, 친구를 사귀고, 커뮤니티 활동을 활발하게 하는 데 도움이 된다. 그러다 모두에게 최적의 시기가 왔다 싶으면 그때 움직이는 것이다. 어느 의미에서 이런 방법은 '내 파트너에게 해가 되는 이사는 절대로 하지 않겠다.'는 것으로 이사에 관한 '히포크라테스 선서'라고 부를 수 있겠다.

성소수자인 LGBTQ 커플이나 혼혈 커플의 경우는 다른 고려가 더 필요하다. 어디서 살지, 어디로 가는 게 두 사람의 경력에 가장 좋을지 같은 점 외에 어디로 가야 안전하고, 편안하고, 격려 받는 분위기를 느낄 수 있을까 하는 점도 고려해야 하기 때문이다. 동성결혼을 한 어느 여성은 이렇게 말했다. "샌프란시스코 베이 에어리어에 오래 살다 보니 이제는 거기가 너무 좋다. 젊었을 적에는 세계 어디든 가서 살 수 있을 것이라고 생각했지만 이제는 여기 저기 다녀볼 필요도 없을 거라는 생각이 든다. 여행으로 잠깐 들러도 거북한 곳이 많아졌기 때문이다."

어느 다인종 커플도 비슷하게 신중한 생각을 갖고 있었다. 두 사람은 자기들이 가서 일하며 살 만한 도시 후보지 목록을 만들어놓고 따져보았는데 미국 내 중서부 도시 한 곳이 유력 후보지로 떠올랐다. 하지만 최종적으로 후보에서 제외시켰는데 "나중에 아이를 키우면 특이한 성이라 사람들 눈에 띌 텐데, 아이들이 다문화 커뮤니티에 가면 더 편안하게 자랄 수 있지 않을까 하고 생각했다. 다양한 인종이 섞여 사는 곳으로 가고 싶었다."

자녀가 있고, 부부 모두 직장에 다니거나 싱글 부모가 아이를 키우는 경우라면 양질의 아이 돌봄 서비스를 받을 수 있는 곳인지를 고려해야 한다. 돌봄 비용을 감당할 수 있는지도 알아보아야 한다. 이 문제는 Chapter 07에서 상세히 다룬다.

만약 부부가 각자 자신이 원하는 꿈을 찾아 서로 다른 도시에 떨어져 살기로 했다면 각자의 삶에는 도움이 될지 모르나 두 사람의 관계는 시험에 들 수 있다. 그런 경우에는 어떻게 하면 떨어져 있는 동안 두 사람의 관계가 식지 않게 가꾸어나갈지를 우선적으로 생각한다. 관계는 정체되도록 방치하면 곧바로 시든다.

마이라 교수의 남편 제이는 정신과 의사인데, 서로 사랑하는 부부관계는 부부인 두 사람, 그리고 두 사람이 만드는 관계라는 세 가지 요소로 이루어진다고 말했다. 제이는 여러 부부를 상담한 경험을 통해 성공적인 부부관계를 유지하기 위해서는 두 사람이 서로를 돌보고 챙겨주는 것 못지않게 두 사람의 관계도 돌보고 물을 주는 게 반드시 필요하다는 사실을 알았다. 부부는 이런 질문을 수시로 던져보아야 한다. '이 결정 (혹은 행동)이 두 사람 모두에게 유익하고 부부의 관계에도 도움이 될까?' 여러 어려운 문제 중에서도 특히 어디서 살지를 결정할 때는 이런 자세가 매우 중요하다.

Question 2 금전 문제는 어떻게 다룰 것인가?

침을 꿀꺽 삼키고 한숨을 푸욱 쉬고 눈알을 이리저리 굴린다. 돈 이야기는 사람들이 입에 담기 꺼리는 주제 중에서도 상위 목록에 올라 있다. 돈 이야기는 개인적으로 너무 민감한 사안이고, 다른 사람들로부터 돈이 궁하다거나 많다는 소리를 듣거나, 돈 씀씀이가 어떻다는 말을 들을까 신경 쓰게 된다. 어느 경우이건 금전 문제는 감정적으로 불편한 주제이다. 하지만 돈 이야기를 드러내놓고 솔직하게 하는 건 장기적으로 건강한 관계를 만들어나가는 데 꼭 필요한 일이다. 부채가 얼마인지, 금전 면에서 어떤 장기적인 목표를 갖고 있는지 서로 털어놓으라는 말이다. 특히 앞으로 같이 살고, 결혼하고, 자녀를 가질 생각이라면 금전 문제에 대해서는 함께 의논하는 관계를 만들 것을 권한다.

커플이 금전 문제에 접근하는 방식은 단순한 돈 관리뿐만 아니라 두 사람의 관계에 대한 자세, 중요하게 생각하는 삶의 가치까지 드러내는 경우가 많다고 전문가들은 말한다. 시간을 갖고 두 사람 모두 찬성하는 접근방식을 찾아낼 필요가 있다는 말이다.[23]

곧바로 본론으로 들어가지 말고 먼저 소비 습관, 저축 습관, 금전과 관련된 '과거사'에 대해 솔직한 대화를 갖도록 한다. 어린 시절 부모님이 집세를 감당 못해 자주 이사 다닌 기억이 있고, 그것 때문에 한 푼이라도 아끼는 습관이 생긴 것인가? 선물 주고받기를 좋아하는 가정에서 자라 지금도 선물 펑펑 주고받는 걸 좋아하는가? 부모님이 집을 수리하거나 이사할 생각은 하지 않고 노후생활에 대비해 돈을 아끼며 비좁은 아파트에서 평생 사셨는가? 휴대폰, 컴퓨터, 승용차를 새 모델이 나올 때마다 바꾸는가? 이런 질문을 서로 해보라! 돈과 관련된 이야기는 부부의 불화, 나아가 이혼으로까지 이어지기 쉽기 때문에 불화의 불씨가 되기 전에 해소하는 게 중요하다. 돈에 관한 서로의 생각이 어떤지 이야기를 나누고, 서로 생각이 다른 점이 있는지 눈을 크게 뜨고 살펴보면 금전관리에 대한 구체적인 문제를 다루기가 한결 수월해질 것이다.

부부가 금전문제를 현명하게 다룰 수 있는 방법 몇 가지를 소개한다.

재산 통합 *Pooling* 부부의 재산을 모두 공동 계좌로 합친다. 이 경우에는 소비습관, 생활습관, 단기 희망, 장기 목표 등에서 두 사람이 서로 우선시하는 것을 놓고 종종 의견조율이 필요할 것이다.

부분 통합 *Partial pooling* 재산 일부를 합친다. 생활비(집세, 금융대출, 식료품, 전기세 등)로 쓸 돈만 합해도 되고, 재산 대부분을 합하되 각자 별도 계좌를 가져도 좋다. 이 경우 공동 계좌로 각자 얼마를 낼지 가이드라인을 정할 필요가 있다.(금액을 정해도 좋고, 두 사람의 월급 액수가 다른 경우에는 각자 월급의 몇 퍼센트 하는 식으로 정할 수도 있다.) 그리고 어떤 항목의 비용을 공동 계좌에서 지출할 것인지도 정한다.

각자 관리 *Independent management* 각자 개인 계좌를 갖고 따로 살림을 사는 것이다. 이럴 경우에는 외식이나 여행 때 비용 분담을 포함해 살림살이에 드는 비용을 두 사람이 어떻게 나눌지에 대해 세심하게 의견을 나눈다.

자산 전문가들은 결혼한 부부나 동거하는 사람들이 공동 계좌 하나 정도는 갖는 게 바람직하다는 데 생각을 같이한다.[24] 그것 외에는 의견이 갈라진다. 각자 개인 계좌를 적어도 몇 개는 갖는 게 좋다고 생각하는 전문가들도 있다. 다른 사람에게 줄 선물을 구입하거나 같이 사는 사람에게 '어디에 쓰는지 밝히지 않을 지출'을 위해서 필요하다는 것이다. 각자 개인 계좌를 가지면 함께 사는 상대를 속일 여지가 너무 많아진다고 우려하는 전문가들도 있다.

결론적으로 말해 이런 저런 방법이 있겠지만 금전 문제에 대해 서로 투명하게 소통하고, 상황 변화에 따라 접근방법을 재조정해나가는 게 제일 중요하다고 전문가들은 입을 모은다. 예를 들어, 어느 한쪽이 직장을 그만두어 수입이 없어지거나 어느 한쪽이 거액을 상속받았다고 치자. 그런 경우 두 사람의 비용 분담 방식을 재조정할 필요성이 생기는 것이다.

사실은 이런 대화를 통해 얻는 결론보다도 서로 대화하고 각자의 삶에서 중요시하는 우선순위에 대해 이야기하는 과정 자체가 더 중요한 경우가 많다. 한 조사 응답자는 이렇게 말했다.

돈 관리는 금융 분야에서 일하는 내가 맡고, 공동 계좌 외에 각자 개인 계좌도 하나씩 갖기로 최종 결정했다. 공동 계좌와 개인 계좌에 넣는 돈의 비율에 대해 이야기하고, 각자의 권한으로 처리할 수 있는 분야 와 지출 한도도 정했다.

서로에 대한 신뢰가 깊어지며 금전 문제에 대한 접근방식이 바뀌었 다는 사람도 있다.

약혼하고 나서 우리는 두 사람의 수입을 어떻게 모으고 나눌지에 대해 공식을 만들었다. 각자의 수입을 감안해 개인 용도로 쓸 수 있는 지출 허용 액수를 정했다. 나머지 돈은 가족 공동의 통합 현금계좌로 보냈 다. 하지만 몇 년이 지나고 두 사람이 서로 완전히 신뢰한다는 사실을 알게 되면서 이런 방식은 맞지가 않았다. 회계장부 작성, 지출목록 작 성 같은 불필요한 노력을 할 필요가 없어졌기 때문이다. 지금은 두 사 람의 수입을 모두 단일 통합 계좌에 넣어놓고 필요한 돈은 각자 알아 서 쓰고 있다.

Question 3 **자녀를 갖고 싶은가? 몇 명을 언제 낳을 것인가?**

이 주제는 Chapter 04에서 본격적으로 다루지만 관계 초기에 시간과 관심을 기울일 필요가 있는 문제이기 때문에 먼저 플레이스홀더placeholder를 만들어놓으려고 한다. 이런 문제를 쉽게 의논하는 커플이 있는가 하면, 아이 가지는 것도 돈 문제만큼 이야기하기 어려워하는 커플들도 있다. 어쨌든 매우 중요한 일인 만큼 미루지 말로 가급적 빨리 이야기하는 게 좋다.

다음 사람처럼 아이 갖는 문제에 있어서 두 사람의 입장이 너무 잘 맞아서 놀랄 정도인 경우도 있다.

나는 지금의 남편과 데이트를 시작한 초기부터 입양을 통해 가족을 키우는 데 관심이 있다는 말을 했다. 남편도 같은 생각을 갖고 있었다.… 우리는 지금 예쁜 두 아이를 입양해서 기르고 있다는 사실을 알려드릴 수 있어서 너무 기분이 좋다!

다음 이야기는 배우자가 될 사람이 중요하게 생각하는 우선순위를 본인의 입으로 말하면 그 말을 액면 그대로 받아들이는 게 중요하다는 사실을 보여준다.

지금의 아내를 처음 만났을 때 나는 첫눈에 반했다. 그녀가 아이를 낳고 싶지 않다는 말을 했을 때는 시간이 지나면 내가 그 생각을 바꿀 수 있을 것이라고 생각했다. 결혼 7년이 지났는데도 아내는 아이를 갖지 않겠다는 생각을 바꾸지 않았다. 하지만 나는 아이를 간절히 원했고 결국 아내에게 이혼하자고 했다. 나는 지금 재혼해서 두 아이가 있다. 돌이켜 생각하면 헤어진 아내가 처음에 한 말을 액면 그대로 믿었더라면 좋았을 것이라는 아쉬움이 남는다.

앞서 다룬 다른 질문들도 마찬가지이지만 이 질문도 배우자가 될 사람에게 물어보기 전에 본인의 생각은 어떤지를 먼저 아는 게 도움이 된다. 그래서 대화를 시작하기 전에 혼자 숙고하는 시간을 갖는 게 좋다. 그래도 '잘 모르겠다면' 그것도 괜찮다. 왜 확신이 서지 않는지 그 이유를 말할 수 있으면 된다.

_____ 5C 프레임워크 활용하기: 배우자 선택

사랑에 관한 일은 서두르거나 감정적으로, 혹은 사회적 관습에 이끌려 결정하면 안 된다. 자신이 진실로 원하는 게 무엇인지, 삶을 어떤 사람과, 누구와 함께 하고 싶은지, 두 사람이 어떤 삶을 원하는지를 시간을 두고 진지하게 생각한다. 일상생활에서 마주치는 현실에 바탕을 둘 때 비로소 자신이 내리는 결정에 더 큰 확신을 가질 수 있다. 그렇게 해야 두 사람이 더 깊이 연결되고, 서로에게 더 헌신적이고, 더 큰 행복감을 누릴 수 있게 된다.

step 1 명확히 하기 *Clarify*

지금 여러분 곁에 있는 사람을 평생의 동반자로 삼을지 말지 결정하려다가 들뜬 나머지 이 단계를 생략해 버리기 쉽다. 제발 그러지 말기 바란다. 긴 체크 리스트의 모든 항목을 충족시키는 사람은 없다. 그러니 상대가 반드시 갖추었으면 하는 필수 항목을 추려서 데이트 중인 상대가 진정한 동반자가 될 수 있겠는지 꼼꼼히 확인한다.

본인이 생각하는 핵심 가치가 무엇인지 명확하게 알 수 있게 해주는 온라인 연습문제가 도움이 되기도 한다.[25] 자신의 삶에 큰 영향을 준 특별한 경험과 가장 행복했던 순간, 뿌듯했던 순간들을 다시 떠올려보는 것도 도움이 될 것이다. 어떤 상황, 어떤 사람이 나를 그렇게 기분 좋게 만든 거지? 어떤 일이 자기한테 큰 영향을 미치는지 분명해질수록 장기적으로 미래 동반자와 잘 어울릴지 여부는 더 정확하게 알 수 있을 것이다. 자신의 핵심 가치가 분명해지면 그 다음에는 여러분이 부러워하는 관계를 유지하고 있는 커플들을 생각해 본다. 그들의 관계에서 가장 눈에 띄는 점은 무엇인가? 이런 과정이 여러분이 장기적으로 추구하고 싶은 관계를 그리는 데 도움이 될 것이다.

성공적으로 지속되는 모든 관계의 핵심에는 반드시 좋은 소통이 자리하고 있다는 건 널리 알려진 사실이다. 여러분은 동반자와 얼마나 효과적이고 솔직하게 소통하는가? 여러분의 관계에서 어떤 걸 원하는지 서로 대화해 본 적이 있는가? 여러분의 관계가 안고 있는 강점과 약점에 대해 함께 이야기해 보았는가? 자신의 약점을 상대에게 편한 마음으로 드러낼 수 있는가?

흔히 소통이라고 하면 사람들은 자신의 감정을 잘 표현하는 일에 초점을 맞추는 경향이 있다. 그것도 중요하지만 그것 못지않게 중요한 일이 바로 상대의 말을 잘 듣는 것이다. 상대의 말에 귀를 기울이고 상대가 하는 말을 주의 깊게 듣고 있다는 점을 상대가 알도록 하는 게 바로 잘 듣는 자세이다. '듣고 있으니 말해 보라.'고 호응해 주는 게 중요하다.

심리학자들이 '미러링'mirroring이라고 부르는 행위도 동반자가 자신의 생각과 감정을 말로 표현할 때 여러분이 할 수 있는 강력한 연결 방법이다. 동반자가 하는 말을 따라서 반복해 주면 동반자는 자기 말을 상대가 듣고 있음을 알게 된다. 대부분의 사람들이 상대가 자기 말을 세심하게 듣는다는 느낌을 받는 경우가 드물기 때문에 '미러링'은 매우 효과적인 방법일 수 있다.

상대의 말을 주의 깊게 듣되 상대를 판단하지 않는 게 중요하다. 상대가 말하도록 이른바 판을 깔아주는 것도 중요하다. 예를 들어 상대의 말을 들으면서 자신의 이야기로 말참견을 하면 깊은 수준의 친밀감이 만들어지는 기회를 방해한다. 동반자가 하는 말을 주의 깊게 들어주고, 말하는 사람이 충분한 교감이 이루어졌다고 판단해서 스스로 멈출 때까지 들어주도록 한다.

또한 함께 한 시간이 길어질수록 상대의 인생 전반에 관심을 갖는 게 매우 중요하다. 그 사람이 걸어온 인생 여정, 원하는 게 무엇이고, 그리고 특히 무엇을 두려워하는지, 어떤 트라우마를 가지고 사는지, 어떤 일에 화를 잘 내는지 등을 말한다. 우리 모두는 짐을 지고 살며, 여러분과 동반자도 마찬가지라는 사실을 받아들이는 게 각자 상대방의 부정적인 언행, 바람직하지 않은 행동과 리액션을 이해하는 데 도움이 된다. 그러한 행동 유형을 나의 동반자가 어떤 사람이고, 어떤 삶을 살아 왔는가라는 맥락에서 바라보면 크게 도움이 될 것이다. 그러한 반응은 눈앞에 일어나는 일에 대한 즉각적인 반응일 뿐만 아니라 자신의 과거에 대해 반응하는 것이기도 하기 때문이다. 동반자가 부정적으로 나타내는 감정이나 반응을 좀 더 너그러운 시선으로 받아들인다면 여러분은 정말 깊은 수준의 교감을 나누게 될 것이다.

마지막으로, 소통은 관계가 지속되는 동안 여러분과 여러분의 동반자가 계속 발전시키고 이상적인 방향으로 이끌어 나가는 기술이라는 점을 명심하자. 서로의 소통 방법을 개선해 나가겠다는 두 사람의 일치된 마음이 관계가 오래 지속되도록 보장해 준다. 하지만 이런 장기적인 다짐을 하기 전에 건설적인 소통을 가능하게 해줄 기본 토대가 잘 유지되는지부터 확인하자.

step 3 대안 알아보기 *Consider a Broad Range of Choices*

삶의 동반자를 결정하는 데는 시브Shiv 교수의 보고서에서도 지적하듯이 선택의 폭을 넓히는 대신 좁히는 게 일리가 있어 보인다. 누군가와 정착해서 살 각오가 되어 있는데 그 누군가가 지금 교제 중인 사람이라는 확신이 들지 않을 때는 새로운 파트너를 찾는 대신 시브 교수의 보고서에서 권하는 대로 하는 게 좋을 수 있다. 지금 사귀는 사람(반려자로 삼겠다고 고려 중인 사람)을 내가 한때 아주 좋게 생각했던 사람이나, 잡지 않아서 후회되는 사람 등 이전의 대안과 비교해 보는 것이다. 어떻게 지금 사귀는 사람을 '흘러간 사람'과 비교할 수 있느냐고? 요점을 말하자면, 눈앞에 있는 대안을 과거의 대안들과 동시 비교함으로써 여러분의 뇌가 순차적인 선택을 동시 선택으로 착각하게 만드는 것이다.[26]

약간 생소한 방법이긴 하지만 지금 교제 중인 사람이 흘러간 대안만큼 좋아 보이지 않는다면 다른 대안 찾기를 계속하는 게 나을 것이다.

step 4 다른 사람의 의견 듣기 *Check In*

여러분이 부러워하는 관계를 오래 지속 중인 사람을 떠올려 보라고 한 걸 기억하는가? 한 걸음 더 나아가 그 커플들은 어떻게 해서 부러운 관계를 그토록 오래 지속시킬 수 있는지를 알아본다. 동반자가 될 사람을 그런 커플들에게 소개한 다음 나중에 둘이 잘 어울리는지 물어본다. 만약 그 사람들이 유보적인 반응을 보일 경우, 그들이 하는 말에서 혹시 새겨들을 만한 의견이 있었는가?(잘못된 관계라면 두 사람의 인생이 더 얽히기 전에 일찍 관계를 끝내는 게 낫다. 혹시 그런 경고 신호를 못 보고 지나친 건 아닌가?)

　여러분의 가족과 친구들이 동반자가 될 사람을 어떻게 생각하는지도 알아본다. 물론 그들의 의견을 쉽게 들을 수 있는 것은 아니지만, 중요한 의견이니 귀를 기울여 듣도록 한다. 친구와 가족들이 속마음을 터놓기를 주저하면 그들이 하는 말의 행간에 숨은 뜻을 파악한다. 행동이 말보다 더 쉽게 눈에 띈다. 가족과 친구들이 정말 좋아하는 사람을 보면 나타내는 반응을 당신의 동반자가 될 사람에게도 보이던가? 그렇지 않다면 왜 그러는지 그 이유를 직설적으로 물어본다. 만약 부모님이 여러분의 동반자가 될 사람을 싫어하신다면 그것은 앞으로 매우 심각한 문제가 될 수 있다. 지금은 부모님의 반응이 문제가 안 된다고 생각할지 모르지만 여러분도 나중에 아이가 생기면 생각이 바뀔 수 있다.

step 5 예상 결과 따져보기 *Explore Likely Consequences*

　여러분이 관계와 관련해 내리는 결정이 가져올 예상 결과를 압박 테스트pressure-testing를 통해 알아본다. 시간이 일종의 압박 역할을 해주기도 하지만 두 사람이 함께 힘든 상황을 지내보면 관계에 대해 새로운 안목이 생길 수 있다. 어떤 이들은 혼전동거를 통해 평범한 일상에서 오는 여러 압박을 경험하며 두 사람의 관계가 어떻게 발전되는지 알아본다. 여행을 통해서도 예상치 못하는 상황에서 두 사람이 서로 어떻게 행동하고 상대방에게 어떻게 대하는지에 대해 중요한 정보를 얻을 수 있다.

코로나바이러스 팬데믹을 겪으면서도 사람들은 지속적으로 압박 테스트를 받았다. 두 사람은 팬데믹 기간을 어떻게 이겨냈는가? 힘든 시간을 이겨내고 더 강하고 밀접한 사이가 되었는가? 힘든 시간이 여러분 커플의 관계를 더 굳건하게 만들었는가, 아니면 약화시켰는가? 살면서 겪는 힘든 일을 두 사람이 힘을 합쳐 얼마나 잘 이겨내는지는 두 사람의 관계가 앞으로 어떻게 발전해 나갈지 예상해 보는 데 매우 중요한 요소이다.

조엘 피터슨Joel Peterson 교수는 사업과 대학교수 일을 병행하면서 아내와 함께 자녀 7명을 키웠다. 그는 누군가를 위해 헌신할 때는 출구를 찾지 않는 '노 오프램프'no off-ramps 정신을 갖는 게 중요성하다고 말한다.[27] 도중에 힘든 구간을 만나더라도 피해서 출구로 나가지 말고, 역경을 두 사람의 관계를 더 발전시키는 기회로 바꾸기 위해 노력하라는 말이다.

어려운 문제를 만나면 어떤 기분이 드는가?
- 1부 -

5C 프레임 중에서 명확히 하기CLARIFY와 소통하기COMMUNICATE 단계에 초점을 맞춘 연습문제이다. 잠시 시간을 내어 다음 질문에 대한 답을 생각해 보자.[28] 그런 다음 동반자와 이야기를 나눈다. 카테고리마다 최소한 30분은 투자할 것을 권한다.(시간이 더 걸리는 문항도 있을 것이다. 앉은 자리에서 단번에 다 풀려고 할 필요는 없다!) Chapter 03 말미에 연습문제 2부가 있다. 이런 대화는 애정이 넘치는 분위기에서 하는 게 좋다. 야외 나들이나 산책하면서 대화를 나누면 좋을 것 같다.

집 *Home*

어느 도시에 가면 집처럼 편안한 느낌이 드는가? 이유는?

....

가까운 장래에 어디서 살고 싶은가? 먼 장래에 살고 싶은 곳과는 다른가?

....

집을 구할 때 중요하게 생각하는 점은 무엇인가?(지리적 위치와 어떤 집이라는 두 가지 면 모두)

....

집안을 깨끗이 하고 생활공간을 정리 정돈하는 일을 매우 중요하게 생각하는지?

....

이사할 생각인지? 한다면 언제쯤 할 생각인지?

....

돈 *Money*

돈과 관련된 첫 기억은?

....

돈 관리는 어떻게 하고 싶은지?
(모두 통합 계좌로 관리, 일부만 통합 관리, 모두 각자 관리)

....

부채가 있는가?(대학 등록금 대출, 신용카드 빚 등) 부채 규모는 어느 정도인가?

....

지출 품목에서 '돈을 아끼지 않고 막 쓰게 되는 항목'이 있는가?

....

가족 *Family*

아이를 갖고 싶은가? 갖는다면 몇 명을 언제쯤 가질 생각인가?

....

임신이 쉽게 안 되면 어쩔 생각인가?

....

부모가 되면 자신의 역할은 어때야 한다고 생각하는지?

....

정신적, 종교적, 신념 체계 면에서 어떤 환경에서 자랐는지?

....

정신적인 면에서 당신이 자랄 때와 같은 환경에서 자녀를 키울 생각인가?

....

부모, 형제 등 가족과의 관계는 어떤지? 얼마나 자주 만나는가?

....

MONEY *and* LOVE

Chapter 03

결혼에 대하여
피할 수 없는 질문들

　　"도대체 결혼을 왜 하는 겁니까?" 마이라 교수의 강의를 듣는 수강생들 중에서도 이런 질문을 하는 학생이 끊이지 않았다. 흥미로운 질문이고, 미국을 포함한 여러 문화권에서 아직도 이런 질문을 대단히 급진적이라고 생각한다. 요즘 젊은이들도 20대 초가 되면 '좋은 짝'을 안 잡으면 '쓸 만한 사람'은 모조리 남들이 채가고 말 것이라고 걱정하는 소리를 듣는다. 남녀의 역할이 이처럼 빠르게 변하는 시대에 이런 말이 무슨 의미가 있을까? 그리고 지금 이런 '낡은 구속'에 얽매여 살고 싶은 사람이 어디 있을까? 지금도 서로 아끼는 지속적인 관계의 최종 목적지가 결혼이라고 생각하는가?

　　한 세대 전과 비교해도 결혼에 대한 집단 견해가 너무도 달라진 지금 같은 시기에 특히 중요한 질문들이다. 2019년 미국에서 만족스러운 삶을 영위하는 데 결혼이 반드시 필요하다고 답한 비율은 남성 16퍼센트, 여성 17퍼센트에 불과했다.(만족스러운 삶을 영위하는 데 일자리와 직업이 필수적이라고 답한 비율은 남성 57퍼센트, 여성 46퍼센트였다.)[1] 결혼율이 계속 낮아지면서 점점 더 많은 이들이 언제, 어떻게 결혼할지, 결혼을 하기는 할 것인지에 대해 유보적인 입장을 갖기 시작했다. 이런 추세는 집단적으로, 그리고 개인적으로 우리에게 어떤 의미를 가질까? 결혼이 영영 우리 곁에서 멀어지는가? 아니면 결혼의 의미를 새로운 시대 요구에 맞게 재규정하기 위해 잠시 숨을 고르는 것일까? 그리고 이런 변화들이 여러분이 결혼하기로 결심하는데, 아니면 결혼할지 여부를 결정하는 데 어떤 영향을 미칠까?

———— 결혼의 역사

젊은 성인들은 어느 정도 나이가 들면 짝을 이루고, 결혼하기 위해 벌이는 집단 경쟁에서 승리를 쟁취하기 위해 공격적으로 나서야 한다고 생각해 왔고, 그런 생각의 기원은 수천 년 전으로 거슬러 올라간다. 인류 역사의 대부분 기간 동안 혼인은 가장 우선적이고 중요한 경제적 사안이었다. 결혼한 부부는 자연스레 자녀를 낳고, 자녀는 마을의 풍요에 필수적인 존재였다. 가족은 젊은 구성원의 혼인을 통해 노동력을 늘렸다. 순식간에 일손이 늘고 토지가 따라서 늘었다. 결혼한 부부는 자신과 가족을 부양하고, 나아가 마을 전체가 이들 덕분에 살아남고 번성할 수 있었다.

혼인은 사회 구조에 본질적인 요소로 자리 잡았지만 역사적으로 결혼제도는 우리가 생각하는 것 이상으로 유동적이었다. 인류 역사의 대부분 동안 결혼은 두 당사자의 합의로 성사되었다. 16세기 이전에는 결혼식이 없었고, 따라서 사제와 관리, 혼인증명서도 필요 없었다.[2] 수세기에 걸쳐 교회는 두 사람이 본인들 입으로 결혼했다고 말하면 그대로 믿고 인정해 주었다. 또한 19세기까지만 해도 사랑해서 결혼한다고 하면 우습고 무책임한 짓이라는 말을 들었다. 사랑 때문에 하는 결혼은 너무 믿을 수 없다고 생각했다. 스테파니 쿤츠Stephanie Coontz는 저서 『진화하는 결혼』*Marriage, a History: How Love Conquered Marriage*에서 사랑과 결혼의 허약한 관계를 이렇게 설명한다.

사람들은 늘 사랑을 했고, 연령대를 초월해 많은 커플이 서로를 깊이 사랑했다. 하지만 역사적으로 사랑이 결혼의 주된 이유로 간주된 적은 극히 드물었다. 사랑하기 때문에 결혼한다는 이색적인 주장을 펴는 사람이 있으면 웃음거리 정도가 아니라 사회질서에 심각한 위협을 가하는 것으로 간주했다. 어떤 문화권에서는 진정한 사랑을 결혼과 양립할 수 없는 것으로 생각하기도 했다. 사랑이 결혼으로 결실을 맺는 것을 환영하고 격려해 주면서도 당사자들 마음대로 하도록 내버려두지는 않았다. 결혼한 부부는 서로에게 느끼는 감정을 부모, 형제, 사촌, 이웃, 그리고 하느님과의 관계 등 다른 중요한 관계들보다 상위에 두지 못했다.[3]

연애결혼이 자리를 잡기 시작한 것은 계몽시대에 와서이고, 그것도 몇 세대에 걸쳐 서서히 힘을 얻으며 지금의 전통적인 결혼 형태로 바뀌었다. 그래서 이런 질문을 해보게 된다. 실제로 그게 전통적인 결혼이 맞는가? 아니면 지금 세대의 극소수가 그런 형태를 결혼이라고 생각하도록 배운 것일 뿐인가?

_____ 전통적인 결혼관에 대한 오해

우리가 지금 전통적인 결혼이라고 부르는 것은 크게 보아 1950년대의 이상적인 결혼관에 바탕을 두고 있다. 두 젊은이가 서로 사랑하고(1950년대의 이상적인 결혼관을 이야기하는 중이니 당연히 이성 간의 사랑을 가리킴) 결혼한다는 것이다. 그 당시 아내는 집안에서 살림살이를 하고 아이를 키우고, 남편은 밖에 나가 일해서 가족을 부양하는 의무를 다했다. 쿤츠가 설명하는 것처럼 이른바 이런 이상적인 결혼관은 1950년대가 시작되기 전 150여 년에 걸쳐 발전해 왔다. 지금 우리가 전통적인 결혼이라고 부르는 것은 비교적 새로운 발명품인 것이다.

인류 역사상 대부분의 시간 동안 사람들은 이성 간 결혼을 했고, 남편과 아내 모두 일해서 돈을 벌어 생계를 유지하면서도 여성은 재산 소유권을 비롯해 중요한 권리를 누리지 못했다. 아내들은 곡식을 재배하고 돼지를 잡아 시장에 내다 팔면서도 그런 차별을 당연한 것으로 받아들였다. 일해서 돈이나 필요한 물건을 받아오면서도 따로 시간을 내 집안일까지 해야 했다. 그건 평등한 결혼이 아니었다. 여성은 역사적으로 집밖에 나가 돈을 벌면서 집안일도 하고 자녀 양육과 가족을 돌보고 마을 일도 해야 했다. 지금도 맞벌이 여성들이 많이 하는 전형적인 '세컨드 시프트'second shift와 매우 흡사한 구조였다.[4] 많은 여성이 종일 밖에 나가 돈벌이를 위해 일하고 집으로 돌아오면 요리, 청소, 육아 같은 일이 또 기다리고 있다. 두 가지 일을 혼자서 다 짊어지고 싶지 않은 젊은 여성들은 이처럼 친숙한 역사가 달갑지 않다.

역사적으로 지금 시점에 우리는 일부 언론에서 말하는 것처럼 결혼이라는 제도와 서서히 결별하는 게 아니라, 새로운 의미에서 결혼을 재규정하기 위해 잠시 뜸을 들이는 것일 수도 있겠다. 만약 결혼이 '될 대로 되라'는 자포자기의 심정이거나 누군가가 자신을 '낚아채는' 게 아니라면 어쩔 것인가? 오롯이 자신의 삶을 가꾸고, 자신의 방식대로 삶을 살고, 자신이 열망하는 꿈을 이루기 위한 수단이 결혼이라면 어쩔 것인가? 결혼한 다음 그 꿈을 부부가 각자 이룰 수도 있고 부부가 함께 이룰 수도 있는 것이다.

———— 결혼관의 진화

나이 차가 거의 40년인 우리 공동 저자 두 사람은 결혼과
관련해 서로 경험한 내용과 생각이 너무 다르다는 사실을 알고 정말 놀
랐다. 마이라 교수가 젊은 시절 생각하고 기대한 결혼관을 한번 되돌아
보자.

젊은 아가씨였던 1950년대와 1960년대 초 결혼에 대한 나의 생각은 이
중적이었다. 겉으로 드러내지 않은 페미니스트였던 어머니는 나와 내
여동생을 키우면서 내내 일을 하셨는데 우리한테 수시로 이렇게 말씀
하셨다. "결혼이 전부가 아니고 결혼한다고 삶이 끝나는 것도 아니란
다." 어머니는 '비 오는 날'에 대비해 스스로를 책임질 능력을 갖추어야
한다는 말을 수없이 되풀이하셨다. '비 오는 날'이란 혼자가 된다는 뜻
이었다. 그러면서도 어머니는 당시 문화적으로 유행하던 메시지를 따
라 이렇게 말씀하셨다. "결혼은 여성의 행복에 너무도 중요한 일이다.
그러니 대학 다닐 때 어떤 사람과 결혼할지를 고민해 보도록 하거라."
친구들의 생각과 우리를 둘러싼 환경은 결혼이라는 케이크에 찬물을
끼얹었다. "25살이 되도록 결혼 못하면 좋은 남자는 모조리 남이 채가
고 너는 노처녀로 늙을 거야." 대학 졸업반 때 여학생 클럽에서의 식사
대화 주제는 주로 웨딩 가운 고르기, 신혼여행을 어디로 갈지 같은 것
이었다. 결혼하면 우리 삶이 어떻게 될 것이며, 성공적인 결혼생활을

위해서는 어떻게 해야 하는지와 같은 대화를 나눈 기억은 없다.

자신의 결혼생활이 성공인지 실패인지에 대해 이야기하는 사람은 아무도 없었다. 친척과 부모님 친구들 가운데 불행한 결혼생활을 하는 사람이 많았지만 그들 중에서 이혼한 사람은 남자 한 명뿐이었다. 결혼생활이 행복하지 않은 사람은 그런 가운데서도 나름대로 최선을 다할 뿐이었다. 당시 내가 살던 뉴욕주에서는 이혼하기가 어려웠는데, 이혼해야 할 정도로 배우자를 신뢰할 수 없다는 사실을 입증하려면 재산이 많아야 했다. 이혼법이 완화된 1970년대 초가 되어서야 사람들은 '성공적인' 결혼생활에 대해 생각하기 시작했다.

섹스에 대한 이야기도 임신하지 않도록 그걸 멀리하라는 말을 할 때 외에는 입에 올리지 않았다. 낙태를 해야 하는 '타락한' 여성, 예상보다 서둘러 결혼하고 결혼한 지 얼마 안 되어 아이를 낳은 여성에 대해 수군거릴 때만 섹스를 입에 올렸다. 콘돔은 믿을 수 없고, 피임용 다이어프램diaphragms을 구입하려면 의사의 처방전이 필요했다. 처방전을 받으려면 곧 결혼할 몸이라는 사실을 의사에게 말해야 했다. 먹는 피임약이 나온 것은 1962년이 되어서였고 자궁 내 피임기구IUDs가 보편화된 건 그보다 더 뒤였다. 낙태는 불법이고, 수술이 잘못되어 위험해지는 경우도 많았다. 그러니 임신이 되지 않는다는 확신이 없는 가운데서 섹스를 즐기려면 대단한 용기가 필요했다. 마침내 결혼해서 마음 놓고 섹스를 즐길 수 있게 되면 그제야 한숨 돌리는 셈이었다.

부모님께 내가 다니는 대학 학장이 대학원 박사과정 진학을 권한다는 말씀을 드렸더니 부모님이 묻는 첫마디가 남자친구(나중에 남편이 된 사람)의 생각은 어떠냐는 것이었다. "그래도 너와 결혼하겠다고 하더냐? 네가 박사가 되어도 괜찮다고 하더냐?"(당시 그는 의과대학에 다니고 있었고, 다행히도 내가 박사과정에 진학하는 걸 전혀 개의치 않았다.) 부모님은 이렇게 결론을 내리셨다. "그래, 그 아이가 그래도 너와 결혼하겠다면 우리도 좋다." 남자친구가 없는 내 친구도 박사과정 진학을 생각 중이었는데, 친구 부모님은 딸에게 대학원 진학에 반대하며 이렇게 덧붙이셨다고 한다. "네가 박사가 되면 남편감으로는 박사학위 두 개는 가진 남자를 찾아야 한다."

내가 결혼에 대해 가진 환상은 반드시 연애결혼을 하겠다는 것이었다. 남편과 나는 각자 세워놓은 학업 목표를 달성하기 위해 열심히 공부했다. 그런 다음 아이를 낳았고, 아이들은 우리에게 엄청난 행복감을 안겨주었다. 결혼할 때 나는 22살, 남편은 23살이었다. 두 사람 모두 아이를 키우며 학업을 계속하는 게 얼마나 힘든 일인지 전혀 몰랐다. 남편은 내가 박사과정에서 공부하는 걸 찬성하면서도 집안일이나 아이 돌보는 일은 하지 않으려고 했다.(그런 일을 좋아하지 않은 탓도 있고, 집안일을 하면 자기가 하는 일에 방해가 되기 때문이었다.) 내가 가진 환상 가운데서 유일하게 현실이 된 것은 아이들을 보면 엄청난 행복감을 느끼는 것이었다.

요즘은 20명 남짓한 손자 손녀들과 이야기를 나누면 내가 그 아이들 나이에 결혼했다는 생각에 놀란다. 지금 가장 좋아진 일 가운데 하나는 평균 결혼연령이 높아져서 여성들이 20대 초반을 남편감 찾는 데 허비하지 않는다는 점이다. 그 다음으로 좋아진 일은 효과적인 피임방법을 쓸 수 있게 되었고, 섹스에 대해 내놓고 말할 수 있고, 섹스가 관계를 유지하는 데 얼마나 중요한 역할을 하는지도 공개적으로 말할 수 있게 되었다는 것이다.

그로부터 40년쯤 뒤 이번에는 애비가 젊은 아가씨였다. 당시 결혼에 대한 그녀의 생각은 마이라 교수 시절과는 판이했다.

우리 세대의 많은 친구들처럼 결혼에 대한 나의 환상은 '프린세스 브라이드'The Princess Bride, '해리가 샐리를 만났을 때'When Harry Met Sally 같은 1980년대 영화의 영향을 받았다. '프린세스 브라이드'를 보고는 원하지 않는 사람과 결혼할 바에는 내 손으로 죽는 게 더 낫고, 정말 사랑하는 사람을 위해서는 불구덩이라도 뛰어들 수 있다고 생각했다. 그리고 나한테 맞는 짝은 '맛 좋은 멜론은 척 보면 그냥 아는 것처럼' 저절로 알아보게 될 것이라고 생각했다. 물론 이 두 영화를 비롯해 내가 본 많은 영화들은 결혼에 이르는 과정, 다시 말해 맞는 짝을 찾는 과정에 관한 것일 뿐 어떻게 해야 행복한 결혼생활을 할 것이냐를 다루지는 않았다.

나는 당시 부모님이 사시는 걸 보는 것 외에는 결혼생활이 어떤지에 대해 아는 게 하나도 없었다. 부모님의 결혼생활은 행복해 보였지만 엄마가 정말 많은 걸 포기하고 사신다는 생각을 떨칠 수가 없었다. 아버지의 직장을 따라 엄마는 살던 곳에서 900마일 떨어진 곳으로 와야 했고, 아이들 키우느라 임시직이긴 하지만 직장도 포기했다. 그리고 꽤 많은 집안일 대부분을 엄마 혼자 다 하셨고, 아버지는 식사 후 식탁 정리, 잔디 깎기 같은 한두 가지 허드렛일 외에는 손을 대지 않으셨다. 아버지는 직장 출퇴근길이 워낙 멀어서 바깥에 있는 시간이 많다 보니 엄마 혼자서 등하교는 물론이고 방과 후 활동, 병원 응급실까지 아이들을 실어 날랐다. 아버지는 이런 일과는 일체 관련이 없었다. 아버지는 전 세계로 출장을 다니셨고, 그러다 보면 좋은 음식에 동료들과 재미있는 시간도 더러 보내셨을 것이다. 나는 본받고 싶을 정도로 평등한 결혼생활을 하는 부부를 보지는 못했지만 우리 엄마처럼 살고 싶은 생각은 추호도 없었다. 엄마는 아이들을 병원 응급실로 허겁지겁 실어 나른 일로 불평을 입에 담은 적은 없지만 나는 그렇게 살고 싶지 않았다.

나는 결혼하겠다는 생각은 확실히 갖고 있었지만 서두르고 싶지 않았다. 시간이 지나며 나는 '마음에 들지 않는 사람은 차라리 없는 게 낫다'라는 나름의 데이트 철학을 개발했다. 고교와 대학을 거치는 동안 남자친구도 더러 사귀었다. 몇몇과는 진지하게 만나기도 했지만 그렇다고 꼭 결혼하고 싶다는 환상을 가져본 적은 한 번도 없었다. 피임은 비교적 쉬웠던 때라 섹스 때문에 결혼할 필요는 없었고 임신에 대한 걱정도 하지 않았다. 사촌 언니가 있었는데 마흔이 다 되어갈 때까지 미혼이었다. 나는 그 언니를 엄청 부러워했다.

대학 졸업 후 샌프란시스코로 옮기고 나서부터 나는 대학생 딱지를 떼고 새로운 데이트의 세계로 들어갔다. 그러면서 남자를 만나면 이 남자와 두 번째 데이트를 나갈지 말지를 정하는 데 하나의 원칙을 정했다. 그건 바로 '이 남자와 데이트 하는 게 좋을까 아니면 책이나 읽는 게 더 좋을까?' 자문해 보는 것이었다. 책 읽는 쪽을 택한 경우가 더 많았다. 솔직히 나는 결혼을 위해 나의 독립, 나의 야망, 다시 말해 나에게 중요한 것들을 포기하고 싶지 않았다. 결혼에 대한 나의 환상은 내가 그런 중요한 것들을 지킬 수 있도록 나에게 힘이 되어 줄 '맛 좋은 멜론'을 만나는 것이었다.

불과 몇 십 년의 나이 차인데 두 사람이 결혼에 대해 이렇게 다른 생각을 하고 있는 것이다.

_____ 현대의 결혼관

할리우드 영화와 소셜 미디어에서는 여전히 영원한 사랑을 찬미하는 서정적인 묘사들이 넘쳐난다. 그러면서 결혼은 힘든 일이라는 말도 많이 들린다. 지금의 현실에서 어느 쪽이 더 진실에 가까울까?

경제학자 개리 베커Gary Becker 교수는 저서 『가족 경제학』A Treatise on the Family에서 사랑은 너무 단순한 개념이라 복잡한 결혼을 설명하기 어렵다고 했다. 그는 사람들이 결혼하는 것은 경제적으로, 정서적으로 자신을 더 나은 상태로 만들기 위해서라고 했다. 로리 고틀립Lori Gottlieb도 다음과 같이 비슷하게 균형 잡힌 입장을 나타냈다. "결혼은 휴가를 함께 갈 사람을 구하는 게 아니라 가정을 함께 꾸릴 사람을 찾는 것이다. 결혼은 열정으로 가득 찬 축제가 아니라 재미없고, 따분하기도 한 아주 소규모 사업체를 함께 이끌기 위해 손을 잡은 일종의 동업 관계 같은 것이다."[5]

결혼에 대한 이런 생각은 일리가 있어 보인다. 연구에 따르면, 사람들은 사랑을 동거, 약혼, 결혼의 가장 큰 이유라고 답하면서 경제도 관계가 없는 것은 아니라고 했다. 실제로 결혼을 미루는 이유로 경제적인 준비가 안 되었기 때문이라는 점을 많이 들었다. 응답자 대부분이 동거를 결혼으로 가는 전 단계로 생각했는데 편리함과 경제적인 이유를 동거를 시작하는 동기로 많이 들었다.[6] 수면 밑을 들여다보면 사람들은 '진정한' 사랑을 찬미하면서도 현실에서는 사랑에만 몸을 맡겨 휩쓸릴 생각은 없었다. 냉정하게 말해 결혼은 사랑으로만 하는 게 아니고 돈만 따져서 하는 것도 아니다.

여러분이 현재 교제 중이거나, 아니면 파트너와 함께 할 미래를 생각하는 중이라면 최종 결정을 내리기 전에 따져보아야 할 몇 가지 질문을 소개한다. 이런 문제는 가능하면 교제를 시작하는 초기에 생각해 보는 게 좋다.

오늘날의 결혼 경제학

오늘날 결혼의 경제적인 측면은 엄청나게 다양해졌다. 현재 미국에서는 8세 미만의 자녀를 둔 부부 가운데 30퍼센트는 부부 중 한 명이 경제활동을 하지 않아 수입이 전혀 없다.[7] 반면에 TD 아메리트레이드*Ameritrade*가 2019년에 조사한 내용으로는 여성 응답자의 21퍼센트가 남성 배우자보다 수입이 더 많았다.(여성 응답자의 26퍼센트는 남성 배우자와 수입이 같았다.)[8]

Question 1 **결혼할 것인가?**

이 질문에 대한 답은 부분적으로 인구 통계와 관련이 있다. 인구와 관련된 흐름을 알면 결혼 여부를 고려하는 데 도움이 될 것이다.

고소득자들이 결혼할 확률이 더 높다. 2018년 기준으로 상위소득 5퍼센트에 드는 사람의 80퍼센트가 결혼한 반면, 하위 5퍼센트의 결혼율은 38퍼센트에 그쳤다. 지난 40년간 소득 상위 5퍼센트의 결혼율은 거의 변동이 없는(2퍼센트 포인트 하락에 그침) 반면 하위 5퍼센트의 결혼율은 크게 줄었다.[9]

결혼율이 줄어든 반면 결혼연령은 눈에 띄게 올라갔다. 2019년 기준 결혼 평균연령은 남성 30세, 여성 28세였다.[10] 남성 임금의 하락과 여성 임금이 남성에 비해 상대적으로 상승하면서 여성들이 예비 배우자의 소득에 의지하는 대신 자력으로 재정적인 안정을 추구하는 경향이 나타났다. 소득분배 과정에서 남성의 소득이 가장 첨예하게 낮아진 시점과 결혼율이 가장 낮은 시점이 일치한다.

소득 하락은 흑인과 히스패닉계 남성들에게서 특히 두드러졌는데 이는 그들의 결혼율에 반영되어[11] 2015년 미국 내 15세 이상 남성의 전체 결혼율은 48퍼센트인데 비해 흑인 남성의 결혼율은 32퍼센트에 그쳤다. 흑인 여성의 경우는 결혼율이 26퍼센트에 불과했다.[12] 흑인의 결혼율이 낮은 것은 흑인 남성의 소득 감소뿐만 아니라 남성 대비 여성의 소득 비율이 흑인사회에서는 더 높기 때문이기도 하다. 그 결과로 흑인 여성들의 경우 결혼으로 인해 발생하는 경제적 이득이 백인 여성들의 경우보다 낮아졌다.[13] 흑인 여성들은 흑인 남성이 버는 소득의 96퍼센트를 벌었다(백인 여성들의 소득은 백인 남성 소득의 82퍼센트에 그침).[14] 또한 흑인 이성애자 여성이 흑인 남성과 결혼하려는 경우에는 추가적인 요소들이 선택의 폭을 더 줄였다. (1) 사회적, 정치적, 경제적 상황으로 인해 흑인 남성의 수감생활을 하는 비율이 높아졌다. (2) 흑인 남성이 비흑인 여성과 결혼하는 비율은 흑인 여성이 비흑인 남성과 결혼하는 경우보다 두 배 더 높았다.[15] 히스패닉과 라틴계도 남성들의 소득 감소로 결혼율이 낮아졌다. 아시아계만 결혼율이 61퍼센트로 유지되었는데 아시아인들은 다른 인종에 비해 결혼 상대의 인종이나 조건을 가리지 않고 무난하게 선택하는 경향을 보였다.[16]

미국에서 연방 내 많은 주들이 동성결혼을 합법화함에 따라 동성결혼 수는 2008년 14만 2,000명에서 2018년에는 59만 2,000명으로 크게 늘었다.[17] 하지만 일부 동성 커플은 부부 합산 신고 시 고소득자와 저소 득 납세자 모두에게 불리하게 적용되는 이른바 '결혼세'marriage tax를 피 해 결혼 후에도 계속 동거자 신분으로 남았다.[18] 14년째 교재중인 여성 조사 응답자는 부부간에 사회보장 연금이 승계되는 것처럼 누리는 혜택 이 크기 때문에 때가 되면 결혼할 생각이라며 이같이 말했다. "만약 동 거자들에게도 결혼과 같은 혜택이 주어진다면 아마도 나는 결혼할 생각 을 하지 않을 것이다. 나는 결혼을 신뢰와 동일시하지 않는다. 깊은 신 뢰는 우리가 매일 서로를 대하는 태도에서 나온다고 생각한다."

또 어느 여성은 지금의 남편과 결혼하는 문제를 놓고 얼마나 고민했 는지에 대해 이렇게 털어놓았다.

지금의 남편과 결혼할지를 놓고 고민할 때 부담감이 컸다. 결혼 8년째 에 아이가 셋인 지금은 잘한 결정이라고 생각하지만 그때는 걱정이 엄 청나게 많이 되었다. 나는 늘 (하버드대, 스탠퍼드대 생활 같은)중압감 속 에 살면서도 큰 걱정거리에 시달리거나 밤잠을 설친 적은 한 번도 없 었다. 하지만 일생의 동반자를 결정하는 문제가 닥치자 살아오면서 제 일 큰 결정을 마주하게 된 것 같은 기분이었다. 사실이 그랬다. 혹시 라도 잘못된 결정을 내릴까 봐 겁에 질렸다. 겪은 적이 없는 심한 불안 감에 휩싸였고 잠도 오지 않았다. 생전 처음으로 심리치료사를 찾아가 눈물을 펑펑 쏟으며 울었다. 나는 당시 사귀던 남자친구를 사랑했지만 그는 완벽한 사람이 아니고 내가 그리던 이상형도 아니었다. 그의 집안은 우리 집안과 달랐고, 그는 내가 전에 데이트하던 남자들과도 전혀 달랐다.

결혼했다가 어느 날 아침에 일어나서 그 결정을 후회하게 될까 봐 걱정되었다. 만에 하나 그런 일이 일어난다면 그건 정말 세상의 종말이 온 것이나 같을 거라고 생각했다. 그러다가 마침내 내가 편한 마음으로 결정을 내릴 수 있게 된 것은 아마도 엄마가 해주신 말 덕분이었던 같다. 엄마는 대충 이런 취지로 말씀하셨다. "내가 네 대신 이 결정을 내려줄 수는 없고, 네게 무슨 말을 해주어야 할지도 모르겠구나. 하지만 만약 내가 너라면 나는 그 사람과 결혼하겠다!" 엄마는 내가 모든 정보를 다 손에 넣을 수는 결코 없다는 현실을 일깨워 주셨다.(내가 마음에 두고 있는 이 사람보다 더 나은 남자가 없는지 알아보기 위해 모든 잠재적인 후보들과 다 데이트를 해볼 수는 없었다.) 하지만 나는 지금의 남자친구가 특별한 존재라는 사실을 알 수 있을 만큼 충분히 많은 남자들을 만나보았다. 그는 가장 중요한 자질(친절, 정직, 성실함)을 엄청나게 많이 갖고 있고, 무엇보다도 내가 원하는 자질(물론 내가 꿈꾸던 자질을 모두 다 갖춘 건 아니지만)을 다 갖추고 있다는 사실을 마침내 깨달았다.

Question 2 결혼 전에 동거할 생각인가?

결혼율 하락의 원인 가운데 일부는 동거율 증가와 관계 있다. 혼전 동거와 결혼하지 않고 함께 사는 경우를 모두 말하는 것이다. 2013년부터 2017년까지 18세에서 44세 사이의 성인 가운데 거의 60퍼센트가 결혼하지 않고 함께 산 경험이 있다고 대답했다. 그리고 동거자의 절반 이상이 결혼하지 않는 주요 이유로 경제적인 준비 부족을 꼽았다.[19] 1990년대 이후 동거가 결혼의 안정성에 미치는 영향에 대한 연구들이 있었다. 연구 결과는 다소 일관되지 않은 방향으로 나타났다. 동거가 흔하지 않던 초기 시절의 연구 결과는 혼전 동거를 한 부부들의 경우 이혼율이 높은 것으로 나타났다. 연구자들은 이를 '동거 효과'cohabitation effect로 불렀다.[20]

과거에는 동거에 대한 사회적 인식을 남용하는 사람이 이혼도 쉽게 생각하는 경향이 있었다고 볼 수 있다. 하지만 지금은 사람들이 편리하고, 집세를 절약하고, 격식을 차려서 결혼하는 대신 자연스럽게 '결혼으로 이어지기'를 원하는 마음에서 동거 결정을 내리는 것으로 나타났다. 하지만 아쉽게도 동거 효과에 관한 대부분의 연구 결과는 사람들이 어떤 의도를 가지고 동거를 시작하는지를 고려에 넣지 않고 있다. 결혼이나 약혼할 의사를 가지고 동거를 시작하는 커플들의 경우는 부정적인 '동거 효과'가 대부분 사라지는 것으로 나타났다.[21] 미국을 비롯해 많은 나라에서 가족이 형성되는 다양한 방법을 법률이 다 반영하지 못하고 있다. 다음의 조사 응답자가 밝힌 것처럼 사람들이 혼전 동거를 하는 이유는 다양하다.

나의 동거자는 성전환자이고, 그래서 나는 아는 정자 기부자의 도움을 받아 아이들을 임신했다. 이런 이유로 인해 나의 동거자는 우리 아이들을 입양하는 절차를 밟아야 했다. 우리는 함께 살고, 함께 아이를 키우고 주요한 결정을 함께 내리는데도 그랬다. 우리는 진보 성향의 주에 사는데도 입양 절차를 밟는 데 시간과 돈이 들었다. 그래서 우리는 완전한 가족을 이루어 한 번에 입양절차를 마무리할 수 있게 될 때까지 결혼을 늦추었다. 다행히 진보적인 생각을 가진 나의 고용주가 동거인에게도 여러 혜택을 제공해 주어서 이 계획을 실행에 옮길 수 있었다.

동거를 시작하는 이유가 무엇이든 상관없이 일단 함께 살기 시작하면 헤어지기는 결혼 못지않게 어렵다. 연구 결과 부정적인 '동거 효과'는 분명한 소통을 통해 완화될 수 있는 것으로 나타났다. 예를 들어 동거가 두 사람의 장기적인 관계에 어떤 의미를 갖는지에 대한 각자의 희망사항을 분명하게 밝힌다. 우리는 동거를 생각하는 모든 커플에게 이번 강의와 Chapter 02에서 다룬 주제를 일일이 앞에 놓고 솔직한 대화를 나누라고 권한다. Chapter 02에서처럼 말미에 도움이 되는 연습문제를 준비해 놓았다.

일부 주에서는 커플들이 동거 파트너domestic partners로 등록할 수 있도록 해주고 있고, 또 어떤 주에서는 이들이 '합법적 결합'civil union을 이룰 수 있도록 허용해 준다. 이런 제도에는 커플들이 동거를 시도하는 데 도움이 되는 중요한 세금혜택이 포함돼 있다.

동거든 결혼을 하든, 아니면 '동거 파트너'로 살든 유언장은 작성해
두는 게 좋다. 마이라 교수의 강의를 듣는 학생들 다수는 유언장 작성
에 대해 거부감을 나타냈다. 젊음을 불멸로 착각하는 것이다. 하지만 가
끔 큰 사고를 당하거나 큰 병을 앓은 경험을 이야기하는 학생이 생기고,
그런 이야기를 듣고 전에는 미처 몰랐던 인간의 약함과 생명의 유한함
에 대해 수긍하는 입장을 보이는 학생들도 있었다. 가진 재산이 많지 않
더라도 자기가 소중하게 생각하는 물건이 있을 것이다. 자전거도 좋고,
사진 컬렉션, 악기일 수도 있다. 만약에 누군가와 함께 살다가 여러분이
죽었을 때 그 물건이 여러분이 물려주고 싶은 사람에게 가지 않을 수가
있다. 함께 살기 시작하기 전에 이런 이야기를 둘이서 진지하게 나누어
보라고 권하고 싶다.

자녀가 있다면 유언장 작성은 더더욱 반드시 해야 한다. 특히 부모가
죽거나 무력화되는 경우에 대비해 유언장에 후견인을 반드시 지정해야
한다. 아쉽게도 사람들 대부분이 이런 권고를 무시한다. 8세 미만의 자
녀를 둔 부모 가운데 유언장을 작성한 사람은 거의 절반에 그치고, 37퍼
센트는 생명보험을 들어놓지 않았다. 부모가 생명보험을 들어놓았으면
사망할 경우 자녀들에게 필요한 도움을 줄 수 있다.[22]

`Question 3` **혼전 합의서를 쓸 것인가?**

혼전 합의서를 쓰는 사람이 늘고 있다. 미국혼인변호사협회American Academy of Matrimonial Lawyers가 최근 실시한 조사에 따르면 변호사 대다수가 자신에게 의뢰하는 밀레니얼 세대의 수가 늘고 있다고 대답했다. 그런 현상이 일어나는 이유에는 밀레니얼 세대들은 대체로 결혼연령이 높고(그래서 결혼 전에 재산을 모으거나 부채가 많아질 시간이 많았다), 밀레니얼 세대들의 3분의 1이 이혼한 부모 밑에서 자랐다는 사실 등이 포함됐다.(그래서 개인적인 경험을 통해 모든 결혼이 다 성공하는 것은 아니라는 사실을 알게 되었다.)[23]

혼전 합의서는 매우 민감한 사안이다. 어떤 사람은 도저히 받아들이지 못하고, 결혼과 관련한 일에 경제적인 문제를 개입시키는 것에 대해 냉담한 반응을 보인다. 희망으로 들뜬 초기에 결혼의 실패 가능성을 공개적으로 이야기하는 것을 못마땅해 하는 사람도 있다. 마이라 교수의 강의를 듣는 어느 여학생은 혼전 합의서 때문에 약혼을 파기하게 되었다며 마이라 교수와 학생들 앞에서 이렇게 말했다. "내 약혼자는 아주 부자였는데 결혼식이 가까워지자 혼전 합의서에 사인하라고 했어요. 이혼할 경우 나에게 재산을 한 푼도 주지 않는다는 내용이었어요. 당시 나는 그 남자를 많이 사랑했지만 하는 수 없이 파혼할 수밖에 없었습니다. 그 남자가 자기 돈을 나한테 나누어주지 않겠다면 나도 내 인생을 그 남자와 나누고 싶지 않았어요."

40대 초인 어느 커플처럼 혼전 합의서를 쓰고 결혼에 성공하는 경우도 있다. 이 두 사람은 각자 소규모 사업체를 성공적으로 운영하고 있었는데, 두 사람 다 아이를 가질 생각은 없었다. 어느 날 남자가 여자에게 자기와 결혼할 생각이 있는지 물어보았다. "혼전 합의서를 쓰면 결혼할 생각이 있어요. 혼전 합의서에 내가 죽더라도 당신이 내 사업체를 상속받지 않겠다는 내용이 포함되어야 합니다. 조카에게 사업체를 물려주겠다고 약속했기 때문이에요." 여자는 이렇게 대답했고 남자는 그 대답을 듣고 뛸 듯이 기뻤다. 남자도 혼전 합의서를 쓰고 싶었지만 여자에게 말을 꺼낼 엄두가 나지 않았던 것이다. 두 사람은 각자 담당 변호사를 통해 서로 만족스러운 내용으로 합의서를 작성해 서명하고 얼마 뒤 결혼했다.

재산이 많지 않은 경우라도 미래에 대비해 재산 분배 문제를 내놓고 논의하는 게 중요하다. 어느 조사 응답자는 파트너와 이 문제를 의논하게 된 과정을 이렇게 설명했다. "우리는 각자의 경제 상황에 대해 솔직하게 터놓고 이야기하고, 실제로 혼전 합의서를 작성하지는 않았지만 합의서에 담을 만한 문제를 일일이 체크해 보았다." 이렇게 하면 변호사 선임비용을 들이지 않고도 충분한 숙의과정을 거칠 수 있다. 두 사람의 관계를 성공적으로 유지시키기 위한 방법을 내용에 담아 법적 구속력이 없는 합의서를 작성하는 사람들도 있다.(두 사람의 관계가 실패로 끝날 경우를 가정해서 어떻게 하겠다는 내용을 문서로 작성하기를 원하지 않는 사람들이다.)

혼전 합의서를 만들어 서명하기로 했으면 의뢰한 변호사들에게 불필요한 논란거리를 만들지 말아 달라고 부탁한다. 마이라 교수와 제이는 변호사를 공동으로 한 명만 선임해 혼전 합의서를 작성했다. 법률대리인을 공동으로 두는 경우는 흔치 않기 때문에 두 사람은 공동 변호인이 어느 한쪽을 대리하지 않는다고 명시한 별도의 문서를 작성해 서명했다. 엄밀히 말하면 그 변호인은 두 사람 개인을 대리하는 게 아니라 두 사람의 관계를 대리하는 셈이었다.

_____ 5C 프레임워크 활용하기: 결혼할 것인가?

이런 기본적인 사안들에 대한 검토를 마친 다음에는 우리가 추천하는 틀을 이용해 결혼할 것인지 여부를 결정한다.

step 1 명확히 하기 *Clarify*

많은 미국인들이 두 사람의 관계에 대한 '몰입'commitment을 결혼뿐만 아니라 동거에서도 필요한 전제조건으로 생각한다.[24] '몰입에 기초한 관계를 맺고 있다면 군이 결혼을 왜 하려는가?' 같은 이유로 '군이 결혼하지 않으려는 이유는 무엇인가?'라고 묻는 사람도 있을 것이다. 두 가지 질문 모두 타당하고 중요한 견해를 보여준다.

일반적으로 결혼한 부부는 두 사람의 관계가 결혼하지 않고 동거하는 커플들에 비해 원만한 것으로 생각한다고 답했다. 또한 결혼한 부부들은 배우자가 믿음을 주는 처신을 하고, 자신들에게 이익이 되는 행동을 하고, 정직하고, 금전 문제를 책임감 있게 처리한다고 말하는 경우가 많았다. 결혼한 부부들은 또한 집안일을 분담하는 문제에서도 동거인들에 비해 더 만족스러워 했다. 배우자들이 일과 삶의 균형을 잘 취하고 있고, 두 사람의 소통도 효과적으로 잘 이루어지고 있다고 답했다.

동거 커플과 결혼한 부부가 유일하게 비슷한 수준의 만족도를 나타낸 분야는 섹스 생활이다. 두 집단 모두 3분의 1 정도가 아주 만족스러워한다고 답했다.[25] 어쩌면 결혼에 따라오는 부가적인 보너스는 관계를 '공식화' 한다는 단순한 의지에 달려 있다고도 할 수 있다. 관계를 공식화하는 의식을 통해 두 사람 모두 더 많은 시간과 에너지를 자신들의 관계를 위해 쓰게 되는 효과를 말한다. 이유가 무엇이건 불문하고, 결혼이 여러분의 관계에 가져다주는 긍정적인 효과는 두 사람 모두 결혼이라는 결정에 만족스러워 할 때 비로소 나타나는 것이다.

결혼하기로(혹은 하지 않기로) 마음을 정하기 전에 먼저 왜 결혼하려는 건지(혹은 하지 않으려는 건지)를 분명히 알도록 한다. 나한테 결혼은 무슨 의미를 갖는가? 결혼으로 두 사람의 관계에 어떤 변화가 일어나기를 기대하는지도 생각해 본다. 이 질문에 대한 답을 생각하는 동안은 결혼식이나 신혼여행에 대한 들뜬 마음은 잠시 젖혀두도록 한다. 결혼식이나 신혼여행은 멋진 일이지만 궁극적으로 두 사람이 부부로서 멋진 관계를 만들어가는 데 큰 영향을 미치지는 않는다.

step 2 소통하기 *Communicate*

결혼에 대한 생각을 동반자에게 이야기한다. 두 사람이 결혼하기로 의견일치를 했더라도 최종 결정을 내리는 방식은 서로 다를 수 있다. 예를 들어 한 사람은 결혼을 삶을 함께 가꾸어 나가는 첫 단계로 생각하는 반면, 상대방은 결혼 전에 직업적인 안정과 경제적인 여력 같은 중요한 디딤돌이 갖춰졌으면 하고 생각할 수 있다. 이런 생각의 차이를 터놓고 이야기하고, 파트너가 당신 생각과 맞지 않은 생각을 갖고 있다면 열린 마음으로 대화한다. 한 명은 결혼을 조금 늦추고 싶어 하고, 다른 한 명은 서두르고 싶어 한다고 해서 결혼을 늦추자는 쪽이 두 사람의 관계에 의구심을 가진 것으로 속단하지는 말아야 한다. 그건 단지 결혼에 대한 생각이 서로 다른 것일 뿐이다. 대화의 목적은 모든 세세한 문제에 의견 일치를 보자는 게 아니고, 두 사람이 이끄는 관계의 맥락 안에서 각자가 결혼에 대해 가진 생각을 서로 이해하려는 것이다.

step 3 대안 알아보기 *Consider a Broad Range of Choices*

결혼에 대해 각자가 가진 생각을 서로 알고 난 다음에는 결혼을 하기로 했든, 하지 않기로 했든 그 결정에 따르는 여러 가지 할 일에 대해 생각한다. 두 사람이 동의한 다음 단계가 결혼이라면, 언제 하면 좋겠는가? 혹시 결혼과 함께 해둔 약속이라도 있는가? 예를 들어 결혼하면 고향으로 돌아가서 살기로 했다든지 하는? 결혼을 미루기로 했다면 6개월 후, 1년 후 다시 생각하기로 했다는 식으로 기한을 정해놓았을 수도 있을 것이다. 그렇지 않고 결혼을 하지 않기로 했다면 두 사람 관계의 다음 단계는 어떻게 할지도 의논한다. 반드시 결혼해야 두 사람이 서로 헌신적이고 긴밀한 동반자 관계를 유지할 수 있는 것은 아니라는 점을 잊지 말자.

step 4 다른 사람의 의견 듣기 *Check In*

다시 말하지만, 여러분이 어떤 결정을 내려야 할지에 대해 신뢰하는 친구, 가족들과 상의하는 게 좋다. 또한 부러운 모습을 보이는 커플들에게 결혼(혹은 결혼하지 않을) 결정을 어떻게 내렸는지에 대해 물어볼 수 있는 좋은 기회이다. 이렇게 해서 들은 의견 가운데 참고할 만한 좋은 말이 있거나, 지금 하고 있는 생각이나 결정을 재고하도록 만드는 말이 있다면 시간을 두고 숙고해 본다. 그리고 가능한 한 그와 관련해 동반자와 의견을 나누어 보는 게 좋다.

결혼 관련 결정을 내릴 경우 어떤 결과들이 예상되는지 시간을 갖고
따져본다. 예상 결과에 대해 파트너와 생각이 다르면 서운한가? 서운한
생각이 든다면 그걸 어떻게 해소할 것인가? 당신이 내리는 결정 때문에
부모나 당신 인생에 중요한 자리를 차지하는 사람들과 불화를 겪지는
않겠는가? 어떻게 하면 그 사람들 앞에서 그 문제를 끄집어내어 대화해
볼 수 있을까? 결정을 내리기 전에 어떤 예상 가능한 결과가 있을지 눈
을 크게 뜨고 살핀다면 그런 문제를 선제적으로 해결하는 효과를 낼 수
있을 것이다. 그렇게 하면 중요한 결정을 내린 다음에 하게 될지 모를
때늦은 후회를 줄일 수 있다.

어려운 문제를 만나면 어떤 기분이 드는가?

- 2부 -

이번 연습문제는 5C 프레임워크 중에서 특히 명확히 하기CLARIFY와 소통하기COMMUNICATE 단계에 초점을 맞추었다. 시간을 내 다음 질문에 답해 보자.[26] 그리고 동반자가 있는 사람은 동반자와 이 문제에 대해 의견을 나누도록 하자. 다음 카테고리별로 최소한 30분씩 투자해서 이야기를 나눌 것을 권한다.(30분 이상 걸리는 경우도 있을 것이다. 한꺼번에 다 하겠다고 욕심 부릴 필요는 없다!) 이 연습문제는 Chapter 02 말미에 있는 질문(1부)과 한 짝을 이루도록 만들었다. 앞의 연습문제와 마찬가지로 어떻게 하면 애정이 넘치는 분위기에서 서로 이야기를 나눌 수 있을지 생각해 보자.

결혼에 관하여

결혼하기를 원하는가? 결혼을 원하는 이유는? 결혼을 원하지 않는 이유는?

....

당신에게 결혼은 어떤 의미를 갖는가?

....

결혼 후에 두 사람 관계는 어떻게 변하기를 바라는가?

....

동거에 관하여

혼전 동거에 대해 어떻게 생각하는가?

....

만약 동거를 한다면 당신은 그게 장기적으로 어떤 방향으로 나아갈지 기대하는 게 있는가? 기대처럼 될 것으로 예상하는가?

....

집안일은 어떻게 분담할 것인가? (Chapter 05 연습문제에서 보다 상세히 다룬다.)

....

혼자의 시간은 어느 정도면 되겠는가? 혼자의 시간이 가장 필요한 때는 언제인가?

....

기타

부모님의 관계는 어떻다고 생각하는가? 두 분은 갈등을 어떻게 풀어나가시는가?

....

혼전 합의서에 대해 어떻게 생각하는지? 혼전 합의서를 쓰고 싶은가?

....

섹스 생활은 만족스러운가? 더 만족스럽게 개선할 방법은 있는가? 당신에게 섹스는 얼마나 중요한가?

....

MONEY *and* LOVE

Chapter 04

아이 갖기

아이를 가질 것인가? 갖는다면 그 시기는 언제가 제일 좋을까? 어려운 문제이니 답도 쉽게 나오지 않는다. 생물학적인 요인에 크게 좌우되는 문제라 임신 여부와 타이밍 등 우리 마음대로 할 수 있는 부분이 많지 않다. 우리가 아이를 갖고 싶다고 해도 우주의 섭리가 항상 우호적으로 움직여주지는 않는다는 말이다. 이런 경험은 우리 삶에 적지 않은 영향을 미친다. 이 여성의 경우를 보자.

파트너와 나는 임신 시도를 시작하기로 의견이 일치했다. 하지만 불임 기간이 5년 계속되었고, 할 수 없이 여러 해 체외수정IVF 사이클을 거쳐 시험관 아기시술로 임신이 되었다. 그 일은 우리 두 사람의 관계와 나의 커리어, 심지어 어디서 살 것인지 등 우리 삶의 모든 부분에 엄청나게 큰 영향을 끼쳤다. 그러면서 두 사람이 가진 육아 철학의 차이도 드러났고, 미래에 대한 생각, 삶의 방식, 교육에 대해 갖고 있는 생각의 차이 같은 게 모두 드러나게 되었다.

자녀를 갖는 것과 관련된 문제는 늘 뜨거운 쟁점이 된다. 미국에서는 결혼과 마찬가지로 아이를 갖는다는 것도 당연지사로 여기는 경우가 많다. 미국의 정책이 부모가 일하는 가정에 대한 지원이 너무도 미미하기 때문에 이는 놀라운 현상이다. 미국 성인의 대다수는 자녀가 적어도 한 명이다. 45세에서 50세 사이 여성의 15퍼센트만 자녀가 없다.[1] 입양 자녀나 혼외자녀는 포함시키지 않은 수치인데도 그렇다.[2] 40세에서 45세 사이 남성의 경우 자녀가 없는 사람이 20퍼센트에 그쳤다.[3] 출산율이 지금의 1.7퍼센트(대체출산율 2.1퍼센트 보다 낮다)로 낮아진 것은 1965년 2.4명이던 가구당 평균 자녀수가 지금의 1.9퍼센트로 줄었기 때문이다.[4]

결혼율처럼 출산율도 인종별, 민족별로 다양한 경향을 보인다. 미국의 경우 2019년 하와이 원주민을 비롯한 태평양계 여성 원주민이 가장 높은 출산율을 보였다(여성 1,000명당 58명 출산). 백인과 아시아계 여성이 가장 낮은 출산율을 기록했고(1,000명당 각각 50명, 48명 출생), 라틴계와 흑인 여성이 그 중간을 차지했다(1,000명당 각각 54명, 52명 출산).[5]

자녀를 가질지 말지, 가지면 시기는 언제로 할지에 관한 규범과 기대 수준은 세대별로 크게 차이가 난다. 오늘날 사람들이 자녀를 갖는 시기는 부모나 조부모 때와 비교해 늦어졌다. 여성의 평균 초산 연령은 26세이며 대학을 졸업한 여성은 31세이다. 남성이 아버지가 되는 연령은 평균 31세로 나타났다.[6] 자녀 갖는 시기를 늦추는 주된 이유로는 여행을 비롯한 여가활동을 더 즐기기 위해서, 그리고 자신의 사회적 경력을 위해 시간을 더 많이 투자하기 위해서 등이 꼽힌다. 특히 근무 시간이 길고 고객을 상대로 최고도의 책임감을 발휘해야 하는 금융, 법률 같은 이른바 '탐욕스러운 직업'이 여기에 해당된다.

여러 직종에서 근무 시간이 길어지고 근무 강도가 높아진 게 사실이다. 2019년에는 정규직 근로자의 경우 하루 8.78시간을 일했는데[7], 이는 근무 강도가 센 직종이 아니더라도 근무 시간이 길다는 것을 의미한다. 미국 근로자들은 다른 선진국들에 비해 훨씬 더 많은 시간을 일한다.[8] 저임금 근로자들의 경우는 종류가 다르지만 더 힘든 여건에서 일한다. 근무 시간이 들쭉날쭉하다 보니 양질의 육아를 하기 어렵다. 그리고 아이를 키우는 데 돈이 많이 든다. 그래서 대학 학자금 빌린 돈을 다 갚고, 아이를 키울 수 있을 만큼 돈을 저축하고, 가족이 늘어도 살 수 있을 만한 크기의 집세를 감당할 수 있을 때까지 임신을 미루는 이들도 있다. 경력의 사다리를 더 높이 올라갈 때까지 기다리는 이들도 있다. 유급 육아휴직을 요구할 수 있을 정도의 지위가 되고, 육아휴직을 마치고 직장에 복귀했을 때 근무 시간과 업무 성격을 유연하게 배정받을 수 있을 정도의 위치가 될 때까지 기다리는 것이다.

많은 이들은 파트너가 없어서 자녀 갖기를 미룬다. 의학의 발달로 파트너가 없어도 임신을 가능케 하는 새로운 방법들이 생겼다. 지난 50년 사이 미국 내 미혼자에게서 태어난 아이의 수는 크게 늘었다. 2014년 출생자의 40퍼센트가 결혼하지 않은 여성에게서 태어났는데, 그 비율은 인종별로 차이가 많이 난다. 백인의 29퍼센트, 히스패닉계 53퍼센트, 흑인 신생아의 71퍼센트가 결혼하지 않은 여성에게서 태어났다. 1964년에는 전국 평균 비율이 10퍼센트 미만이었고, 인종별, 민족별 차이도 앞의 경우만큼 크지 않았다.[9]

자녀를 추가로 더 낳지 않는 주요 이유는 우선은 아이를 갖지 않는 이유와 겹친다. 한 가지 이유가 더 추가되는데, 그것은 바로 이미 태어난 아이에게 더 많은 시간과 돈을 쓰기 위해서인 것으로 나타났다.

_____ 아이를 가지려는 이유와 갖지 않으려는 이유

자녀 갖기를 원하는 것은 새로운 생명의 탄생을 간절히 원하기 때문일 수 있다. 조건 없는 사랑을 주고받고 싶은 간절한 욕구가 있고, 자녀들이 의미 있고 보람찬 삶을 살 수 있도록 도움을 주고도 싶은 것이다. 자신의 유전자를 물려주고 가문이 지켜온 가치, 가문의 성씨를 물려주고 싶은 욕심이 있다고 말하는 사람들도 있다. 자기 부모가 한 잘못을 자기 자식한테는 하고 싶지 않다고 말하는 이들도 있다. 자식을 통해 지난 잘못을 바로잡고 싶은 것이다. 가족과 친구들로부터 받는 엄청난 사회적 압박과 기대에 맞설 자신이 없어서 아이를 갖기로 했다는 사람들도 있다. 노년에 자녀들로부터 부양을 받겠다는 생각으로 아이를 낳으려는 이들도 있을 것이다. 이런 여러 사유들을 동시에 갖는 경우도 물론 있다.[10]

아이를 갖지 않겠다는 사람들도 나름대로 여러 이유가 있다. 어떤 이는 아이 키우려면 너무 일이 많고 스트레스도 많을 것이기 때문이라고 말한다. 특히 초기 몇 달은 잠을 제대로 잘 수 없다고 한다. 이런 생각은 '아이들이 예뻐서' 아이를 갖겠다고 하는 것과 마찬가지로 매우 편협한 시각이다. 경력을 쌓고 더 넓은 세상으로 나가기 위해 아이를 안 갖기로 했다는 사람들도 있다. 출장을 많이 다니는 사람들 가운데 직장 일과 아이 키우는 일을 서로 양립하기 힘들다고 생각하는 이들도 있다.

지구가 이미 과부하에다 오염되어 있고, 기후변화의 영향이 점점 더 커지는데 자기까지 아이를 낳을 수는 없다는 이념적인 이유를 확고하게 가진 이들도 있다.[11] 많은 이들이 가족이 유전적으로 갖고 있는 신체적, 정신적인 문제를 자식에게 물려주면 어쩌나 하는 깊은 두려움을 갖고 있기도 하다. 좋은 부모가 될 '자신'이 없다는 이들도 있고, 불확실하고 거친 세상에서 아이를 기를 엄두가 나지 않는다고 말하는 사람들도 있다.[12]

아이가 생기면 동반자인 두 사람 관계에 너무 많은 스트레스를 주지 않을까 겁내는 사람들도 있다. 실제로 결혼한 부부 가운데 3분의 2가 아이가 생기면서 결혼생활의 만족도가 급격히 떨어졌다고 했다.[13] 하지만 결혼생활의 만족도가 떨어지는 게 아이 때문만은 아니다. 심리학자 존 가트맨John Gottman, 주디 가트맨Judy Gottman 부부는 연구보고서를 통해 자녀를 갖기 전에 부모 워크숍에 참석한 부부들은 자녀가 생긴 뒤 만족스러운 결혼생활을 계속할 확률이 더 높았다고 했다.[14]

아이를 갖는 수태 능력도 사람들이 아이를 갖지 않기로 결심하는 중요한 요인이다. 오랜 시간 아이를 가지려고 노력했지만 결국 아이를 가질 수 없는 것으로 판명 나는 경우들이 있다. 비싸고 고통스러운 치료를 받고 싶지는 않고, 그걸 감당할 여력도 안 되는 사람들이 있다. 대리모나 입양 같은 대안이 있지만 그 역시 선뜻 받아들이기 쉽지 않고 비용도 많이 든다.

여전히 아이 갖는 것을 당연시하는 문화에서 아이를 원치 않는 사람들은 왜 그러는지 합당한 이유를 대라는 추궁을 받게 된다. 하지만 그런 선택은 지극히 개인적인 것이며 존중 받아야 한다. 남에게 그 이유를 설명할 필요가 없다. 마이라 교수는 지금도 여동생에게 아이를 가지라고 권했던 일을 후회한다(설득에 실패했지만). 당시 마이라 교수는 사랑이라는 관점에서 그런 충고를 했다. 자기 아이들이 너무 사랑스러우니 여동생에게도 같은 기쁨을 누리라고 권한 것이다. 하지만 당시 동생을 볼 때마다 그 이야기로 불필요한 스트레스를 안겨주었다고 뒤늦게 후회한다.

결혼할 상대에게 나중에 아이를 갖고 싶다는 희망을 이야기했다고 하더라도 결혼 뒤에 입장이 달라질 수 있다. 애비의 고모와 고모부는 아이를 갖지 않기로 했는데, 그렇게 하기까지 서로의 생각이 달라 의견 조정 과정을 거쳐야 했다.

나는 아이를 갖고 싶지 않았지만 아내는 갖고 싶어 했다. 두 사람이 최종 합의를 끌어내기가 쉽지 않았고 여러 차례 열띤 의견교환을 했다. 나는 내가 우려하는 점을 차분하게 이야기했고, 아내는 무작정 아이를 갖고 싶다고 맞섰다. 아내가 아이를 갖고 싶다고 생각하게 된 데는 어렸을 적에 세뇌 당하듯이 여자는 커서 제대로 된 일을 못한다는 말을 숱하게 들은 게 영향을 미쳤다. 아내도 그런 점을 인정했다. 마침내 우리는 각자 자신의 재능을 키워 사회적으로 만족스러운 경력을 쌓았다. 아내는 교육학 석사학위를 받고 많은 아이들의 삶에 큰 영향을 주었다. 우리는 지금까지도 아내의 제자는 물론이고 그들의 가족들과도 연락을 주고받는 관계를 지속하고 있다. 아이가 없으니 노후에 힘든 일이 생기거나 힘든 결정을 내려야 할 때 누가 우리를 도와줄까 걱정이 되기도 한다. 하지만 그렇다고 평생 보람차게 살아온 우리 삶의 의미가 줄어드는 것은 아니다. 우리는 50년 결혼생활을 한 지금까지 서로 너무도 사랑하며 지낸다.

두 사람의 50회 결혼기념일 때 애비는 친구들이 두 사람에 대해 하는 찬사를 듣고 큰 감동을 받았다. 자녀가 있건 없건 상관없이 두 사람은 젊은이들과 커뮤니티 전체에 큰 영향을 미치는 삶을 살았다.

머니 앤드 러브

_____ 자녀 양육

양육비 부담

1800년대 중반까지는 아이들이 노동력의 중요한 부분을 차지했기 때문에 자녀들을 경제적 자산으로 생각했다.[15] 물론 지금은 어린이들의 노동을 금지하는 아동노동법이 제정돼 있기도 하다. 점차 지식 기반 경제로 바뀌면서 교육이 대단히 중요하게 되었고, 그래서 어린이를 노동력 자산이 아니라 경제적 투자의 대상으로 보게 되었다.[16]

아이 한 명을 낳아 기르는 데 얼마나 많은 돈이 드는지 알면 놀랄 것이다. 두세 명이면 더 말할 것도 없다. 아이 하나를 키워서 대학까지 마치게 하려면 50만 달러는 든다는 사실을 명심해야 할 것이다. 큰돈이지만 부모에게 크게 자극제가 되는 금액이기도 하다. '필요는 발명의 어머니'라는 말처럼 많은 부모들에게 자녀를 잘 키우겠다는 열망은 매우 강력한 동기부여가 된다. 무슨 수를 써서라도 아이들 뒷바라지는 해내는 것이 부모들이다. 하지만 이런 금전적인 부담이 소수집단과 저임금 근로자들에게는 특히 더 힘겹다는 사실에 주목할 필요가 있다.

아이들을 키우면서 이 비용이 어떻게 들어가는지 한번 살펴보자. 전체 비용의 절반 조금 넘는 돈이 대학 보내기 전에 들어간다. 최근 자료에 따르면 중간소득(연소득 5만 9,200~10만 7,400달러) 가정의 부부가 아이 한 명을 18세까지 기르는 데 28만 5,000달러가 들어간다.[17] 이 비용 가운데 30퍼센트 가까운 돈이 주거비로 들어간다. (주택이나 아파트를 더 큰 집으로 옮기고, 가구도 늘려야 하고, 관리비도 더 많이 나온다.) 그리고 추가로 늘어나는 식비가 전체 비용의 20퍼센트를 차지한다. 이 비용은 아이를 공립학교에 보내는 것을 기준으로 한 것이고, 방과 후 과외활동이나 여름방학 특별활동 등은 여기에 포함되지 않았다.

그 다음은 대학 학비가 시작된다.[18] 4년제 사립대학에 다니는 자녀 한 명이 있는 중간소득 가정의 경우 4년간 1인당 20만 달러가 들어간다. 살고 있는 주의 공립대학에 다니면 조금 적게 들지만 그래도 비싸다.[19] 하지만 많은 학생이 장학금, 학자금 대출, 아르바이트 등의 형태로 재정 지원을 받는다.

아이를 낳은 뒤에도 직장에 다니거나 경력을 계속 쌓고 싶은 사람들은 아이 돌봄 비용이 들어간다. 그리고 엄마가 되면 직장에서 추가 부담을 지게 되는데, 아이로 인해 급여에 부정적인 영향을 받을 수 있기 때문이다. 엄마가 된 여성들은 육아에 시간을 뺏기게 되는 경우가 많은데, 그런 이유로 출산 후 복귀하면 소득 면에서 큰 불이익을 받는다. 엄마들의 경우 시간 부담이 적은 자리를 원하게 되고(그래서 급여가 줄어든다), 그에 따라 소득 잠재력이 줄어든다. 고용주 측에서 아이를 키우는 여성은 직장에 대한 헌신도가 떨어지는 것으로 간주해 승진 기회를 주지 않기도 한다. 이런 불이익이 20년 넘게 이어질 수도 있다. 하지만 아이가 있는 남성은 이런 소득 불이익을 보지 않는다. 남성은 같은 연령에 같은 교육 수준을 갖고 있으면서 자녀가 없는 남성 동료들에 비해 소득 면에서 혜택을 누리기도 한다. 일본에서는 자녀 있는 남성에 대한 소득 혜택이 공식 임금 체계에 포함돼 있다.

육아에 드는 시간 비용

자녀를 키우려면 많은 시간 투자가 필요하다. 특히 최근 몇 년 사이 육아는 점점 더 힘든 일이 되고 있다.[20] 선진 11개국에서 육아 시간을 비교한 연구에 따르면 현재 부모가 아이를 키우는데 들어가는 시간은 50년 전의 두 배가 넘는다. 1965년에는 부모들이 아이 돌보는 데 하루 70분을 쓴 데 비해 지금은 하루 163분을 쓰는 것으로 나타났다. 실제로 지금은 맞벌이 부부들이 1970년대 전업주부 엄마들이 육아에 쓴 시간만큼의 시간을 육아에 쏟고 있다.[21]

워싱턴포스트 보도에 따르면 오늘날 부모들은 "자녀의 여가시간과 정서, 행동을 24시간 살피고 자원을 투자한다."[22] '집중 육아'intensive parenting로 알려진 이런 육아 방식은 아이들의 학교생활과 방과 후 활동을 모두 세심히 살핀다. 부모들은 바쁜 시간을 쪼개 아이들의 스포츠 경기는 물론 운동 연습 시간에도 열심히 참석하고, 다른 방과 후 활동도 잘할 수 있도록 지원한다.

학교 수업이 끝나면 방과 후 활동 장소로, 파티 장소로 실어 나른다. 가능한 한 아이들과 많이 놀아주고, 아이들이 느끼는 기분, 의견, 생각에 대해 함께 이야기하고, 함께 휴가를 간다. 다시 말하면 가능하면 일류대학을 나와 치열한 글로벌 경제 체제에서 당당하게 경쟁해 나갈 수 있도록 아이들을 키우는 것이다.

집중 육아는 중상위 소득 가정에서 시작되었지만 최근 조사에서는 소득 스펙트럼 전체 가정의 부모들이 다 하는 것으로 나타났다.[23] 하지만 자녀의 인지 발달과 특별활동을 지원할 수 있는 부모의 능력이 똑같지는 않다. '집중 육아'라는 용어를 만든 아네트 라루Annette Lareau는 집중 투자의 불평등이 아동 교육에서 사회적 계층 간 불평등을 더 심화시킬 것을 우려한다. 실제로 우려할 만한 점이 있다.

많은 양육 방식이 개발되었지만 집중 육아는 아이들의 발달에 도움을 주지 못한 기존 육아 방식에 대한 반작용으로 나왔을 가능성이 높다. 하지만 의도가 좋아도 집중 육아 역시 부모들이 기대하는 만큼 아이들에게 도움이 되지 않을 수 있다. 과도한 스케줄과 다방면에 걸친 특별활동은 아이들에게 매우 중요한 행동 기능(기획 능력, 문제해결 능력, 의사결정 능력, 자제 능력)을 약화시키는 것으로 나타났다.[24] 성인이 되어 성공하는 데 중요한 기능들이기 때문에 이런 점은 주목할 필요가 있다.

집중 육아 방식이 불필요하고 비생산적일 수 있다고 하더라도 여기에는 죄수의 딜레마가 도사리고 있다. 부모 개개인은 자기 아이에게 집중 육아를 하고 싶지 않더라도 만약 그렇게 했다가 아이들이 뒤처지기라도 할까봐 겁나는 것이다. 그래서 주위의 다른 부모들이 하는 대로 따라가게 된다.

아무리 자기 확신이 강하고 독립적인 의지를 가진 부모라고 하더라도 일반적인 추세와 다르게 독자적인 육아 방식을 택하기는 쉽지 않다. 그 독자적인 육아 방식이 주변의 집단사고를 반영하지 않을 때는 특히 더 그렇다. 집중 육아 방식을 바꾸려면 커뮤니티 안에서, 그리고 여러 커뮤니티가 힘을 합쳐서 집단적인 노력을 지속적으로 해나갈 필요가 있다.

중학생 부모들이 모여 '8학년까지 기다리기 서약'Wait Until 8th pledge을 해서 성공한 사례가 있다. 아이들이 8학년(14세)이 될 때까지 스마트폰을 주지 않기로 학부모들끼리 약속한 것이다. 이 서약에 참여한 학부모들은 '죄수의 딜레마'의 부작용을 알기 때문에 최소한 같은 학년 학생 10명 이상의 부모가 서명해야 서약이 '효력'을 발생하도록 했다.[25] 그러면 서명한 사람들에게 서약이 발효된다는 사실을 통보하고 다른 사람들에게 그런 사실을 알려도 좋다고 말한다.

_____ 아이는 언제 가지는 게 좋을까

피임약에서 체외수정IVF에 이르기까지 다양한 의료기술의 발달로 아기를 갖는 시기를 우리 마음대로 조절할 수 있는 선택의 폭이 커졌다. 하지만 사람의 수태력fertility은 현실적으로 복잡하고 불확실한 경우가 많다. 언제 부모가 될 것이냐 역시 복잡한 문제이다. 부모가 되기 좋은 시기를 딱 꼬집어 말하기 어렵기 때문이다. 가급적이면 젊은 나이에 아이를 갖는 것에도 좋은 점과 좋지 않은 점이 있고, 나이 들어서 갖는 데도 다른 종류의 장단점이 있다.

젊어서 아이를 갖는 데는 생물학적으로 신체적으로 장점이 있다. 수태력과 에너지가 왕성하고, 선천적 기형이 나타나는 빈도도 적다. 그리고 수태와 관련해 일어나는 문제를 해결할 시간도 많다.[26] 나이가 많은 경우에는 수입과 저축이 많아 경제적으로 더 안정될 가능성이 많다. 직장에서의 지위도 안정되어 근무 유연성을 얻어내기가 더 수월할 수 있다. 장기간 지속되는 관계를 쌓는 데는 시간이 필요하다. 그래서 아기를 늦게 갖겠다고 생각하면 시간 여유를 갖고 짝을 구할 수 있게 된다.

하지만 35세 넘어서까지 기다리면 여러 가진 단점이 생길 수 있다. 고액 연봉자인 캐미도 그런 경우이다. 그녀는 서른에 결혼했는데 당시 사진작가인 남편보다 연봉이 훨씬 더 많았다. 두 사람은 캐미의 직위가 더 탄탄해질 때까지 기다렸다가 아이를 갖기로 했다. 5년 뒤부터 캐미는 임신을 시도했는데 세 차례나 연달아 유산했다. 악몽이었다. 그러다 마침내 서른아홉에 아들을 낳았다. 그녀는 출산하고 곧바로 직장으로 복귀했고, 이후 2년 동안 두 번 더 유산을 겪었다. 그러다 나이 40에 체외수정IVF 시술을 받기로 했다가 너무 힘들어 곧바로 중단하고 말았다. 부부는 입양도 고려해 보았지만 하지 않기로 했다. 아쉽지만 세 명 가족으로 만족해야 했다.

유산은 사람들이 생각하는 것보다 더 많이 일어난다. 임산부 4명 가운데 1명꼴로 유산을 겪는다.[27] 그리고 35세가 넘으면서부터 유산 가능성은 더 커진다.[28] 캐미의 경우처럼 유산의 경험은 끔찍스럽고 많은 경우 임신 초기에 유산을 겪는데 슬픔이 오래 지속될 수 있다.

부부의 수태력은 두 사람의 나이에 따라 결정되는데 나이가 들면 수태력은 줄어든다. 여성의 경우 수태력은 서른 전에 최고수준에 도달했다가 35세부터 감소된다. 여성의 경우 45살이 넘으면 외부 도움 없이 자력 임신은 거의 불가능해진다.[29] 남성의 경우는 40세부터 45세 사이 어느 시점부터 임신을 유도할 가능성이 줄어드는 반면 유산으로 이어지는 임신을 유도할 가능성은 높아진다. 남성이 55세가 넘으면 임신 가능성은 더 줄어들고 유산 가능성은 더 높아진다. 나이 든 부부는 자폐아를 출산할 가능성도 더 많아진다.[30]

체외수정IVF 성공률도 나이에 따라 달라진다. 35세 이전 여성이 체외수정 시술을 하는 경우 출산 성공률은 39.6퍼센트로 나타났다. 40세가 넘은 여성의 경우 성공률은 11.5퍼센트로 낮아졌다.[31]

아이를 언제 가질지를 정하는 데 외부 요인이 도움이 되는 수가 있다. 다음 부부의 예가 그런 경우에 해당된다.

딸아이가 특별한 돌봄이 필요하다는 사실을 알고 나서부터 우리는 발달 지연을 겪는 아이가 어떻게 하면 삶의 단계마다 필요한 돌봄을 확실히 받을 수 있도록 해줄 것인지에 대해 의논했다. 이렇게 해서 내린 결정 가운데 하나는 둘째 아이를 언제 가질지에 대한 것이었다. 그러면서 시기를 계속 늦추었고, 그러다 둘째 아이는 갖기 힘들게 되고 말았다. 아이는 계속 특별한 돌봄과 관심이 필요하고, 자라면서 초기 몇 년이 아니라 평생 그렇게 해주어야 했다.

다음 부부는 이런 경험을 이야기해 주었다.

우리는 재혼한 뒤 두 사람 모두 '우리'의 가정을 꾸리고 싶었기 때문에 첫 번째 아이를 갖기로 했다. 남편은 딸이 하나 있었고, 나는 아이 둘은 낳고 싶다고 했다. 아이를 낳는 데 최선의 시기라는 것은 없겠지만 빠를수록 좋다고 생각했다. 첫째를 낳은 지 일 년쯤 뒤에 엄마가 파킨슨병 진단을 받았고, 우리는 둘째를 계획보다 앞당겨 갖기로 했다. 엄마가 가능한 한 오래 손주들을 돌보며 시간을 보낼 수 있도록 해드리고 싶었기 때문이다.

언젠가 아이를 갖고 싶으면서도 아직은 그럴 준비가 안 되어 있다고 생각하는 경우가 많다. 파트너가 있고 직장에서도 어느 정도 안정된 직위에 올랐고, 여러 조건들이 괜찮은데도 불구하고 그렇다. 애비는 로스와의 결혼 2주년이 가까워졌을 때 아이를 갖고 가족을 이루고 싶다는 생각이 들었다. 당시 직장 사정이 그렇게 좋지 않았다. 그녀는 더 나은 직장을 구하는 게 먼저일지 아이를 갖는 게 먼저일지를 놓고 고민했다.

혼자 머리로는 안 되겠다 싶어서 커리어 코치와 계약을 맺은 다음 감정을 가다듬고 이 문제를 어떻게 접근해야 할지를 놓고 그녀와 4개월을 함께 작업했다. 나는 만약 임신을 했는데 맘에 드는 일자리를 잡지 못하면 어쩌나 하는 걱정에 휩싸여 있었다. 아이를 낳은 다음 직장으로 돌아가고 싶지 않으면 경제적으로 어려움을 겪게 될 것이었다. 그리고 아이가 생기면 새로 일자리를 잡는 건 더 어려워질 텐데 하는 걱정을 했다.

그러는 가운데 적극적으로 임신 노력을 시작할 준비가 되었다는 생각이 들자 나는 피임약 복용을 중단했다. 부모님이 임신에 어려움을 겪으셨기 때문에 나는 장기전 태세를 갖춘 것이다. 공교롭게도 코치와의 계약기간이 반쯤 지났을 때 임신이 되었다. 그때부터 코치와의 작업은 '아이를 가질까 아니면 다른 일자리를 찾아야 하나?' 대신 '어떻게 하면 출산휴직을 떠날 때까지 지금의 일자리를 지킬 수 있을까?'로 바뀌었다. 아이를 갖는 문제는 이미 해결되었기 때문에 나는 마음 편히 하던 일을 계속하기로 했다. 그리고 놀랍게도 좋은 일자리를 찾겠다는 집착을 내려놓자 꿈에 그리던 일자리도 찾아왔다.

처음 몇 달 동안 애비는 이 결정을 놓고 씨름했다. "아이를 갖기 좋은 때라는 건 없다. 아이가 갖고 싶다면 아이 갖는 노력을 지금 당장 시작하도록 하라." 이런 충고와 코치와의 작업에 힘입어 애비는 완벽한 상황이 될 때까지 기다려 임신하겠다는 생각을 버렸다. 그로부터 1년쯤 뒤에 첫 번째 아이를 안게 되었고, 아이가 생후 4개월 되었을 때 새로운 일을 시작했다.

물론 이것은 여러분이 아이를 갖는 데 필요한 자원을 갖추었을 때 비로소 딱 떨어지는 충고이다. 그런 완충장치가 없으면 계산은 훨씬 더 복잡해진다. 그래도 아이를 가지기로 할 수는 있겠지만, 그런 경우에는 예상되는 어려움에 대비해야 한다. 친구와 가족의 지지도 그런 준비 사항에 포함된다.

_____ 입양

2015년에 미국인들은 미국에서 출생한 어린이 5만 3,500명을 입양했다.[32](같은 해 미국에서 400만 명 가까운 어린이가 태어났고[33] 그 가운데서 입양을 기다리는 어린이는 11만 2,000명에 육박했다.)[34] 비非계부모 입양인 경우 전체의 59퍼센트는 양자제도에 의한 입양이고, 15퍼센트는 친부모가 자발적으로 친권을 포기한 미국 아기들, 26퍼센트는 다른 나라에서 온 입양아들이다.[35] 최근 들어 정치적인 이유 등으로 한국, 중국, 러시아, 과테말라, 에티오피아를 비롯해 1999년부터 미국으로 아이들을 입양 보내던 주요 국가들이 그 숫자를 줄이거나 이를 아예 금지시켰다.[36] 2019년에는 국제입양이 2,677건에 그쳤고 그 가운데 42퍼센트가 중국으로부터 이루어졌다.[37]

어린이 입양 비용은 케이스별로 크게 차이가 난다. 양자 제도에 따른 입양의 경우는 비용이 적게 드는 편이다. 입양되는 아이가 장애가 있는 경우에는 입양 부모에게 보조금 신청 자격이 생긴다. 민간 입양은 훨씬 더 비싸다.[38] 국제 입양 역시 값비싼 비용이 들어가는데 해외여행 경비

머니 앤드 러브

가 포함되기 때문에 특히 더 그렇다. 어떤 경우이던 입양은 신경이 많이 쓰이고 시간이 지루하게 많이 걸리는 일이다. 국내 입양은 보통 2년이 걸리고[39] 해외 입양은 그보다 더 오래 걸린다.[40]

여러분이 만약 입양을 생각 중이라면 몇 가지 결정해야 할 사안들이 있다. 신생아 입양을 원하는가, 아니면 생후 좀 지난 아이를 원하는가? 형제나 남매를 함께 입양하기를 원하는가? 장애가 있거나 마약이나 알코올에 노출된 아이를 원하는가? 다른 인종이나 다른 종교적 배경의 어린이를 입양할 생각인가? 입양한 아이가 출생한 가족과는 어느 정도 수준의 접촉을 원하는가?[41] 아이의 입양 가족과 출생 가족 사이의 접촉 수준은 양 당사자 간에 협의해서 정할 사안이다. 요즘은 유전자DNA 검사를 해볼 수 있게 되어 아이의 출생 가족을 계속 비밀로 유지하기는 사실상 불가능하다. 입양 과정을 공개적으로 하는 게 관련 당사자 모두에게 도움이 된다는 연구 결과가 나온 뒤부터 점점 더 많은 가정이 출생 가족과 어느 정도 수준의 접촉이 이루어지는 것을 선호하게 되었다.[42]

애비의 부모님은 36세 때 애비를 낳았는데 당시로서는 아이 낳기에 아주 늦은 나이였다. 부모님은 아이를 한 명 더 갖고 싶어 몇 군데 입양 기관에다 신청서를 냈다. 몇 년 기다린 끝에 입양 기관 한 곳에서 연락이 와서 한국에서 오는 아이 한 명이 있다고 했다. 아이가 왔을 때 애비의 나이는 다섯 살이 조금 지났다. 애비는 새로 생긴 생후 3개월 된 동생을 보러 들뜬 기분으로 존 F. 케네디 국제공항으로 마중나간 기억이 지금도 생생하다.[43]

애비의 부모는 입양한 아들의 한국인 유산을 가족의 삶에 녹여들게 하려고 의식적으로 노력했다. 유대인 명절, 미국 명절과 함께 추석 같은 한국 명절도 즐겁게 보냈다. 애비의 엄마는 한국 요리도 배워서 만들었다. 잡채는 가족 모두 좋아하는 대표 음식이 되었다. 애비와 남동생이 고등학생, 중학생일 때 가족은 한국 아이를 입양한 다른 가족들과 함께 한국을 다녀왔다. 이들의 경우는 긍정적인 결과를 낳았지만 인종, 국적이 다른 아이를 입양하는 국제 입양은 쉬운 일이 아니다.[44] 입양을 결정하기 전에 예상되는 여러 부정적인 요소들을 반드시 따져봐야 한다.

_____ 적당한 자녀의 수는?

뉴욕타임스 조사에 의하면 자녀를 원래 생각보다 적게 갖는 이유로 양육비 부담을 든 사람이 응답자의 64퍼센트, 이미 낳은 아이와 더 많은 시간을 보내고 싶다고 답한 응답자가 54퍼센트였다.[45] 자녀를 몇 명 가질지는 배우자와 의논해서 결정하게 되는데, 때로는 이 문제를 놓고 두 사람이 격한 논쟁을 벌이기도 한다.

남편은 아이를 한 명만 갖자고 했다. 지구 인구가 포화 상태이고 우리끼리 자유로운 시간도 좀 더 즐기자는 취지였다. 나는 세 명을 원했다. 외롭게 보낸 나의 어린 시절을 보상해 주고 싶은 마음이었다. 언니가 있었지만 늘 우울한 표정이었고, 지독하게 사이가 나쁘시던 부모님은 내가 고등학생일 때 결국 헤어졌다. 나는 아이들 떠드는 소리와 사랑이 넘치는 가정을 원했다. 그래서 남편과 타협해 두 명을 갖기로 했다. 하지만 둘째를 낳고 나자 나는 그게 끝이 아니라는 확신이 들었다. 이후 남편과 2년 동안 냉랭한 시기를 보냈다.(그 문제만 빼고는 서로 사랑하며 따뜻한 결혼생활을 보냈다.) 둘이서 한 약속을 어기고 한 명 더 낳을지 말지를 놓고 대치 상태가 벌어진 것이다.

남편은 어디까지나 약속한 것이니 지켜야 한다고 우겼다. 그의 말이 옳다는 것은 나도 잘 알았다. 하지만 제발 내 뜻대로 하자고 남편에게 애원하다시피 매달렸고 마침내 내가 이겼다. 너무도 예쁜 셋째 아이를 막상 갖고 나자 굳이 셋째가 아니더라도 내가 늘 꿈꾸던 따뜻하고 사랑으로 넘치는 우리 가족은 이미 완성돼 있다는 생각이 들었다.(물론 셋째는 우리 팀에 없어서는 안 될 핵심 구성원이다.) 그리고 남편은 놀랄 만큼 너그러운 사람이라 아이 문제로 밀고 당기기를 한 것도 다시 생각해 보면 우스웠다. 만약 셋째가 세상에 태어나서 우리 가족을 지금처럼 완전한 가족으로 만들지 못했으면 어쨌을까 하는 생각을 하면 너무도 아찔하다.

마이라 교수가 대중을 상대로 한 강연회를 시작하고 나서 청중 가운데 가끔 찾아와 그녀의 말에 공감을 표하는 여성이 있었다. 그녀는 셋째, 넷째가 태어난 다음부터 업무와 집안일을 함께 하는 게 얼마나 어려운지에 대해 토로하며 이런 불평을 자주 했다. "막내가 태어날 때까지는 아무 문제가 없었답니다. 막내가 생기면서 갑자기 모든 게 엉망이 되고 말았어요." 육아와 아이들 방과 후 활동까지 챙기면서 직장 일까지 감당하기가 너무 벅차다고 하면서 두 가지 일을 어떻게 조정해 나갈지 엄두가 나지 않는다고 했다. 막내 아이한테 갑자기 무슨 일이 생기면 직장에서 하던 일을 멈추고 달려가야 하는데, 막내뿐만 아니라 그 위의 아이들도 사정은 마찬가지라고 했다.[46]

세 번째 아이를 가지기로 할 때는 맑은 정신으로 예상되는 문제들을 꼼꼼히 따져보는 게 정말 중요하다. 우리 조사 응답자 가운데 한 명은 셋째를 임신하고 나서 쌍둥이라는 사실을 알고 크게 놀랐다. 그녀는 아이가 두 명에서 갑자기 네 명으로 늘어난 상황을 이렇게 설명했다.

이런 상황을 코미디언 짐 개피건Jim Gaffigan보다 더 적절히 표현한 사람은 없을 것이다. 그는 이렇게 말했다. "넷째 아이를 갖는 게 어떤 기분인 줄 아시나요? 여러분이 물에 빠져 가라앉고 있다고 생각해 보세요. 그때 누군가가 손을 내밀어 무엇을 건네는데 아이가 들려 있는 겁니다." 정말 그렇다. 아이가 세 명이 넘으면 그때부터는 다 똑같다고 말하는 사람들이 있다. 수비 형태를 '맨투맨'에서 '존 디펜스'로 이미 바꾸었기 때문에 마찬가지라는 말이다.

아이 둘 이상을 키우면서 아주 고난도의 일을 하는 여성들이 더러 있기는 하지만 여러 명의 육아를 동시에 해나가기는 정말 어렵다. 다자녀이면서 성공한 여성들 대부분은 많은 일손을 고용할 수 있는 재원을 갖고 있거나 도와줄 가족이 있는 경우가 많다. 두 가지 조건을 다 갖춘 경우들도 있다.[47]

_____ 혼자 힘으로 아이를 키우려면

킴은 38세 때 익명의 정자 기증자의 정자를 이용해 인공수정으로 혼자서 아이를 갖기로 했다. 이혼 후 홀로 사는 엄마가 그 말을 듣고 할머니가 된다는 사실에 무척 기뻐하셨다. 그걸 보고 킴은 생활 근거지를 로스앤젤레스로 옮겨 엄마 집에서 몇 블록 떨어진 곳에 자리를 잡았다. 이후 지금까지 15년 동안 킴은 아들, 엄마와 함께 오순도순 잘살고 있다. 아들은 잘 크고 있고, 그녀는 혼자 힘으로 아이를 가지기로 한 게 정말 잘한 결정이라고 생각한다.

혼자 힘으로 아이를 갖겠다는 것은 쉽지 않은 결단이다. 모든 엄마와 친지들이 킴의 엄마처럼 이런 딸의 결정을 열렬하게 지지해 주지는 않는다. 처음에 좋아하다가도 시간이 지나며 태도가 바뀌는 경우들도 있다. 혼자 힘으로 아이를 갖기로 했으면 반드시 아이를 돌봐줄 일손과 기타 여러 형태로 도움을 줄 사람들로 든든한 '마을'을 구축하도록 해야 한다.

보험은 어떻게
~~~~~~~~~~~~~~

어떤 식으로든 부모가 되면 생명보험에 가입한다. 생명보험이 특별히 좋은 투자방식은 아
니라고 말하는 금융전문가들도 아이를 갖게 되면 생명보험에 가입하라고 조언한다.[48] 새
로 부모가 된 사람들의 경우는 보험료가 더 저렴한 기간성 생명보험term life policy이 종신
보험permanent life policy보다 더 적합하다. 하지만 여러분이 대규모 토지를 소유하고 있어
서 사망 시 거액의 상속세를 납부해야 하는 경우라면 종신보험도 고려해 보는 게 좋다.[49]

_____ 5C 프레임워크 활용하기:
부모가 되는 현명한 방법

부모가 될지 여부를 결정하는 것 역시 사랑과 돈, 그리고
삶의 방식에 장기적으로 영향을 미칠 대단히 개인적이고 감정적으로 민
감한 문제이다. 부모가 되는 것은 짝을 선택하는 것 이상으로 깊고 지속
적인 사랑과 충만감, 기쁨의 원천인 동시에 평생 책임을 져야 하는 일이
기도 하다. 그것은 새로 태어나는 한 명 혹은 여러 생명에 대해 총체적
인 책임을 지는 것이다. 여러분이 가족, 친구, 사회에 대해 어떤 기대를
갖고 있든 상관없이 아이를 언제, 몇 명을 낳거나 입양하는 게 좋은지에
대한 정답은 없다. 우리가 제시한 5C 프레임워크를 통해 보다 쉽고 자
신 있게 이 문제에 접근해 볼 수 있을 것이다. 여러분이 내리는 결정이

자신이 원하는 진정한 목표와 희망에 근거를 두고 있다는 확신이 서면 여러분 자신과 여러분의 삶을 바꾸어놓을 게 분명한 이 여행을 보다 자신 있게 출발할 수 있을 것이다.

step 1 명확히 하기 *Clarify*

왜 아이를 원하는가? 왜 원하지 않는가? 데이지 다울링Daisy Dowling 은 저서 『직장인 부모: 직장에서의 성공과 자신에게 충실하고 아이들을 행복하게 키우기 위한 완벽 가이드』*Workparent: The Complete Guide to Succeeding on the Job, Staying True to Yourself, and Raising Happy Kids*에서 이 주제와 관련된 찬반 의견 목록을 광범위하게 소개한다. 저자는 이 목록을 꼼꼼하게 읽고 어느 쪽이 본인의 생각을 명료하게 정리하는 데 도움이 되는지 세심히 따져보라고 권한다.[50]

이런 숙고의 과정은 아이를 가져야 할지 말아야 할지, 갖는다면 언제 가 좋을지를 결정할 때 많은 이들이 느끼는 망설임과 고민을 해소하는 데 도움이 될 것이다. 어느 레즈비언 커플이 생각을 명료화하는 과정에 등록했다. 앞에 놓인 과정이 체외수정IVF까지 해야 하는 긴 여정임을 알기 때문에 이들은 시작하기 전에 가능한 한 자신들의 생각을 분명히 하고 싶었다. 몇 달 간 과정을 들으며 자기성찰의 시간을 보낸 끝에 두 사람 모두 자기들이 아이를 진정으로 원한다는 결론에 도달했다. 굳이 3개월 코스에 등록하지 않더라도 이러한 자기성찰의 시간을 갖는 것은 충분히 그럴만한 가치가 있다. 이 장 끝부분에 있는 연습문제가 여러분이 하는 자기성찰의 다양한 고비마다 도움이 될 것이다.

아이를 몇 명 가질지에 대한 결정은 적어도 한 명은 생긴 이후로 미루는 게 제일 좋다는 점을 명심하기 바란다. 대가족에서 자라지 않은 사람은 여러 아이를 키우는 게 얼마나 힘든지를 과소평가하기 쉽다. 대가족에서 자랐다 하더라도 부모가 되었을 때 드는 시간과 노력을 제대로 알기는 어렵다. 또한 아이를 두 명 이상 갖고 싶은 경우에는 더 늦으면 수태력에 어려움이 생길 수 있으니 적어도 삼십대 초중반에는 그런 노력을 시작하는 게 좋다.

step 2 소통하기 *Communicate*

어떻게 할지 생각이 명료하게 정리되면 동반자와 터놓고 솔직하게 이야기한다. 동반자가 없는 사람은 킴이 엄마를 상대로 한 것처럼 자기를 돌봐줄 중요한 사람과 이야기를 나눈다.

이 대화는 여러분과 상대방 모두 기분이 좋을 때 갖도록 한다. 너무 피곤하거나 허기지고, 기분이 좋지 않을 때는 피한다. 이 책에서 다룬 대부분의 주제들처럼 아이를 가질지 말지, 가지면 언제 가질지는 감정적으로 민감한 문제이다. 그렇기 때문에 결정을 내리기까지 두 사람이 여러 차례 대화를 나눌 필요가 있다. 같은 이야기를 되풀이해서 할 필요도 있고, 우회적으로 돌려서 이야기하는 게 좋을 때도 있다. 나이가 들

소통하기 좋은 때와 장소

사람마다 이처럼 심각한 주제를 이야기할 때는 나름대로 선호하는 시간과 장소가 있다. 일상적인 환경에서 벗어나 특별한 일을 함께 하면서 기회를 갖는 것도 좋다. 하이킹도 좋고, 해변 같은 자연 속을 함께 걷거나 간단한 야외 나들이도 좋다. 어디가 되었든 다른 사람이나 물건의 방해를 받지 않고 둘이서 이야기를 나누기 좋다고 생각하는 장소와 시간이어야 한다.

예를 들어 둘이 데이트하는 날 밤이나 신나게 놀러 나간 날 저녁에 갑자기 이런 대화를 '돌발적으로' 꺼내는 것은 피한다. 그런 날은 두 사람이 같이 즐겁게 보내는 시간으로 놓아두는 게 좋다. 예정된 대화라 하더라도 대화 내용이 어떻게 흘러갈지는 미리 예단하지 않도록 한다. 무엇보다도 중요한 것은 대화를 통해 두 사람이 각자 자신의 생각을 되돌아보고 서로의 생각과 감정을 솔직하게 터놓고 함께 나누는 기회가 되도록 하는 것이다. 그러다 보면 상대방을 실망시키는 일이 생길 수도 있지만 그래도 그렇게 하는 게 좋다.

면 수태력이 떨어진다는 사실을 잊지 말도록 한다. 너무 시간을 끌다가 자칫 여러분의 뜻이 아니라 생물학의 결정을 따르게 되는 수가 있다. 마침내 아이를 가지겠다는 결심이 섰는데 자기 힘으로 온전한 자기 아이를 가질 수 없게 될 수 있다는 말이다. 그러면 비용이 많이 들고 성공이 확실하게 보장되지도 않는 현대 의학의 도움을 받게 된다.

step 3 대안 알아보기 *Consider a Broad Range of Choices*

당신 인생에 아이가 있으면 어떻게 할 것인가? 없으면 어떻게 할 것인가? 자신의 아이를 갖지 않기로 한 경우 대신 돌봐주기로 한 조카나 질녀, 아니면 친구의 아이가 있는가? 아이를 갖겠다고 기다리고 있고, 체외수정IVF이나 입양 같은 대안을 생각 중이라면 담당 의사를 만나 그런 방법에 대해 배우고 필요한 검사를 받을 생각인가? 관련 워크숍에 참가해 새로운 의학기술에 대해 배우고, 파트너나 배우자와의 관계에 미칠지도 모를 부정적인 영향을 줄일 방법에 대해 배울 생각인가?

step 4 다른 사람의 의견 듣기 Check In

다양한 의견을 듣는 과정에서는 주위에서 부모님을 비롯해 다양한 연령층에서 아이를 낳기로 한 사람과 낳지 않기로 한 사람을 만나본다. 어떤 생각이 더 공감이 가는지 생각해 본다. 불임이나 파트너가 아픈 것처럼 특별한 어려움이 있는 경우에는 같은 사정을 겪은 사람들을 만나 어떻게 어려움을 이겨냈는지 들어본다. 베이비시터 일이나 자원봉사 등을 통해 아이들과 시간을 보내도록 해본다. 하지만 다른 사람의 아이를 통해 자기 아이에게서 느끼는 사랑의 감정을 똑같이 느끼기는 불가능하다는 점은 염두에 두도록 한다.

step 5 예상 결과 따져보기 Explore Likely Consequences

아이가 생기면 부부 관계에 어떤 영향을 미칠까? 여러분 자신과 직장, 가족, 그리고 경제적 상황에 어떤 영향을 가져올까? 아이를 갖는다는 것은 인생에서 미완성인 채로 내버려둘 수 없는 몇 안 되는 일이다. 그러니 최선을 다해 여러 예상되는 결과를 생각해 본다. 연구에 의하면 사람들이 가장 후회하는 일은 대부분 어떤 일을 하지 않은 데 대한 것이다. 여러분을 어떤 방향으로 끌어당기는 내면의 어떤 작은 소리가 지나고 보면 생각보다 더 중요하고 심각한 의미를 가질 수 있다.[51]

아이를 가질지 여부와 가지는 시기는
어떻게 정할까?

이 연습문제는 여러 시나리오로 초래될 결과에 대해 여러분이 보이는 반응을 통해 여러분의 감정을 명확하게 하기 위한 것이다. 몇 가지 옵션 가운데서 여러분의 마음에 제일 중요한 자리를 차지하는 것 하나를 골라 보라. 문제를 함께 풀 사람을 한 명 구한다. 동반자가 있으면 함께 풀고 친구와 함께 풀어도 좋다.

Option 1 아이를 가질지 여부를 고심 중인 경우

아이를 가지기로 한 것으로 가정한다. 왜 아이를 갖기로 했는지 그 이유를 모두 상대에게 이야기한다. 이런 점에 대해 이야기한다. 어떤 점이 기대되는 가? 어떤 점이 안심이 되는가? 어떤 점이 걱정되는가? 이런 말을 할 때 스스로 어떤 기분이 드는지 주목해 본다.

이번에는 아이를 가지지 않기로 한 것으로 가정한다. 왜 아이를 갖지 않기로 했는지 그 이유를 모두 상대에게 이야기한다. 앞의 경우와 같은 점들에 대해 이야기한다.

각각의 시나리오를 이야기할 때 어떤 기분이 들었는지 되돌아본다. 두 가지 시나리오 가운데 어느 쪽을 말할 때 더 자연스러웠는가? 이야기를 나눈 상대에게 어떤 입장을 말할 때 더 진짜처럼 보였는지 물어본다.

Option 2 아이를 언제 갖는 게 제일 좋을지를 놓고 고심하는 경우

곧 아이를 가지기로 한 것으로 가정한다. 어떤 점이 기대되는가? 어떤 점이 안심이 되는가? 어떤 점이 걱정되는가? 이런 상황에서 스스로 어떤 기분이 드는지 주목해 본다.

이번에는 아이 갖는 것을 최소한 3년 뒤로 미룬 것으로 가정한다. 앞의 경우와 같은 점들에 대해 이야기한다.

마지막으로 이번에는 의학적인 도움을 본격적으로 받지 않고는 아이를 가질 수 없게 된 것처럼 상대에게 말한다. 어떤 대안을 생각 중인지에 대해 이야기한다.(입양, 위탁, 체외수정, 대리모, 자녀를 갖지 않음) 이런 대안을 생각할 때 각각 어떤 기분이 드는지 주목한다.

시나리오별로 어떤 기분이 들었는지 되돌아본다. 어느 시나리오가 가장 자연스러운 기분이 들었는가? 이야기를 나눈 상대에게 어떤 시나리오를 이야기할 때 더 진짜처럼 보였는지 물어본다.

머니 앤드 러브

MONEY *and* LOVE

Chapter 05

가사 분담

　　　　　　　　　　　　　　루이스는 일을 마치고 집에 도착하자 곧바로 아내 로사와 20년 결혼생활을 하는 동안 한 번도 해보지 않은 짓을 했다. 그림을 그리느라 바쁜 아내의 작업실로 들어가 그동안 입에 담을 엄두도 내보지 않은 말을 했다. "내가 그동안 잘못했어. 우리가 결혼하고 지금까지 집안일을 한 번도 도운 적이 없었어. 당신이 하던 일을 내가 대신 해볼 거야. 세탁기를 어떻게 돌리는지부터 가르쳐줄래?" 하지만 루이스는 기대했던 엄청난 칭찬 대신 아내의 반응을 듣고 충격을 받았다. "오, 안돼요. 세탁은 당신이 못해요. 세탁은 기술이 필요한 일이에요. 색깔 옷과 흰옷을 분리하고 세탁할 때 적당한 물 온도 맞출 줄도 알아야 하고, 건조기에 넣을 옷과 넣으면 안 되는 옷도 분리할 줄 알아야 해요. 정 돕고 싶으면 제일 쉬운 일부터 시작해요. 우선 화장실 청소부터!"

　그들 세대의 전통적인 결혼생활을 하는 대부분의 부부들처럼 항상 이들은 바깥에서 일을 잘해 인정받는 건 남편의 몫이고, 집안일을 열심히 하고 가정을 돌보는 것은 아내가 할 일이라는 전제 아래 일했다. 루이스는 집안일은 일절 하지 않고, 로사는 그것에 대해 한 번도 불평한 적이 없었다. 그런데 큰 아이들이 대학에 들어가고 막내가 고등학교에 다니면서 로사는 교사 일을 시작했고 루이스는 아내가 시작한 일을 지지했다. 그녀가 버는 수입이 아이들 학비 내는 데도 큰 보탬이 되었다. 하지만 그렇더라도 화장실 청소는 하고 싶지 않았다. 그래서 집안일을 돕겠다는 말을 꺼냈다가 곧바로 철회하고 말았다.

　루이스와 로사 부부가 구세대처럼 생각될지 모르지만 이런 남녀 차별적인 사고방식은 놀라울 정도로 오래 자리 잡고 있다. 연구에 의하면 2018년까지도 요리, 청소, 육아와 같은 '세컨드 시프트'second shift 일은 대부분 여성이 하는 것으로 되어 있었다. 남편과 똑같이 종일 근무하고 월급 받는 직장생활을 하는데도 그랬다.[1] 코로나바이러스 팬데믹이 진행 중일 때는 아이 돌보는 일과 집안일 대부분이 엄마의 몫이 되었다. 엄마들은 직장을 완전히 그만두거나 근무 시간을 줄이는 식으로 대응해야 했다.[2] 필수인력과 재택근무자들 거의 절반이 직장 일과 집안일을 모두 하는 데 어려움을 토로했다. 필수인력으로 일하는 어머니들은 집안일까지 하기가 힘들었다. 그리고 재택근무하는 어머니들은 아이들을 돌

보며 직장 일까지 하는 게 힘에 겨웠다.[3]

루이스와 로사 부부처럼 많은 커플이 지금도 집안에서 누가 무슨 일을 맡아서 할지를 두고 힘들어한다. 이런 문제는 어떤 커플이나 겪을 수 있지만 연구에 따르면 집안일에 있어서의 이러한 불평등은 대부분 이성 커플 간에 빈번하게 일어난다.

남녀 사이의 불평등이건 아니건 불문하고 가사 분담에서의 이러한 불평등은 피할 수 없는 일이 물론 아니다. 단순히 상식적으로 해결할 수 있는 일이건 감정적으로 민감한 일이건 동거나 결혼한 부부들이 이를 해결할 수 있는 방법은 다양하게 있다.

_____ **낡은 가사 분담 공식은 잊어버리자**

평등의 가치를 존중하는 커플들도 자신이 집안일과 육아에서 틀에 박힌 남녀 간 역할 분담 공식에 빠져 있는 것을 보면 스스로 놀랄 것이다. 다음에 소개하는 부부도 이런 경우에 해당된다.

신혼 초에 우리는 집안일을 서로 협력해서 처리했다. 돈 관리에서부터 청소, 수리에 이르기까지 대부분을 같이 했다. 특정 분야에서는 어느 한쪽이 더 주도적으로 해도 원칙적으로 같이 했다. 그러다 아이들이 생기면서 일을 나눈 다음 특정 분야를 어느 한쪽이 완전히 맡아서 하게 되었다. 우리는 이를 매우 전문화된 방식으로 처리했다. 나는 진 공청소기를 돌리고 접시를 닦았으며, 세탁일은 아내가 맡았다. 이 역할이 서로 바뀌는 일은 거의 없었다. 남녀 간의 전통적인 역할 분담도 이루어졌다. 돈 관리와 집수리는 대부분 남편인 내가 맡았다. 나는 이렇게 하는 것이 어느 면에서는 사회 규범에 순종하는 생존 방식이라고 생각했다.

2021년 9월 온라인 유머 사이트인 맥스위니스 인터넷 텐던시 McSweeney's Internet Tendency는 '아이 학교에서 알려드립니다. 비상연락망에 남편분 연락처가 적혀 있기는 하지만 우리는 어머니인 당신이 와주시기를 바랍니다.'라는 제목의 풍자 글을 올렸다.[4] 육아의 부담이 매 순간 엄마의 어깨에 얼마나 무겁게 지워지는지를 풍자한 글이었다. 이 글은 아이들에게 무슨 일이든 일어나기만 하면 달려가야 하는 많은 엄마들로부터 관심을 받았다.

로스는 첫 아이를 키우면서 아이를 병원에 데려가고 치과 예약하는 일은 자기가 하겠다고 했다. 부부는 아버지인 로스를 아이의 첫 번째 비상연락처에 올리는 것만으로 부모로서 할 일은 다했다고 생각했다. 진보적인 성향의 도시인 샌프란시스코에 사는 사람들인데도 그랬다. 하지만 소아과 의사와 치과에서는 예약 확인할 때 툭하면 로스가 아니라 엄마인 애비에게 전화를 걸어 왔다. 아이 아빠에게 연락하라고 계속 이야기했지만 소용없었다. 이런 일은 너무도 흔히 일어나고 있고, 남녀의 역할 분담에 대한 전통적인 생각이 우리 사회에 얼마나 깊이 뿌리박혀 있는지 보여주는 많은 사례 가운데 하나에 불과하다.

집안일에 있어서 남녀 간 역할 분담 규율을 따르게 되는 또 다른 이유는 어느 한쪽이 상대방이 하는 집안일에 대해 시시콜콜 간섭하려고 들기 때문이다. 다음 소개하는 남성도 이런 경우이다.

마이라 스트로버 교수의 강의를 듣고 맞벌이 부부의 가사 분담을 다룬 책 『게팅 투 50/50』 *Getting to 50/50* 을 읽으면서 나는 집안일을 모두 50 대 50으로 나눠서 할 각오가 돼 있었다. 하지만 아내는 일을 보다 유기적으로 처리하고 싶어 했다. 그러다 보니 어쩔 수 없이 아내가 나보다 더 많은 일을 하게 되었다. '유기적으로' 각자 전통적인 남녀의 역할을 맡아서 하기로 했기 때문이다. 초기에는 다소 오락가락하기도 했지만 그러다 각자가 하고 싶은 일, 더 잘하는 일을 하는 식으로 틀이 잡혔다.(예를 들어 접시 닦는 일과 세금 처리는 내가 맡고, 외부에서 일손을 구하고 각종 경조사 챙기는 일은 아내가 맡았다.) 엄밀히 따지면 지금도 아내가 나보다 훨씬 더 많은 일을 맡아서 하는데(60 대 40 정도?) 신경을 많이 써야 하는 일에서 특히 더 그렇다. 추가적인 요인은 아내가 나보다 돈을 상당히 더 많이 번다는 사실이다.

흥미로운 것은 파트너보다 수입이 더 좋은 여성들이 집안일과 육아에서 더 많은 몫을 하려는 경향이 있다는 사실이다. 1980년대에 앨리

혹실드Arlie Hochschild 교수가 맞벌이 부부들을 인터뷰한 결과 집안일과 양육에서 많은 역할을 하고 직장에서의 지위가 좋고 수입도 많은 여성 가운데 남편이 위축될까 봐 집안일을 더 많이 하게 된다고 답하는 이들이 있었다.[5] 또한 집밖에서 일하도록 허용해준 데 대한 고마움 때문에 남편에게는 집안일 부담을 덜 안겨주고 싶다고 답하는 아내들도 있었다. 혹실드 교수는 이런 경우를 '감사의 경제학'economy of gratitude으로 불렀다.[6]

이런 사고방식은 변화하는 시대와 문화의 흐름에 크게 맞지 않는 것 같다. 2020년에 출간된 『크런치 타임』Crunch Time의 저자 알리야 하미드 라오Aliya Hamid Rao는 2019년 시사월간 어틀랜틱Atlantic에 기고한 글에서 중상위 계층의 남녀 부부들 가운데서 '아내에 대한 경제적 의존도가 큰 남편일수록 집안일을 더 적게 한다.'는 점에 주목했다. 그리고 '실직 중인 남편과 사는 여성일수록 남편보다 집안일 하는 시간이 더 많다.'고 했다.[7] 아내들은 남편이 실직으로 스트레스를 받는 상황에서 가사 분담 조정 같은 논란거리가 될 만한 일을 입에 올리고 싶지 않은 것 같았다.

비전통적인 가사 분담 원칙을 만들 생각이 있다고 하더라도 집안일 분담에 보다 전통적인 입장을 가진 이들에게는 그런 생각이 이상하고 혼란스럽게 들릴 수 있다는 점을 명심하기 바란다. 다음 부부도 그런 일을 겪었다.

나는 중서부 지방에서 자라서 남편은 나가서 밥벌이하고 아내는 집안일 하는 것을 당연하게 여겼다. 대학을 졸업한 뒤 나는 지금 남편이 된 당시 남자친구와 함께 캘리포니아로 왔다. 남자친구는 대학원에 진학하고 나는 직장에 다녔다. 지금도 그렇지만 나는 나가서 일하는 걸 좋아하고 남자친구는 그렇지 않았다. 그러다 보니 처음부터 나는 직장에서 경력을 쌓고 집안일은 그가 주로 했다.

물론 나도 세탁과 이런저런 집안일을 맡아서 하고, 남편은 신경을 별로 안 써도 되는 허드렛일을 거든다. 그렇지만 우리가 사는 방식은 내가 애초에 생각했던 것과는 크게 다르다. 그렇게 된 것은 나는 사물을 있는 그대로 바라볼 뿐 어떤 식이어야 한다는 식으로 생각하지 않기 때문이다. 나는 나 자신이나 미래 우리 가족이 지금과 다른 모습으로 지내는 모습을 상상해 보지 않았다.

솔직히 말해 내 요리 솜씨는 형편없고, 나는 서류 만지는 걸 좋아하지 않고, 누구에게 이래라저래라 잔소리하는 능력도 없다. 하지만 남편은 그렇지 않다. 우리는 남편과 아내의 전통적인 역할을 과감히 뒤집어 보다 솔직하고 알찬 삶을 받아들였기 때문에 모두가 훨씬 더 잘살고 있다. 더 행복하고, 더 건강하고, 더 안정적인 삶을 산다.

이런 말을 듣고 충격을 받는 사람들도 있었다. 인디애나주에 사는 친척들이 특히 더 그랬다. 그들은 가족 먹일 것을 '벌어오지 않는' 남자는 있을 수 없다고 생각한다. 하지만 우리 집에서 '가족을 먹여 살린다'는 것은 가족의 궂은일을 도맡아 하고, 먹을 것을 챙겨주고, 가족이 아프면 병원에 데려가 주는 것을 뜻한다.

친척, 친구, 이웃, 동료들이 여러분의 삶을 대신 살아주지 않는다는 사실을 잊으면 안 된다. 중요한 것은 여러분과 여러분의 동반자가 여러분이 정한 규칙에 만족하며 사는 것이다.

———— 가사 분담의 중요성

팻 메이너디Pat Mainardi는 1970년에 발표한 대표적인 논문 '가사 노동의 정치학'The Politics of Housework에서 가사 노동은 사소한 일 같아 보이지만 사실은 엄청난 심리적, 정치적, 경제적 의미를 포함하고 있는 주제라고 강조했다. 이후 몇 년 동안 이를 뒷받침하는 목소리들이 요란스레 터져 나왔다. 아내들은 남편에게 합당한 몫의 집안일을 맡기려고 씨름한 이야기를 털어놓았다. 집안일을 둘러싼 '정신적인 부담' '감정 노동'을 소재로 한 각종 글, 트윗, 만평이 소개됐다. 학자들은 집안일의 무거운 짐을 대부분 져야 하는 문화가 여성의 경력에 부정적인 영향을 미친다는 점을 강조했다.

가사 노동은 반드시 해야 하고, 쉴 없이 몰려오고, 과소평가되고, 눈에 잘 띄지 않고, 지루한 일인 경우가 많다. 커플들 간에 집안일을 서로 만족스럽게 분담하면 이는 관계의 만족으로 이어지고 행복감을 끌어올려 준다.[8] 반면에 가사 분담이 어느 한쪽에 불만족스러우면 분노와 억울함을 불러일으키고, 그대로 곪도록 방치하면 관계라는 천을 천천히 갉

아먹거나 갑자기 폭발하도록 만들 수 있다. 루이스와 로사의 경우가 바로 그랬다.

돈 씀씀이를 보면 그 사람이 삶의 우선순위를 어디에 두는지 알 수 있다. 마찬가지로 집안일 분담을 어떻게 하는지를 보면 두 사람이 중요시하는 가치가 무엇인지, 두 사람의 관계가 어떤지, 서로 상대를 어떻게 바라보는지 알 수 있다. 한마디로 말해 두 사람이 매일 사용하는 화장실을 동반자가 청소하는 동안 한 명은 어김없이 스포츠 중계방송을 본다면 그 사람은 자신의 시간과 동반자의 시간 중 누구의 시간을 더 소중하게 생각하는 것일까? 누구의 삶의 질을 더 소중하게 생각하는 것일까? 자신의 삶일까, 아니면 동반자의 삶일까? 이브 로드스키Eve Rodsky는 저서 『페어플레이 프로젝트』Fair Play에서 '남자의 시간은 유한하고 여자의 시간은 무한하다.'는 식의 인식 때문에 커플(동거자나 룸메이트도 포함) 사이에 분노가 쌓여가는 과정을 탐구한다.[9]

이런 인식이 있다는 사실은 연구를 통해 밝혀지는데, 연구 결과 동성 커플이 이성 커플보다 가사 분담을 더 평등하게 한다는 사실이 밝혀졌다. 최근 7개국에 걸쳐 실시된 한 조사는 여성 동성 커플이 남성 동성 커플들보다 집안일을 더 공평하게 나눈다는 사실이 밝혀졌다. 그리고 노르웨이처럼 양성평등이 잘 지켜지는 나라에서 남성 동성 커플 및 여성 동성 커플 간의 가사 분담 불평등도 덜한 것으로 밝혀졌다.[10]

가사 분담을 남녀 성별에 따라 나누고, 그러다 보면 집안일 대부분을 여성이 하게 되는 상황은 때에 따라 반발이 거의 없는 방법처럼 보일 수 있다. 하지만 이런 방법은 장기적으로 큰 위험을 수반한다. 이런 방식은 두 사람의 관계에 긴장감을 조성하는 것 외에도, 계속해서 무거운 집안일을 짊어지는 여성은 번아웃에 빠지기 쉽고, 또한 스트레스 관련 건강 문제를 일으킬 수 있다. 더 큰 문제로 이어지기 전에 더 이상 미루지 말고 가사 분담을 어떻게 해야 좋을지 대화를 서두르는 게 중요하다. 처음에는 대화로 인해 갈등이 생길 수도 있지만 그래도 대화해야 한다.

미국 노동통계청Bureau of Labor Statistics은 가사 노동을 다음의 7가지 카테고리로 분류한다. 음식 준비와 정돈, 집안 청소, 세탁, 가계 관리, 잔디 깎기 및 정원 손질, 실내 관리와 수선, 장식. 2019년에 여성들은 하루 평균 2.16시간을 이 7개 카테고리에 드는 일을 하며 보낸 것으로 나타났다. 반면 남성들은 그 3분의 2에 해당하는 하루 평균 1.39시간을 같은 일을 하며 보냈다.[11] 팬데믹이 시작되기 전 5년 동안 13세 미만 자녀를 둔 맞벌이 엄마들은 직장에서 보내는 시간이 같은 연령대 자녀를 둔 아버지들보다 25퍼센트 정도 적었다. 하지만 어머니들은 집안일과 자녀 양육으로 보내는 시간이 아버지들보다 두 배 더 많았다.[12]

팬데믹이 집안일이 얼마나 힘 드는지 드러내 보여주었다. 어느 조사 응답자는 출장 여행 갈 기회도 없고 외식 나갈 일도 없이 "잠시 쉴 틈도 없이 요리와 청소 일을 해야 한다. 할 일이 끝도 없다."고 했다. 이것이 희망을 상징하는 실버 라이닝일 수도 있다. 이런 식으로 집안일의 어려움이 부각되면 사람들이 가사 노동의 중요성에 대해 눈을 뜨고, 집안일 분담을 놓고 소통하는 기회가 더 많아질 것이기 때문이다. 아이들이 어느 정도 자란 부모들 중에는 이런 현실을 아이들을 가르치는 기회로 활용하는 이들도 있다.

일하는 사람을 집으로 부를 형편이 되지 않아 남편과 나는 집안 청소를 우리 손으로 직접 하기로 했다. 청소 일은 남편이 나보다 훨씬 더 잘했다. 그래서 나는 남편에게 할 일이 어떤 게 있는지 계획표를 만들어 달라고 부탁한 다음 그 일을 우리 식구 4명(14살 난 아이 둘 포함해서)에게 나누었다. 식구들 모두 기꺼이 맡기는 일을 하겠다며 새로운 규칙을 받아들이는 것을 보고 나는 깜짝 놀랐다. 우리 아이들은 간혹 새로 맡은 집안일을 뒤로 미루기는 했지만 맡은 일은 차질 없이 해냈고, 매주 대청소 때 자기들 몫은 아무 불평 없이 했다.

물론 이는 조금 특별한 경우이기는 하다. 모든 집안이 가사 분담을 이처럼 공평하게 나누지는 않는다.

_____ 서로의 문화적 배경 이해하기

마이라 교수가 강좌를 시작하고 나서 초기 몇 년 동안은 학생들 다수가 집안 하나를 꾸려나가는데 얼마나 일이 많은지에 대해 아는 게 거의 없었다. 그 학생들이 자랄 때는 대부분의 엄마들이 눈에 띄지 않게 집안일을 했다. 그러다 보니 자기 손으로 집안일을 맡아서 처리해 본 경험이 있는 학생이 거의 없었다. 마이라 교수는 역할 놀이role-play를 통해 학생들에게 중요한 집안일이 얼마나 많은지 알려주고, 파트너와 가사 분담에 관해 의논도 해볼 수 있게 만들어 주었다. 교육적인 효과뿐만 아니라 학생들이 재미있어하는 걸 보고 마이라 교수는 기분이 너무 좋았다. 이 챕터 말미에 역할 놀이가 소개되어 있으니 여러분도 한번 따라해 보면 좋겠다. 『페어플레이 프로젝트』*Fair Play*에서 저자 이브 로드스키는 100장의 집안일 카드를 만들었는데 각장에는 '매일 반복되는 일과'를 하나씩 적었다. 설거지처럼 매일 자주 하는 일과 휴가계획 세우기처럼 가끔 하는 일도 여기에 포함된다. 첫 단계로 로드스키는 커플들에게 가족으로서 자기들이 소중하게 생각하는 일 세트를 적어보라고 권한다. 커플들은 그중에서 자기들이 중요하다고 생각하지 않는 카드(예를 들어 감사인사 쓰기, 방과 후 교실에 아이 데려다주기 등)는 모두 버리고, 남은 카드는 공정하게 나누어졌다는 생각이 들 때까지 서로 '협상'을 계속한다.[13] 실제 카드 세트를 구입해서 해도 되고 아니면 여러분이 직접 만들어도 된다.

하지만 파트너에게 이 이야기를 꺼내기 전에 자신이 처한 상황에 대해 곰곰이 생각해 보는 시간을 갖도록 한다. 예를 들어 집안 내력, 가풍, 혹은 사회경제적으로 여러분이 속한 계층 등 어떤 요소가 여러분의 가사 분담 방식에 영향을 미쳤다는 생각이 드는가? 이런 말을 하는 여성이 있었다. "라틴 가문 출신이라 그런 사실이 영향을 준다. 어머니가 집안일을 모두 맡아서 하고, 아무도 그에 대해 이의를 제기하지 않았다. 그런 문화가 무의식 속에 잠재해 있는 것이다." 이 여성은 집안일 대부분을 외부 일손에게 맡기는 문화에서 자란 외국인과 결혼한 다음 자기도 라틴 문화 속의 다른 여성들과 다르지만 비슷한 처지에 처해 있음을 알게 되었다. "남편은 운전기사, 정원사, 보모, 가정부, 요리사 등 최소한 5명은 고용하고 사는 가풍에 익숙해 있었다. 집안일을 돕고 싶지 않다는 게 아니라 그럴 생각 자체를 아예 하지 않는 것이다." 의식적이거나 잠재의식 안에 내면화된 이런 종류의 문화적인 배경을 찾아내는 게 두 사람 사이의 상호이해를 위한 공통분모를 만드는 데 도움이 된다.

_____ **자신의 감정에 충실하라**

집안일은 입에 올리는 게 금기시되는 경우가 있는데 그래서 더 흥미로운 주제이다. 어쨌건 우리는 성인이지 않은가? 거실 청소를 누가 하고, 치약을 누가 사오느냐를 놓고 서로 다투는 건 옹졸하고 유치해 보인다. 그렇다 보니 집안일을 누가, 언제, 어떻게 하는지를 생각하면 화나고 분노가 치미고, 진저리가 나는데도 스스로 그런 사실을 인정하기가 어려울 수 있다. 이런 문제들 때문에 얼마나 마음이 상하는지 친구나 가족 구성원들에게 말해도 그들이 "그게 그렇게 심각한 일이야?"라며 대수롭지 않은 반응을 보이면 당황스럽고 못마땅하다. 이런 감정을 발산할 건강한 배출구가 없이 지내면 속으로 삭이다가 그 억눌러온 감정이 어느 날 갑자기 폭발해 버린다. 로사가 그랬다. 더 이상 말할 필요도 없이 이런 감정 패턴에 빠져드는 건 여러분 자신과 동반자, 그리고 두 사람의 관계에 도움이 되지 않는다.

집안일을 하는 방식이 괜찮다고 생각되는 경우에도 일단 멈추고 자신의 기분이 실제로 어떤지 한번 따져본다. 집안일 자체뿐만 아니라 지금 하는 가사 분담 방식에 대해 생각해 본다. 배우자로부터 존중받는다는 기분이 드는가? 여러분의 시간이 그 사람 시간만큼 귀중하게 대접받고 있는가? 이런 문제에 대해 동반자는 어떻게 생각하는가? 지금의 가사 분담 방식이 공평하지 않다면 두 사람이 관련된 다른 분야에서도 그런가? 아니면 집안일에서만 그런가? 두 사람 모두 만족스러울 평등한 파트너십을 만들려면 어떤 변화가 필요한가? 이런 문제를 따져볼 때는 여러분의 감정이 이와 관련된 과거의 경험으로부터 영향을 받을 수 있

배우자와 의논하는가? 아니면 그냥 대화하는가?

배우자와 하는 대화를 '의논'이라고 부르는 것을 좋아하지 않는 사람들도 있다. "직장 상사와는 의논하지만, 배우자와는 그냥 이야기한다."는 식이다. 배우자와의 대화를 어떻게 부르건 그건 좋다. 하지만 현실에서 여러분은 누가 무슨 일을 할 것인지, 그리고 두 사람의 의견이 서로 다를 때 그것을 어떻게 풀어나갈지에 대해 수많은 의사결정을 내려야 한다.

다는 사실을 기억한다. 만약 여러분의 어머니가 매주, 매년 가릴 것 없이 늘 녹초가 되도록 일만 하는 것을 보고 자랐다면 여러분은 무의식적으로 배우자에 대해 불신하는 감정을 가질 수 있다.

_____ 현명한 가사 분담 요령

가사 노동을 분담하는 방법은 여러 가지가 있다. 첫째, 큰 일부터 해결해 나가는 톱다운 방식이나 세부적인 일에서 시작하는 바텀업 방식을 택할 수 있다. 톱다운 방식으로 하면 먼저 가사 노동 분담의 전체 목표 비율에 합의하고 나서(50 대 50? 80 대 20?) 개별적인 일을 하나씩 나누어 나간다. 바텀업 방식에서는 세부적인 일을 먼저 나눈 다음 전체적인 분담 결과가 마음에 드는지 살펴본다. 어느 방식으로 하든 다음의 세 가지 질문에 답해 볼 필요가 있다.

1. 어떤 일이 있는가. 각각의 일을 누가 할 것인가?
2. 전체 분담 비율이 두 사람이 추구하는 이상적인 관계에 부합하는가?
3. 두 사람 모두 전체 분담이 공평하게 이루어졌다고 생각하는가?

이 작업을 진행하면서 영구적인 해법을 만들어낸다는 생각은 하지 말기 바란다. 집안일을 분담하는 것은 진행형인 일이다. 큰 결정도 공정한 분담에 대한 생각이 서로 바뀔 때마다 수백 번도 더 고쳐나가게 될 것이다. 그리고 직장이 바뀌고 가족 구성원이 바뀌면 분담 방식도 바뀌게 된다. 사는 게 그런 것이다. 다음 부부의 경우도 그렇다.

출산 후 다시 출근하기 시작하며 우리는 매년 함께 할 일 목록을 작성했다. 요리, 청소, 세탁 같은 일상적인 일에서부터 집과 자동차 관리와 같은 꾸준히 손이 가는 일과 휴가 준비, 가족 행사처럼 가끔 돌아오는 일과 신경이 많이 쓰이는 일을 모두 적었다. 그리고 두 사람이 각자 맡아서 할 일을 나누었다. 시간이 지나고 나는 다시 임신했고 두 아이를 모유 수유로 키웠다. 우리는 그때그때 누가 무슨 일을 하는 게 좋을지에 따라 각자의 일을 맡아서 했다. 내가 힘든 육아 시기를 거치는 동안 집안일은 남편이 절반 훨씬 넘게 했다.

이처럼 일차적으로는 초기 가사 분담에 합의하는 데 초점을 맞추고, 그 다음에는 이를 실천에 옮긴다. 집안일을 나누는 일은 여러분이 추구하는 두 사람 관계의 실천적인 면을 담고 있음을 잊지 말기 바란다. 만약 두 사람 모두 동반자가 직장에서 일하는 것을 원한다면, 집안에서의 가사 노동 분담도 그런 관계에 도움이 되는 방향으로 이루어져야 한다. 아이 키우는 일을 똑같이 나누고 싶은데 출장을 많이 다닌다면 보다 창의적인 방법으로 양육 부담을 나누어야 할 것이다.(출장으로 어디에 가 있건 온라인으로 할 수 있는 집안일이 많아졌다. 예를 들어 출장 가서도 아침 9시에 로그인해서 아이들의 여름방학 캠프 신청서류를 접수할 수 있다.)

집안일을 쉽게 나누는 방법 중 하나는 자기가 어떤 일을 좋아하는지 파트너에게 말하고 의견을 물어보는 것이다. 조사에 응한 어떤 부부는 집안일을 나눈 방식에 대해 "집안일을 할 때도 각자의 타고난 취향을 존중하는 이른바 몬테소리Montessori 스타일을 따랐다."고 했다. 예를 들어 두 사람 다 요리를 좋아한다면 교대로 요리 당번을 하는 식이다. 두 사람 모두 좋아하지 않는 일은 어떻게 할 것인가? 파트너가 요리하기를 좋아하는데 상대방은 그 요리가 입맛에 맞지 않는다면 어떻게 할 것인가? 일손을 구하거나 자녀들에게 집안일을 거들도록 맡기는 방식은 이번 챕터 후반부에서 다룬다. 일단은 요리를 좋아하는 파트너의 요리솜씨(다른 분야의 기술도 포함해서)를 늘리는 방법을 찾아본다. 그리고 파트너가 만드는 요리가 가사 분담의 한 부분이라는 점을 받아들이도록 한다.

카테고리 분류를 너무 폭넓게 잡으면 오해가 생길 수 있다는 점을 조심한다. 예를 들어 '식사 준비'라는 분류는 그 안에 '무슨 요리를 할지 정하기, 장보기, 요리하기' 등 최소한 3개의 개별 일거리가 포함된다. 세 가지 일거리 모두 개별적인 특성이 있고, 나름의 기술이 필요하고, 설거지와 같은 관련 항목과 추가 세분화나 통합해 볼 여지가 있다. 요리에도 매일 먹는 식사와 주말 특별요리, 잔칫날 요리, 빵 굽기 등등 여러 가지가 있고, 각 항목도 다시 일별, 주별, 월별, 계절별로 세분화가 가능하다.(예를 들면 이런 제안도 가능하다. '야외 그릴을 사용하는 여름철 주말 요리는 내가 하겠다. 하지만 아이들 학교 점심 도시락 싸는 건 교대로 하면 좋겠다.' 다른 일도 이와 비슷한 세분화가 가능하다. 예를 들어, 아이들 숙제 도와주는 일도 학과목별로 나눌 수 있다. 부모 중 수학을 좋아하지 않는 쪽은 수학 숙제 도와주는 일을 안 맡는 식이다.)

『페어플레이 프로젝트』에서 저자 로드스키는 대부분의 집안일에는 인지하고, 계획하고, 실행하는 세 가지 측면이 있다고 말한다. 이 세 요소가 제각각 분리되어 엉뚱하게 일이 맡겨지면 문제가 생긴다. 애비의 올케는 요리할 때 쓰려고 남편에게 새우를 사오라고 시켰더니 남편은 새우 칵테일을 사들고 왔다. 그동안 자기 손으로 사본 새우는 새우 칵테일밖에 없으니 그로서는 당연한 일이었다. 하지만 아내가 원한 것은 파스타 만드는 데 쓸 요리용 새우였다. 이런 종류의 혼란을 피하려면 일의 인지, 계획, 실행 부분을 함께 묶어서 하라고 로드스키는 권한다.

_____ 집안일의 최저 관리 기준을 정한다

가사 분담을 할 때는 자신이 집안일을 언제, 어떻게 하는 게 좋을지에 대해 확고한 생각을 갖고 있다면 그걸 분명하게 밝히도록 한다. 예를 들면 이렇게 말하는 것이다. "나는 설거지는 식사를 마치면 곧바로 해서 그릇을 식기 세척기에 정리해 놓아야 한다고 생각해. 부엌에 들어갔는데 싱크대에 지저분한 그릇이 잔뜩 담겨 있으면 참을 수가 없어. 그러니 저녁 설거지는 식사 마치고 곧바로 하는 게 어때?"

이런 말을 할 때는 '나는 언제 설거지를 바로 했으면 좋겠다고 생각해.'처럼 '나'를 주어로 해서 말한다. '설거지를 할 시간이 이때뿐이야. 그러니 반드시 이때 해야 해.'라는 식으로 말하지 않도록 한다. 샤론 미어스Sharon Meers와 조애나 스트로버Joanna Strober, 마이라 교수의 며느리는 공저『게팅 투 50/50』Getting to 50/50에서 파트너와 가사 분담을 의논할 때는 솔직하게 자기 생각을 말하되 지시하는 식의 말투는 쓰지 말라고 권한다.[14] 다른 방법은 틀렸다고 말할 필요는 없고, 단지 자신은 개인적으로 다른 방법은 좋아하지 않는다는 식으로 말하면 된다. 말하는 내용 못지않게 말하는 방법도 중요하고, 어쩌면 말하는 방법이 더 중요할 수도 있다. 가사 분담뿐만 아니라 모든 일이 다 그렇다. 누가 윗사람처럼 굴거나 꼬치꼬치 간섭하는 걸 좋아할 사람은 없다.

크게 마음 상하거나 티격태격하는 일 없이 가사 분담을 성공적으로 실행하는 부부들은 한쪽이 집안일을 할 때 상대가 이러쿵저러쿵 세세하게 간섭하지 않는다. 하지만 이런 규칙이 자리 잡기까지 많은 토론과 시행착오를 거쳐야 하는 경우가 많다. 예를 들어 집안일에 대해 높은 기준을 적용하는 쪽이 집안일을 좀 더 많이 하고, 대신 다른 한쪽은 아이들 등하교나 방과 후 활동 장소에 실어 나르는 일을 책임지는 식으로 한다. 부스러기가 떨어져 있는 것을 보면 못 참는 쪽은 상대로부터 몇 번 지적을 받고 나면 참고 보기 시작한다.

『페어플레이 프로젝트』에서 로드스키는 배우자가 상대방이 하는 집안일에 대해 '이 정도면 됐다'는 '최저 관리 기준'minimum standard of care 에 합의하는 게 중요하다고 말한다. 예를 들어 설거지를 맡은 사람이 다음 식사 전에 그릇이 싱크대에 수북하게 담겨 있지 않게만 해주면 두 사람 사이에 추가적인 다툼은 없도록 합의하는 것이다. 이 '최저 관리 기준'을 낮추는 것도 도움이 된다. 애비의 친구는 걸음마 하는 아기를 데리고 나갔다가 지나가는 사람으로부터 아기는 매일 밤 씻기지 말고 일주일에 한번만 씻겨도 된다는 말을 듣고 안도의 한숨을 내쉬었다고 했다. 다시 말해, 배우자가 집안일을 처리하는 방식을 편안한 마음으로 받아들이는 게 중요하다. 예를 들어 장보기를 배우자에게 맡겼는데 사오는 과일이 맘에 들지 않는다면 과일이 맛없다고 타박하는 대신 주말에 과일 가게로 함께 가서 자신이 직접 좋아하는 과일을 고르도록 한다.

_____ 가사 분담 점검하기

많은 부부가 가사 분담을 분기별 내지 최소한 6개월에 한번은 재검토한다. 처음 구상한 분담이 제대로 굴러가지 않아서 재검토하는 경우들이 많다. 예를 들어 아이들에게 심각한 건강 문제가 생겼는데, 부모 중 어느 한쪽이 의사와의 상담에서 소외당한 기분을 느끼는 것도 이런 경우에 해당한다. 또한 어떤 일을 맡아서 하다 싫증 나 그만두고 싶을 수도 있다. 애비도 아이들에게 감사인사 쓰는 걸 몇 년 동안 도와주고 나니 싫증 났던 적이 있다. 인생에는 변화가 있게 마련이다. 아이들이 힘든 시기에 접어들고, 부부 중 누군가가 직장을 옮기고, 친구나 가족 구성원을 더 많이 책임져야 할 일이 생기는 경우에도 가사 분담을 재검토하게 된다.

재검토할 때는 반드시 유연한 입장을 갖도록 한다. 처음에 만든 가사 분담을 절대로 건드리면 안 되는 것처럼 신성시하면 안 된다. 배우자도 함께 유연한 입장을 갖고 다음 단계로 나아가도록 해야 한다.

애비와 로스 부부는 정기적으로 웹사이트에 있는 50여 가지 일거리 체크리스트를 가지고 가사 노동 분담 상황을 점검했다. 두 사람은 각자 맡은 일에 대한 만족도를 1에서 5까지 세분화해서 평가한 다음 서로 비교했다. 숫자별 내용은 다음과 같다. 1: 우리는 의논을 통해 누가 이 일을 맡을지 쉽게 결정을 내렸다. 2: 우리에게 일상적인 일이 되었는데, 나는 이렇게 하는 게 좋다. 3: 우리에게 일상적인 일이 되었는데, 나는 이렇게 하는 게 좋지 않다. 4: 우리는 이 문제를 해결하는 중이다. 5: 우리는 이 문제로 다투는 중이다.

안내문은 부부들에게 3, 4, 5에 해당되는 일이 몇 가지인지를 보고 대화를 통해 변화를 이끌어내 보라고 권한다.[15] 애비와 로스 부부는 몇 해 동안 서로 자신의 생각을 분명하게 말하고, 집안일 분담에서 드러난 불평등을 바꾸려고 노력한 결과 합산 점수가 줄어들었다.

_____ 외부 일손에게 맡기기

외부 일손을 구할 여력이 있는 부부들은 집안일 중에서 실내 청소, 잔디 깎기 같은 몇 가지 일을 남의 손에 맡긴다. 외부 일손을 쓰는 데 드는 비용은 사는 지역에 따라 크게 차이가 난다.[16] 순전히 경제적인 면에서만 보면 그럴 능력만 된다면 집안 청소부와 정원사 등을 고용할 수 있을 것이다. 이런 일을 직접 하느라 쓰는 시간을 더 많은 임금을 받는 유급 업무에 쓸 수 있기 때문이다. 일손을 써서 생기는 시간을 레저 활동이나 친구와 친지를 만나는 데 쓴다면 여러분은 일손을 쓰는 데 드는 비용보다 삶의 질과 행복을 더 중요하게 생각하는 것이다. 그건 바람직한 선택이다.

쉬운 일 같아 보이지만 앞에서 본 것처럼 사랑이 개입되면 돈에 관한 결정도 내리기가 어려워진다. 마이라 교수의 강의에 초청된 어느 외부 강사는 토요일 아침 가족 대청소 시간에 아이들도 참여시켰다고 했다. 그녀 부부는 그것을 통해 얻는 가치와 기술을 자랑스럽게 생각했다. "나는 우리 아이들이 처음 아파트를 갖게 되었을 때 화장실 청소나 유리창 닦는 기본 요령도 모르는 걸 원치 않는다. 만약 그런 일이 생기면 그건 우리가 아이를 잘못 키운 것이다." 가족에 관한 연구 결과도 이런 입장을 뒷받침해 준다. 웬디 클린Wendy Klein과 마저리 하니스 굿윈Marjorie Harness Goodwin은 아이들에게 집안일을 맡기는 게 좋다는 연구를 마무리하며 이렇게 썼다. "아이들을 꾸준히 집안일에 동참시키는 것은 사는

데 필요한 기술과 독립심, 책임감을 길러주는 데 매우 중요하다."[17]

마이라 교수는 일찍부터 아이들에게 집안일을 시켰는데, 냉장고 문에 아이들이 할 집안일 목록을 적은 메모를 붙여놓았다. 아이들이 맡은 일을 끝내면 목록에 체크 표시를 하도록 했다. 친구가 아이들이 맡은 일을 하지 않았을 땐 어떻게 하느냐고 물으니 마이라 교수는 이렇게 웃으며 대답했다. '일하지 않으면 먹을 것도 없다.'(No chores, no food.) 아이들도 따라 웃었지만 마이라 교수의 아이들은 자기 맡은 일을 잘했다.

성인 부부들은 집안일 가운데 무슨 일을 언제 어떻게 해야 할지 정확하게 아는 게 중요하다. 자녀들에게 일을 맡길 때도 무슨 일을 언제, 어떻게 해야 하는지 정확하게 알려주는 게 중요하다. 마이라 교수가 냉장고 문에 붙여 놓은 집안일 메모지에는 어떤 일을 언제까지 마치라고 분명하게 적어놓았기 때문에 아이들은 자기가 무슨 일을 해야 하는지 쉽게 알 수 있었다. 아이들은 매일 자기가 할 일을 기꺼이 체크했다. 일을 '어떻게' 할지는 조금 어려운 부분이다. 어떻게 하는지 여러 번 가르쳐야 하는 경우도 있고 가르치는 대로 일이 진행되지 않기도 한다. 일이 순순히 진행될 때는 많은 말이 필요 없고 왈가왈부할 일도 없다. 아이들은 맡은 일을 해냈다는 뿌듯함을 느낄 것이다.

———— 집안일 아웃소싱의 장단점

마이라 교수의 강의를 듣는 학생들 가운데 매년 한두 명은 청소를 비롯한 집안일을 남에게 돈 주고 시키는데 한사코 반대하는 입장을 나타냈다. 그 자체가 남의 인권을 침해하는 것이라는 주장이었다. 하지만 다른 많은 학생들은 급료를 넉넉하게 지불하고, 공정하고 존중하는 태도로 대해 준다면 청소 같은 집안일을 다른 사람에게 맡기는 게 나쁠 것은 없다는 입장을 나타냈다. 자녀들이 있다면 아이들에게 왜 청소하러 오는 사람들 대부분이 유색 인종인지에 대해 아이들이 이해하기 쉽게 설명해 주는 것도 좋다.

사람들이 청소보다 더 많이 애용하는 게 요리 아웃소싱인데, 테이크아웃 음식을 주문하거나 나가서 외식을 하는 것이다.[18] 워싱턴포스트가 2014년에 보도한 '서서히 진행되는 집 요리의 죽음'The Slow Death of the Home-Cooked Meal이라는 제목의 기사에 따르면 집에서 먹는 저녁식사 음식의 60퍼센트는 실제로 집에서 요리한 게 아니고, 많은 이들이 집에서 만들지 않은 패스트푸드 음식을 먹는 데 따른 건강문제를 걱정한다.[19]

요리는 아이들에게 가르쳐야 할 특히 중요한 기술이다.

주중에 시간이 빠듯하다면 주말에 시간을 내 아이들에게 요리를 가르친다. 본인의 요리 솜씨가 신통치 않다면 아이들과 함께 요리를 배워 보는 것도 좋다. 가족이 함께 요리를 배운다면 즐겁고 감사한 일이다.

_____ 5C 프레임워크 활용하기:

가사 분담

프레임워크를 활용해 집안일을 나누면서 배우자끼리 새로 합의하는 내용은 모두 한시적이라는 점을 기억하기 바란다. 이 일은 우리가 일상적으로 겪는 일이기는 하지만 모두가 그렇게 심각한 일은 아니라는 점도 알아야 한다. 두 사람이 서로의 관계를 소중하게 생각하면 이런 문제는 쉽게 처리해 나갈 수 있다. 남편이 신는 흰 양말짝 맞추는 것 때문에 진저리를 내는 여성이 있었다. 흰 양말이 '수백만 켤레'라고 했다.

step 1 명확히 하기 Clarify

집안일을 의논해서 나누기 전에 시간을 갖고 어떤 일이 중요한지, 그리고 어떻게 하면 공정한 방법으로 두 사람의 관계에 실망을 안겨주지 않고, 두 사람의 삶과 앞으로의 계획에 지장을 초래하지 않을 방법으로 나눌 수 있을지 명확하게 정리한다. 생각이 명료하게 정리되면 앞으로 나아가기로 한다.

이 문제를 대화 소재로 올리기 전에 대화를 어떻게 풀어나갈지를 차분하게 생각해 본다. "요즘처럼 바쁜 시기에 가사 분담 같은 문제를 이야기할 시간이 있을까?" 이렇게 지나가는 말처럼 대화를 꺼내는 사람들도 있을 것이다. 두 사람이 이 문제를 진지하게 이야기할 준비가 갖춰졌다고 생각되면 언제든 본격적으로 이야기할 수 있다. 니르 할레비Nir Halevy 교수가 실시한 조사연구를 보면 의견 대립이 생길 수 있는 상황에서는 이메일을 주고받는 것으로 대화를 시작하는 게 좋을 수도 있다. 사적인 일로 배우자나 동반자에게 이메일을 보내는 게 쑥스러울 수 있지만 그렇게 함으로써 보내기(Send) 버튼을 누르기 전에 자신의 생각과 말을 한 번 더 되짚어보는 여유를 가질 수 있다.[20]

그리고 배우자나 동반자와 집안일 분담 문제를 의논할 시간을 잡으면서 상대방에게 딱딱하거나 사무적인 기분을 주지 않도록 하는 게 중요하다. 애정이 넘치고 밝은 분위기가 유지되도록 하고(입장 차이가 있더라도) 서로의 생각을 존중하도록 노력한다. 그렇게 하면 어떤 결과가 나오더라도 상대방은 기분 나쁘지 않게 받아들일 것이다.

제일 바람직한 것은 차분한 대화가 가능하도록 분위기를 만드는 것이다. 두 사람 모두 기분 좋고, 피곤하지 않고, 배고프지 않고, 집중력도 좋을 때 솔직한 대화를 나누기가 쉽다. 답답한 생각이 들더라도 상대방을 공격하는 일은 피한다.[21] 늘 그래야 하지만 무거운 주제를 놓고 이야기할 때는 특히 '나는'으로 대화를 시작한다. "나는 매일 요리를 하다 보니 기분이 좋지 않을 때가 더러 있더라." 이렇게 말한 다음 해결책을 제안한다. "나는 요리를 지금보다 좀 더 공평하게 분담해서 하면 좋겠다고 생각한다."

시간이 지나며 부부 중 어느 한쪽이든 모두 가사 분담 내용에 불만이 생길 수 있다. 그래서 일주일 정도 단위로 누가 무슨 일을 했는지 내역을 문서로 기록해 두는 게 좋다. 연구에 따르면 사람은 자기가 한 일은 똑똑히 기억하는 반면 배우자가 하는 일은 눈여겨보지 않는 경향이 있다. 만약 '모든 일'을 자기가 다하고 배우자는 '아무것도' 하지 않는다는 기분이 들면 좀 더 많은 대화가 필요하다. 배우자가 정말 게으름을 부리는 건가? 아니면 당신이 집안일과 무관한 일로 신경이 너무 예민해진 것인가? 가사 분담 내용 전반을 재검토해 볼 필요가 있는가? 여러분의 생활에 큰 변화가 있는 경우에는 반드시 재검토가 필요하다. 다음의 조사 응답자도 그런 경우에 해당한다.

파트너와 동거를 시작하면서 우리는 집안일을 어떻게 나눌지에 대해 솔직한 대화를 나누었다. 그 중에 세탁 일도 들어 있었다. 그는 내가 자기 빨래를 해줄 수 있느냐고 물었고 나는 안 된다고 딱 잘랐다. 모든 일이 순조롭게 풀려나갔다. 설거지는 가끔 교대로 하고(내가 좀 더 자주 했다) 쓰레기 내다버리는 일은 그가 했다. 경제적인 여유가 되기 때문에 가정부를 구해 나머지 집안일을 맡겼다. 하지만 아이가 생기고 나자 집안에 할 일이 더 많아진 것 같았다. 지금도 각자 자기 빨래는 자기가 하지만 아이 빨래는 내가 한다. 그리고 설거지 거리도 더 많아지고 아이 장난감도 챙겨야 한다. 솔직히 이제 내가 하는 일이 더 많아졌다는 기분이 든다.

애비와 로스처럼 어떤 부부는 가사 분담과 육아 등에서 불가피하게 생기는 변화에 대처하기 위해 주말마다 다음 주에 할 일을 함께 검토한다. 다음 주에 닥칠 가능성이 있는 힘든 일을 미리 예상해 보는 것이다. 어떤 문제가 생기면 곧바로 해결 방안을 알아보기 위해 매일 오후 서로 문자 메시지를 주고받는 부부들도 있다. 뉴욕타임스는 이런 방법으로 집안일에 대한 결정을 '그때그때 곧바로' 내리는 어느 가족 이야기를 특집으로 소개했다.[22]

이들은 보통 하던 식으로 집안일을 처리하다 보니 부부관계에 문제가 생긴다는 사실을 알고 회사에서 쓰는 업무관리 툴을 이용해 의견 교환과 의사결정 과정을 규칙화 했다. 업무관리 툴에는 '일요일 허들' Sunday huddles, 주중 '브레인 덤프'brain dumps, 그리고 집안일 관리과정을 기록하는 컴퓨터 플랫폼도 있다. 어떤 업무관리 요령을 빌려 쓰더라도 집안일과 육아를 분담하는 목적은 화기애애한 가정을 꾸리기 위한 것임을 잊지 않도록 한다. 그 목적을 위해서 하는 대화는 상호이해와 감사의 마음을 담아서 진행하는 게 중요하다.

대안 알아보기 *Consider a Broad Range of Choices*

가사 분담의 전반적인 틀을 짜서 한두 주일 실행에 옮기고 나면 구체적인 세부사항까지 손보고 싶어질 것이다. 두 사람 모두 전반적인 분담 내용에 만족하는가? 자기가 맡은 일은 만족스러운가? 배우자에게 맡겨진 일은 만족스러운가? 모든 일이 자기가 원하는 대로 될 수는 없다. 끊임없이 대화하고 바꿔나가야 할 것이다.

시작 대화는 각자가 할 일을 정하기 위한 것이다. 하지만 각자 맡은 일을 언제 어떻게 할 것이냐를 두고 불화가 생겨날 가능성이 높다. 화장실 청소를 맡은 사람은 한 달에 한 번 걸레로 밀어주면 충분하다고 생각하는 반면 배우자는 그보다 더 자주, 더 깨끗하게 해야 한다고 생각할 수 있다. 청소기를 돌리지 않는 사람은 식탁 밑에 떨어진 빵부스러기가 거슬리는데, 청소를 하는 사람 눈에는 빵부스러기가 보이지도 않을 수가 있다. 이런 사소한 일도 모두 해결할 수 있다. 일을 더 나누고(예를 들어 식재료 장보기, 요리 계획 세우기, 요리하기 등으로 세분화) 맡을 사람을 재조정해야 하는 경우도 있을 것이다. 일거리를 나누는 방법은 많으니 오래된 문제도 열린 마음으로 새로운 해법을 찾도록 한다.

step 4 **다른 사람의 의견 듣기** *Check In*

사랑과 돈에 관한 다른 일들과 마찬가지로 집안일, 가족이 할 일에 대해서도 친구, 동료들의 생각을 들어보는 게 도움이 된다. 그들은 누가 무슨 일을 할지를 어떻게 정하는가? 자기들이 정한 방식을 마음에 들어 하는가? 일이 잘 굴러가지 않을 때 재조정은 어떻게 하는지? 아이가 생긴 다음 가사 분담은 어떻게 바꾸었는지? 그들의 경험에서 배울 점이 무엇인지? 애비는 어느 부부가 말하는 걸 듣고 다음과 같이 연례 체크인을 실행에 옮겼다. 다음은 어느 조사 응답자가 소개한 연례 체크인 방법이다.

결혼 후 우리는 중요한 문제에 대해 의논하고 결정을 내리는 절차를 만들었다. 일 년에 한두 번 휴가를 가면 이런 문제를 의논한다.

- 마지막으로 의논한 이후 어떤 변화가 있었는가?
- 지금 우리 생활이 솔직히 어떤가?
- 우리 부부가 함께 추구하는 목표는 무엇인가?
- 하지 말아야 할 일은 무엇인가?
- 우리가 새롭게 잘하는 일은 무엇인가?
- 그밖에도 우리의 목표, 결혼생활, 아이, 법적인 문제(유언장, 후견인 등), 집 관리, 금전 문제 등을 점검한다.

부부가 멋진 곳에 가서(세탁물과 설거지 거리가 쌓인 일상에서 벗어나) 오붓한 시간을 보낸다면 더 돈독하고 깊은 관계를 만드는 데 도움이 된다.

두 사람만의 휴식은 서로의 애정을 확인하고, 왜 서로 좋아하고 결혼까지 하게 되었는지를 다시 일깨워 줄 수 있을 것이다. 집으로부터 떨어진 곳에 가서 서로에게 느낀 긍정적인 감정은 집으로 돌아와 고단한 일상에 파묻혀도 되살아나는 효과가 있다.

step 5 예상 결과 따져보기 Explore Likely Consequences

자녀가 있는 현대 가족은 소규모 기업처럼 '경영'해야 한다는 인식이 점차 확산되고 있다. Chapter 03에서 결혼해 자녀를 키우는 것은 "아주 소규모의 일상적이고 때로는 지루한 비영리 기업"을 경영하는 일과 흡사하다고 한 로리 고틀립Lori Gottlieb의 말을 인용한 바 있다. 그녀뿐만 아니라 에밀리 오스터Emily Oster는 육아에 관한 저서의 제목을 『가족회사』The Family Firm로 했다.

가족을 꾸려나가는 게 소규모 기업을 경영하는 것과 닮은 점이 있다고 하더라도 가정이 기업은 아니고, 가정이 추구하는 주된 목표가 효율성도 아니다. 여러분 자신과 가족이 만족하는 삶을 영위하는 데는 사랑, 관계, 만족, 교육, 즐거움, 자유로운 시간 같은 요소가 훨씬 더 중요하다. 그렇기 때문에 풍요롭고 만족스러운 가정생활을 만들기 위해서는 학교나 직장에서 잘 통하는 행동을 그대로 적용하면 안 된다.

6살짜리와 함께 요리를 하라. 시간을 절약하고 효율성을 우선적으로 따진다면 6살짜리를 데리고 함께 요리를 하지는 않을 것이다. 어린아이와 함께 요리를 하면 시간이 더 많이 걸리고 설거지 거리도 더 많이 생기고, 요리의 맛도 떨어질 가능성이 높을 것이다. 하지만 그게 중요한 게 아니다. 아이와 함께 요리하면서 여러분은 소중한 시간을 함께 보내고, 잘하면 아이에게 요리 방법까지 가르칠 수 있다.

이러한 권고는 전통적으로 먹을 것을 구해오고 집안 살림을 하는 것에도 적용된다. 모든 시도에는 그에 합당한 결과가 따른다. 단기적으로 보면 고소득 근로자가 먹을 것을 구해오는 일을 혼자서 책임지고, 숙련된 요리사가 요리를 혼자서 다 하는 게 효율성을 극대화하는 길일 것이다. 하지만 당장은 효율적으로 보이는 방법이 예상과 달리 두 사람의 관계를 손상시켜 장기적으로 불행한 결과를 낳을 수가 있다. 이런 예상 가능한 결과들을 고려해서 가사 분담 논의를 진행한다.

가사 분담은 어려운 문제이기는 하지만 해결방법은 있다는 것을 명심하기 바란다. 루이스가 세탁 일을 하고 싶다는 뜻을 밝히고 나서 그 일을 두고 한 차례 논란을 벌인 뒤 부부는 마이라 교수의 가사 분담 연습문제를 이용해 문제를 해결했다. 연습문제를 보고 루이스는 눈이 휘둥그레졌다. 아이들도 어느 정도 자랐는데 할 일이 이렇게 많은 줄 몰랐던 것이다. 집안일에 대한 이야기는 돈 이야기로 이어졌다. 로사가 버는 돈의 일부를 집안 청소에 쓸 수 있다는 것을 알고는 청소를 외부 일손에 맡기기로 했다. 로사는 남편 루이스에게 세탁 일을 어떻게 하는지 가르치고 루이스는 요리도 조금씩 배웠다. 놀랍게도 루이스는 이제 일주일에 여러 번 저녁식사를 직접 준비하는데 로사는 그게 너무 좋다.

내 삶에 적용하기

가사 분담을 어떻게 할 것인가?

다음의 연습문제는 여러분이 무엇을 원하는지 분명히 하고 가능한 대안을 검토하기 위한 것이다. 두 가지 문제가 준비돼 있다.(부부가 함께 풀면 좋은 대화 기회가 된다.)

Option 1 자녀가 있는 부부인 경우 현재 가사 분담과 자녀 관련해서 누가 어떤 일을 맡는지 살펴본다.(외부 일손에 맡기는 경우에는 맡기는 일을 누가 책임질지 반드시 표시한다.) 일을 어떻게 나눌지에 대해서뿐만 아니라 그렇게 하는 게 마음에 드는지에 대해서도 이야기한다. 부부 가운데 한 명이라도 공평하지 않다고 생각하거나 불만이 있으면 그것을 해소하기 위해 일을 어떻게 다시 나누는 게 좋을까?

Option 2 파트너가 없거나 자녀가 없는 경우에는 이 연습문제를 친구나 룸메이트와 같이 풀고, 아니면 머릿속으로 생각하며 혼자 힘으로 풀어 봐도 좋다. 파트너가 있다고 가정하면 이런 일을 어떤 식으로 나누는 게 바람직하다고 생각되는가?

집안일	배우자 A	배우자 B	외부 일손(A 혹은 B)
장보기			
요리			
설거지			
세탁			
청소(청소기, 화장실 청소)			
마당청소			
집수리			
돈 관리			
친지, 지인 챙기기			
심부름(세탁소, 약국)			
자동차 손질			
청구서 납부			
외부 일손 관리			
종합			

자녀 관련 일	배우자 A	배우자 B	외부 일손(A 혹은 B)
먹을 것 챙겨주기			
놀아주기, 공원 데려가기			
모임, 활동 데려가기			
병원, 치과 데려가기			
아플 때 돌보기			
선생님 면담			
숙제 도와주기			
옷, 장난감 사주기			
친구 만들어주기			
돌보기			
종합			

연습문제를 마친 다음 생각해 보기

수입이 가사 분담에 영향을 미치는가? 어느 정도 미치는가?

....

파트너가 몇 퍼센트를 책임지는 게 무난하다고 생각하는가? 어느 정도면 불만이
없겠는가?

....

....

가사 분담에 문제가 없는지 알아보기 위해 이 목록을 얼마나 자주 재점검할 생각
인가?

....

....

머니 앤드 러브

MONEY *and* LOVE

Chapter 06

어디서
살 것인가?

　　애니 딜러드Annie Dillard는 하루하루가
모여 우리의 삶이 된다고 했다. 사람마다 삶의 우선순위가 다르고, 더
구나 팬데믹이 사람들의 생각을 바꿔놓았기 때문에 많은 이들에게 어
디서 사느냐는 점점 더 중요한 문제가 되고 있다. 조사 응답자들은 다
른 주제보다도 어디서 살고, 언제 이사할지에 대해 특히 더 적극적인
반응을 보였다.

　어느 지역에 사느냐에 따라 사람들의 경제적인 선택, 사람에 대한
선택, 생활방식 선택을 비롯해 여러 현실적인 선택이 달라진다. 집을
마련하는 데 얼마의 돈을 쓸 것인가? 어떤 사람들과 어울릴까? 출퇴근
시간은 얼마나 걸리는가? 아이들을 보낼 학군은 어떤가? 동네는 걸어

다닐 만한 곳인가? 이런 질문에 대한 답이 우리의 생활방식과 삶의 질을 결정한다. 우리가 다룬 다른 결정들과 달리 어디서 살 것인지에 대한 결정은 우리 삶의 여러 시간대, 여러 상황에 반복적으로 마주하게 되는 결정이다. 어디서 살지, 어떤 형태의 집을 고를지, 언제 이사할지에 대해 알아본다.

──────── 어디서 살지는
사랑과 돈을 모두 고려해서

퓨Pew리서치센터 조사에 따르면 코로나 팬데믹 이전에는 사람들이 이사하는 가장 큰 이유는 직장이고 그 뒤를 바짝 이어 학교가 2위를 차지했다.[1] 대학 졸업자와 전문직종 종사자는 부모와 멀리 떨어진 곳에 사는 확률이 고등학교 졸업자보다 훨씬 더 높은 것으로 나타났다.[2] 주택 구매력, 소득세, 재산세 같은 경제적 문제도 사람들이 어디서 살지, 이사를 할지 말지를 생각할 때 전통적으로 고려하는 중요한 요소들이다. 모두 매우 중요한 고려사항이지만 조사 응답자들은 어디서 살지를 결정하는 데는 경제적인 고려 못지않게 본인의 정체성, 문화, 생활방식(기후를 포함해서)도 중요한 고려사항이라는 점을 분명히 했다. 또한 기술의 발달과 팬데믹의 영향 등으로 출퇴근과 등하교에 걸리는 시간과 대중교통 편의성은 사는 곳을 정하는 데 있어서 그 중요성이 줄어들었다. 많은 이들이 예전 같았으면 고려 대상에서 제외했을 지역을 지금은 현실적인 고려 대상에 포함시키고 있다.

———— 부모님 집 가까이로

학교와 직장을 따라 집에서 멀리 떠나 사는 많은 이들이 부모님 집과 멀리 떨어진 곳에서 아이를 키우기가 얼마나 힘든지 깨닫게 된다. '아이 하나 키우려면 온 마을이 필요하다.'는 말은 사실이지만 사람들은 눈앞에 닥치기 전까지는 그 사실을 잊고 산다. 애비의 아버지는 애비가 태어나기 몇 개월 전에 뉴욕시에 있는 직장으로 옮기셨고, 그래서 위스콘신을 떠나 뉴저지로 이사했다. 승진해서 자리를 옮긴 건 잘된 일이지만 대신 출장이 잦았다. 그 때문에 사서였던 애비의 어머니는 애비가 태어나자 전업주부로 집에 들어앉을 수밖에 없었다. 그때만 해도 그녀는 원래 살던 고향 마을에서 9백 마일이나 떨어진 곳에서 혼자 갓난아이를 키우는 게 얼마나 외롭고 고달픈 일일지 대수롭지 않게 생각했다. 애비는 나중에 자기가 엄마가 되고 나서 어머니께 낯선 도시에서 갓난애를 데리고 첫 겨울을 어떻게 났느냐고 했더니 어머니는 "숱하게 울었단다."라고 하셨다. 애비의 어머니는 새로운 이웃을 사귀게 되었지만 그러기까지 시간이 걸렸고 수시로 애비를 돌봐줄 일손을 구해야 했다. 그 돈도 감당하기 벅찰 만큼 많이 들어갔다.

부모가 되면 다른 사람의 도움 없이도 아이를 키울 수 있고, 또한 키울 수 있어야 한다는 생각은 비현실적이고, 진화론적인 측면에서도 불가능하다. 인류학자들은 고모, 이모, 삼촌 등이 함께 나서는 공동 양육 네트워크 '알로페어런츠'alloparents가 아니었으면 인류는 종으로 살아남기 힘들었을 것이라는 점에 동의한다.[3] 많은 조사 응답자들이 자녀가 생긴 뒤 정착할 곳을 정하는 데에도 이런 생각이 반영된 것으로 나타났다.

우리는 가족이 사는 곳 가까이 가기 위해 살고 있는 샌프란시스코 베이 에어리어를 떠나 콜로라도로 이사하기로 했다. 나와 남편 모두 베이 에어리어에 취업 기회가 훨씬 더 많기 때문에 내리기 힘든 결정이었다. 이사해서 얻는 것과 잃는 것이 무엇인지 많은 시간을 들여 계산해 보았다. 이사하면 한결 편해지지만 쉽지 않은 결정이라는 것을 알 수 있었다. 하지만 그동안 10년 넘게 가족으로부터 멀리 떠나 직장 일에만 전념하며 살았는데 이제는(특히 어린아이가 있는 우리로서는) 많은 가족이 있는 곳 가까이 가는 게 더 바람직하다는 결론을 내렸다.

다음 소개하는 부부처럼 이런 식의 맞교환이 큰 파장을 초래하는 경우도 있다.

남편과 나는 첫아들을 낳아 2년을 외국에서 양가 부모님 도움 없이 키웠다. 둘째 아들이 태어날 때가 되자 이제는 더 이상 따로 떨어져 있고 싶지 않았다. 외따로 떨어져 아이를 키우는 데 현실적인 어려움이 있어서가 아니었다. 우리가 있는 나라는 양육 제도가 잘되어 있어서 많은 도움을 쉽게 받을 수 있었다. 그보다는 아이들의 정서와 소속감이 더 큰 문제였다. 아이들을 할아버지, 할머니 가까이서 자라게 하는 게 더 원만한 인성을 기르는 데 도움이 된다고 생각했다. 사는 곳을 옮기기로 한 결정은 갑작스럽게 내려졌고 우리 두 사람의 직장 모두에 오래 영향을 미쳤다. 남편이 더 큰 타격을 입었다. 그는 고액 연봉에 장래가 유망한 직장을 8년 만에 그만두었고, 모국에서는 그보다 훨씬 못한 직장도 구하지 못했다. 우리는 이후에도 남편에게 더 나은 경력이 보장되는 곳으로 다시 떠날까 하는 생각도 해보았지만 결국 그렇게 하지 않기로 했다. 지금은 우리 생활에서 남편의 직장이 차지하는 비중이 아이들이 생기기 전만큼 크지 않다.

이 사례들에서는 가족 가까운 곳으로 가는 게 좋은 직장을 비롯한 삶의 다른 요소들보다 더 우위를 차지했다. 이런 현상은 팬데믹을 거치며 점점 더 보편화되어 가족이 많이 사는 곳 가까이 가고 싶어 이사하겠다는 사람이 많아졌다. 2020년 11월 퓨Pew리서치센터가 실시한 조사에 따르면 미국 내 성인 20명 중 한 명(5퍼센트)이 코로나19 때문에 이사했다고 답했다.[4] 그리고 이사한 사람 가운데 17퍼센트는 가족 가까이 가고 싶어서 이사했다고 답했다. 하지만 실제 퍼센트는 더 높을 가능성이 있다. 왜냐하면 나머지 14퍼센트는 대학이 문을 닫아서(부모 집으로 돌아가기 위해) 거처를 옮겼고, 33퍼센트는 금전적인 이유로(가족과 합치기 위해) 사는 곳을 옮겼다고 답했다.[5] 이들 가운데 일부는 나중에 다시 돌아갔지만 가족 가까운 곳에서 살며 누리는 혜택에 감사하며 그대로 눌러앉는 이들이 훨씬 더 많다.

———— 자기 정체성과 맞는 곳으로

정체성도 사는 곳을 선택하는 데 영향을 미칠 수 있다. 인종과 민족, 성 정체성, 종교 등 여러 요인이 어떤 지역은 배제하고 어떤 지역은 후보로 적극 검토하는지에 대한 이유가 된다. 어느 조사 응답자는 이렇게 말했다. "성소수자LGBT인 나는 다른 이들보다 훨씬 일찍부터 살 곳에 대한 선택의 폭이 좁았다. '티치 포 아메리카'Teach for America가 우리 대학에 와서 지원자를 모집했다. 대학 졸업자들이 미국 각지의 교육 소외 지역에 배치되어 2년간 학생을 가르치는 프로그램이다. 나도 지원할 생각이 있었지만 희망 근무지를 적어내도 최종 결정권은 '티치 포 아메리카' 측에 있다는 말을 듣고 포기했다. 한적한 시골에 배치되면 동반자를 만날 가능성이 거의 없기 때문이었다."

또 다른 응답자는 자기들 부부의 정체성이 살 곳을 정하는 데 어떤 영향을 미치는지에 대해 이렇게 설명했다. 흑인 남성과 결혼한 필리핀 여성이었다. "나는 오래전 학부생 때부터 오클랜드에서 살기로 마음을 정해놓았다. 그곳에 가면 마음이 놓인다. 그곳에서는 우리 아이들도 다른 흑인과 필리핀 부부들을 보며 자란다. 우리는 일부러 이곳에서 살기로 마음을 정했는데, 나한테는 정말 소중한 곳이다."

또 어떤 이들은 그가 어떤 사람인지를 아는 데 출신지를 분리해서 생각할 수 없는 경우가 있다. 다음의 여성도 첫 데이트 때 상대에게서 그런 느낌을 받았는데 나중에 그 남성과 결혼했다.

남편은 하와이 출신인데 그건 그의 정체성에서 매우 큰 부분을 차지하는 요소이다. 그는 나와 첫 데이트를 마칠 무렵 이렇게 말했다. 자기는 나중에 하와이로 돌아가서 살 생각인데 만약에 그게 싫다면 두 번째 데이트는 하지 않겠다는 것이었다. 우리는 대학 졸업 후 워싱턴에서 포스트 칼리지 과정을 마치고 노스캐롤라이나로 갔고(함께 대학원을 다녔다), 하와이에서 1년, 그리고 다시 워싱턴 DC로 가서 5년을 살았다. 그곳 생활이 두 사람 모두 앞으로의 경력에 도움이 될 것으로 생각했다. 그런 다음 하와이로 와서 아이를 키우며 11년째 살고 있다. 두 사람의 직장과 가족 모두에 어떻게 하는 게 제일 좋은 선택일지를 고려해서 내린 결정들이었다. 우리는 지금도 하와이에서 사는 게 우리 두 사람 모두에 최선의 선택인지 정기적으로 재점검해 본다.

######### 문화, 사고방식, 도시의 분위기도
중요한 요소

지역에 따라 대표적인 산업이 있고 그 대표 산업이 그곳의 생활 분위기를 결정하는 경우가 많다. 저서 『후즈 유어 시티?』*Who's Your City? How the Creative Economy Is Making Where to Live the Most Important Decision of Your Life*에서 경제지리학자 리처드 L. 플로리다Richard L. Florida는 한발 더 나아가 지리적 특성과 그곳에 사는 사람들의 주요한 개성 사이에 연관성이 있다고 말한다. 플로리다 교수는 사람의 개성에 관한 조사에 응답한 사람들의 우편번호 정보를 바탕으로 도시별로 개방성, 성실성, 외향성, 조화성, 신경증적 경향 등 그곳 주민들의 성격의 '5대' 측면을 추출해 개성 지도를 만들었다. 그의 책에는 여러 개의 개성 지도가 등장하는데 예를 들어 신경증적 경향은 뉴욕 메트로폴리탄 지역과 중서부 중심지에 집중적으로 나타나고, 조화성과 성실성은 동부 선벨트 지역에 모여 있는 것으로 나타난다.[6] "지역도 사람처럼 장소별로 뚜렷한 특성을 갖고 있는데 대부분의 사람들이 자신의 개성과 잘 맞는 지역에 가면 보다 더 행복하고 만족스러운 삶을 살 수 있다."는 게 그가 펴는 주장의 요지이다.[7]

애비와 로스는 경영대학원 2학년 때 앞으로 어디서 일자리를 구하는 게 좋을지에 대해 몇 차례 의견을 나누었다. 두 사람의 전공이 금융과 기업의 사회적 역할이기 때문에 뉴욕에서 알아보는 게 제일 무난했다.

애비는 스탠퍼드 경영대학원에 진학하기 전에 뉴욕에서 살았다. 그곳의 일하는 문화가 얼마나 치열한지 직접 보아서 알기 때문에 그녀는 로스에게 이렇게 말했다. "좋아, 그곳에 가면 멋진 일자리를 구할 수 있을 거야. 하지만 거기 가면 서로 얼굴 볼 시간은 없을 거야." 로스도 그녀의 뜻에 따르기로 하고 두 사람은 구직 지역을 샌프란시스코 베이 에어리어로 국한시켰다. 두 사람 모두 베이 에어리어에서 일해 본 적이 있고, 일 외의 삶도 중시하는 그곳 문화를 소중하게 생각했다. 금방 하이킹 트레일로 나갈 수 있다는 점도 좋았다. 이런 결정으로 구직 후보지의 폭은 좁아졌고, 그것은 두 사람이 자발적으로 택한 일종의 거래행위였다.

서니타는 대학 졸업 후 결혼하고 이후 몇 년 동안 남편과 함께 줄곧 워싱턴 DC에서 살았다. 부부는 그곳에서 행복하게 지내면서도 사람들의 일상생활과 대화 소재가 너무 정책과 정치를 둘러싸고 맴돈다는 것을 알게 되었다. 두 사람 모두 정치를 할 생각은 없었기 때문에 이 도시가 자기들의 삶과 목표에 맞는지 고민하기 시작했다. 둘 다 인도 이민자의 2세인 이들 부부는 아이들을 인도 사람이 많은 도시에서 키우고 싶었다. 이런저런 이유로 대도시 몇 군데를 후보에서 제외시킨 다음 두 사람은 댈러스 포트워스를 후보에 올려놓고 저울질하기 시작했다. 남편이 컨설팅 일을 하기 때문에 이곳이 미국 국내 항공사들이 모이는 최대 항공 교통 허브라는 이점도 감안했다. 마침내 그곳에 정착하고 나서 두 사람은 정치 외에도 관심 분야가 다양한 대학 동창들과 다시 연락하며 즐겁게 지냈다.

_____ 어떤 집에서 살 것인가?

장소는 살 곳을 택하는 데 있어서 고려할 요소들 가운데 하나일 뿐이다. 그 다음에는 어떤 형태의 집에서 살 것인지를 정해야 한다. 생활비와 주거비는 연봉과 관련 있고, 비용은 지역에 따라 달라지기 때문에 이런 대화는 자칫 제자리걸음이 되기 쉽다. 뉴욕타임스 부동산 섹션은 '왓유겟'What You Get이라는 주간 칼럼을 싣는데, 가령 얼마의 자산, 예를 들어 50만 달러를 가지고 미국 전역의 세 곳에서 구입할 수 있는 매물이 어떤 게 있는지를 보여준다. 지역에 따라 가격차가 너무 커서 애비와 로스는 자기들이 왜 군이 샌프란시스코 베이 에어리어에 정착했는지 의아한 생각이 들 때가 많다.

주거비로 쓰는 돈의 액수는 여러분의 생활방식을 비롯한 여러 방면에 매우 큰 영향을 미칠 수 있다. 조사 응답자 한 명은 이렇게 말했다. "내가 들은 가장 중요한 조언은 다른 사람들이 좋은 집으로 옮긴다고 무작정 따라서 더 옮기지 말라는 말이었다. 모두가 더 큰 집을 찾아가더라도 주거비를 아껴서 두 사람이 유연하게 일자리를 구하는 게 좋다." 또 다른 응답자는 이런 식으로 말했다. "어떤 집에 살고, 어떤 대학을 나오고, 어떤 배우자를 만나고, 어떤 자동차를 사고 하는 모든 일이 서로 긴밀하게 연관돼 있다. 이런 선택사항들이 작용해서 나로 하여금 어떤 직장을 선택하도록 만드는 것이다. 만약 이 가운데 첫 번째 선택사항의 성격을 바꾸면 다른 선택사항도 따라서 바뀐다." 어떤 집에서 살지를 정할 때는 추가로 몇 가지 더 고려할 필요가 있다.

어느 정도의 공간이 필요한가?

미국인들은 주택에 관한 한 클수록 좋다는 말을 많이 한다. (1980년대 맥맨션McMansion 트렌드 참조) 그리고 팬데믹이 이런 생각을 더 키웠다. 2021년 1월 조사를 보면 자녀가 있는 가구의 60퍼센트에서 자녀들이 원격수업을 하고 있고, 전체 가구의 절반 가까이에서 팬데믹 이전에는 재택근무를 하지 않은 사람이 재택근무를 하는 것으로 나타났다.[8] 주택이 갑자기 학교가 되고, 사무실, 헬스장, 식당, 영화관 역할까지 한꺼번에 다 하게 된 것이다. 이 조사는 "코로나19가 주택이 하는 피난처 역할을 더 강화시켰다."고 결론을 내렸다.[9] 누군들 큰 피난처를 좋아하지 않겠는가?

뉴욕타임스 금융 칼럼니스트 론 리버Ron Lieber는 2020년 10월에 '처음 산 집이 마지막 집이 되게 하라'(Make Your First Home Your Last: The Case for Not Moving Up)는 제목의 칼럼을 썼다.[10] 교외의 단독 주택에 웃돈이 붙자 그는 독자들에게 추가로 발생하는 소득을 어떻게 쓸지 모든 방안을 다 찾아보라고 권했다.(예를 들어 은퇴연금 가입이나 세제 혜택을 주는 예금, 적금 가입, 기부, 여행, 휴양지 주택 구입 등) 그는 또한 주택을 투자수단으로 간주하지 말라고 주의를 당부했다.

『환경심리학저널』*Journal of Environmental Psychology*에 실린 한 보고서는 어린 자녀가 있는 가정의 '1인당 실제 공간의 양'(밀도를 수치로 표현)에 대해 연구했다. 조사 참여자들을 상대로 자기가 사는 집이 얼마나 비좁다고 생각하는지 혹은 넓다고 생각하는지, 그리고 가족들이 어떻게 적응하고 있는지 등을 물었더니 흥미롭게도 '주택 크기보다는 가족 구성원들이 자기가 사는 집의 환경을 어떻게 생각하느냐가 가족의 생활에 더 많은 영향을 미치는 것으로 나타났다.[11] 다시 말해 사람들은 1인당 실제 공간이 아니라 그 이상의 것에 대해 신경을 쓴다는 것이었다. 1인당 공간이 충분하면 가족이 좀 더 사이좋게 지내는데 도움이 된다.(5명이 화장실 1개를 놓고 아침마다 경쟁을 벌이지 않아도 된다.) 하지만 여기에도 수확체감의 법칙이 나타나며, 실제로 집에서 가족 간의 공간적 거리가 너무 멀면 가족끼리 서로 연결되지 않는다는 느낌이 들고 친밀감이 덜할 수 있다.(흥미롭게도 남자아이들이 이런 현상을 더 강하게 나타냈다.)

집의 공간 수요를 생각할 때는 가족 외에 누가 그 공간을 사용할지를 고려한다. 친인척이 집에 들어와 함께 살며 아이를 돌봐주기를 원한다면 추가 공간을 가족에게 유익한 매우 중요한 요소로 생각하고 투자하는 게 좋다. 다음의 조사 응답자는 이런 고려를 주택을 고를 때 중요한 요소로 포함시켰다.

나는 유럽에서 태어났고 지금도 가족들은 그곳에 살고 있다. 아내와

Chapter 06 어디서 살 것인가?

함께 살 집을 고를 때 우리는 유럽에 사는 가족이 우리를 보러 오면 몇 주 정도 머물 것이라는 점을 고려했다. 지금 생각하면 정말 잘한 결정이었다. 집안에 분리된 공간을 확보해 놓았기 때문에 가족이 함께 지내도 서로 부딪칠 가능성이 적었다. 멀리 사시는 할아버지, 할머니가 오셔서 짧은 기간이지만 하루 종일 함께 놀아주셔서 아이들한테는 너무 좋았다.

추가 공간을 확보할 형편이 되지 않는 사람들이 있지만 누구든 현재 확보하고 있는 공간을 어떻게 사용하는 게 좋을지 면밀히 검토해 볼 수는 있을 것이다. 정리정돈이 안 되어 있으면 공간이 더 좁아 보일 수 있다. 2021년 조사에 의하면 사람들이 코로나바이러스 팬데믹 기간 동안 팬데믹 이전과 비교해 집안에서 제일 많이 한 일이 '정리정돈'이었다.(응답자의 46퍼센트가 정리정돈을 이전보다 많이 하고, 30퍼센트는 운동을 더 많이 하고, 25퍼센트는 이전보다 일을 더 많이 했다고 답했다.)[12] 더 많은 공간을 확보하고자 하는 인간의 욕망은 물건을 잘 버리지 못하는 습성과 관련이 있다. 인간은 공간이 넓어지면 그만큼 더 많은 물건을 끌어 모으려고 하고, 그러다 보면 물건을 정리하는데 더 많은 시간이 필요하게 된다.

일본 브랜드 무지루시MUJI, 無印는 여러분이 얼마나 넓은 공간이 필요하고, 어떻게 정돈할지를 결정하는 데 도움이 될 디자인 철학을 가지고 있다. 무지루시는 무지루시료힌無印良品의 줄임말로 '브랜드가 없는 좋은 제품'이라는 뜻이다.[13] 무지루시 제품은 한마디로 간결하다.

이 브랜드가 추구하는 목표는 고객이 제품을 보고 '어, 이 제품 맘에 드는데.'라고 말해 주는 것이다. 무지루시의 철학은 스웨덴인들의 '라곰' lagom 철학과 서로 통한다. 라곰은 '적당한' '충분한'이란 뜻이다. 모든 용도로 넉넉하게 다 쓸 수 있는 제품을 사는 게 아니라 '대부분의 경우 그만하면 충분한' 제품을 사는 것이다. 예를 들어 추수감사절에 온 가족이 다 모여 앉을 수 있는 큰 식탁을 장만하는 게 아니라, 우리 식구들만 있을 때 앉을 수 있는 작은 식탁을 사고 추수감사절에는 추가로 식탁을 더 구해다 놓으면 된다는 철학이다.

평상시용으로 디자인한다는 생각은 건축가 사라 수산카Sarah Susanka가 저서『마음이 사는 집』The Not So Big House에서 적극 주장했다. 그녀가 경험을 통해 체득한 법칙은 집을 가급적 작게 짓자는 것이다.(의뢰인들이 원래 원한 크기의 3분의 1정도로) 대大거실formal living room과 대大식당dining room 같이 다른 사람을 위해 만들지만 평소에 거의 이용하지 않는 방은 없애고, 대신 의뢰인 가족의 일상생활에 유익하고 공간이 여유롭게 느껴지도록 설계한다. 처음부터 꿈에 그리는 집을 지을 여유가 되는 사람은 별로 없다. 공간은 어느 정도 있는 게 좋을까 하고 생각 중인 사람은 수산카의 책을 읽어보는 게 좋을 것이다.

집을 살까? 세를 얻을까?

집을 구입할지 세를 얻을지를 결정하는 문제는 자금 여력, 주거 안정성 같은 요소와 관련이 있다. 그런가 하면 개인적인 면과 감정적인 측면이 개입되는 경우도 종종 있다. 자금 여력과 주거 안정성 같은 현실적인 문제에 대한 답이 감정적인 문제에 대한 답과 항상 맞물려 돌아가지는 않는다. 예를 들어 세를 얻기로 하는 게 자신이 '실패자'가 된 것 같은 기분을 갖도록 할 수가 있다. 이런 점을 감안해 현실적인 문제를 개인적인 문제로부터 분리해 내는 게 도움이 될 수 있다.

다음과 같이 먼저 현실적인 질문을 던져보자. 집세가 크게 오르거나, 아니면 더 고약하게도 집주인이 들어와 살겠다며 집을 비워달라고 하면 어쩌나 하는 생각을 하면 스트레스를 많이 받는가? 앞날을 장담할 수야 없겠지만 5년(주택 구매 때 발생하는 거래비용을 회수하는 데 통상적으로 걸리는 시간) 넘게 지금 있는 곳에 그대로 머물러 있을 것으로 예상하는가? 직장에서의 자리는 안정적인가? 그리고 연봉도 지금 수준을 유지하거나 더 많아질 것으로 자신하는가? 유동적인 것을 좋아한다면 집을 구매하는 것은 맞지 않을 수 있다. 집을 처음으로 구입한 어느 조사 응답자는 이런 말을 했다. "집을 구매할 때 낸 고액의 선약금과 매달 갚아나가는 담보대출금을 보며 지금 직장에 오래 다녀야겠다는 생각이 강하게 든 건 사실이다."

세를 얻을지 집을 살지 결정하는 데 있어서 이보다 더 인간적이고 감정적인 측면은 집주인이 되는 것을 아메리칸 드림의 핵심적인 요소로 생각하고, 성공을 나타내는 중요한 하나의 지표로 보는 미국적인 전통과도 관계가 있다. 집을 소유해야 한다는 이런 부담감은 점차 약해지는데, 신용카드 대금에다 학자금 대출 상환, 적은 월급으로 근근이 살아가고, 게다가 불완전 고용과 청년실업에 허덕이는 젊은 세대들은 특히 더 그렇다. 35세 이하 청년들은 다른 어떤 연령 그룹보다도 세를 얻는 경향이 더 강하다. 35세~44세 그룹의 42퍼센트, 45세~54세 그룹의 32퍼센트에 비해 이들 그룹은 3분의 2가 렌트를 선호하는 것으로 나타났다.[14] 주택 소유 비율은 인종과 민족에 따라서도 큰 차이를 보였다. 히스패닉이 아닌 백인 성인 가구의 약 4분의 1이 렌트를 한 반면, 흑인 성인 가구는 58퍼센트, 히스패닉계와 라틴계 가구는 거의 52퍼센트가 렌트를 하는 것으로 나타났다. 아시아계 가구의 경우는 렌트 비율이 40퍼센트에 조금 못 미치는 것으로 나타났다.[15] 주택 소유 비율은 소득 수준과도 관련이 있다. 은행이 특정 지역에 대출을 제한하는 레드라이닝redlining 같은 구조적인 차별정책도 유색인종의 주택 소유 비율 저하에 일조하는 것으로 나타났다.

보다 최근에는 임대 단독주택이 등장하며 이를 선호하는 사람이 많아졌다. '미국의 2등 도시들'America's secondtier cities 주변에 대거 등장한 이들 임대 단독주택은 2019년~2020년 사이에 30퍼센트 증가했는데, 이런 증가추세는 앞으로 더 가팔라질 것으로 전망된다.[16] 이러한 임대 단독주택은 거주자에게 여러모로 두 세계의 장점을 모두 맛보게 해준다. 새로 지은 단독 주택의 프라이버시와 함께 자기 소유 주택을 유지하는 데 따르는 스트레스 없이 임대라는 유연성을 함께 즐길 수 있도록 해주는 것이다. 세입자들이 실소유자보다 커뮤니티에 대한 만족도가 조금 더 높다는 조사 결과가 있다.[17] 지식산업 근로자들의 재택근무가 늘어나면서 이들에게 지리적 유연성이 새롭게 주어졌다. 이에 따라 앞으로 주택 소유 선호 추세가 계속될지도 주목해 볼 필요가 있다.

수리해서 그대로 살 것인가, 이사를 갈 것인가?

이사와 집수리 모두 힘든 일이지만 조사 응답자의 77퍼센트는 새집으로 이사하기보다 사는 집을 수리해서 계속 살기를 더 선호하는 것으로 나타났다.[18] 가격 면에서 사는 집을 수리하는 게 나을지 아니면 더 큰 집으로 이사하는 게 나을지 결정하는 데 도움을 주는 온라인 자료들이 넘쳐난다. 금전적인 것 외의 고려사항을 살피는 데도 도움이 되는 문제와 흐름을 보여주는 차트들도 있다. 예를 들면 지금 사는 커뮤니티에 얼마나 정이 들었는지, 건설 공사가 진행 중인 곳에서 산다고 얼마나 힘든지와 같은 문제들에 조언해 주는 내용들이다.[19]

집을 리모델링하기 전에도 자신이 최상의 결과를 추구하는 '맥시마이저'maximizer인지 아니면 적당히 만족할 줄 아는 '새티스파이서'satisficer인지 먼저 따져보는 게 좋다. '새티스파이서'라는 용어를 창안한 경제학자 허브 사이먼Herb Simon은 조직 의사결정 연구에 대한 공로로 1978년 노벨 경제학상을 수상했다. 그는 1947년 발간한 저서 『경영 행동』Administrative Behavior에서 최상의 해결책을 추구하는 대신 적당히 만족할 대안을 모색하는 사람을 일컫는 뜻으로 이 용어를 처음 소개했다. 심리학자 배리 슈워츠Barry Schwartz 교수는 이 개념을 토대로 2002년 다른 연구자들과 함께 쓴 논문에서 맥시마이저가 새티스파이서보다 덜

행복한 경향이 있다는 이론을 제시했다.[20]

욕실 수리 같은 사소한 일이라도 일단 집수리를 시작하면 결정할 일이 수없이 많다. 전체 디자인과 레이아웃을 하고, 그 다음에는 제품과 부품에 대한 결정(타일의 색깔과 모양, 크기, 하드웨어 마감과 천 등등)을 여러 차례 내려야 한다. 본인이 '최상'의 선택을 추구하는 성향이라면 여러 선택 가능한 대안을 놓고 비교해 보는 것을 좋아하는지 스스로 한번 되돌아본다. 애비와 로스 두 사람 모두 맥시마이저 성향을 갖고 있어서 욕실 수리 때 거의 녹초가 되다시피 했다. 하지만 로스의 언니는 새티스파이어서이다. 그녀는 둘째 아이가 태어날 때까지 몇 달에 걸쳐 집 전체 수리가 진행되는 동안 끄떡도 하지 않았다. 자신의 성향이 맥시마이저와 새티스파이어서 스펙트럼의 어디쯤 자리하는지를 아는 게 수리할지 이사할지 결정하는 데 도움이 된다.

교외로 나갈까? 도시에서 살까?

이 문제는 자신이 중요시하는 삶의 우선순위와 관련돼 있다. 삶의 우선순위가 명확할수록 이런 물음에 답하기가 수월해진다. 다음 조사 응답자의 경우가 좋은 예이다.

내가 우선적으로 꼽는 것은 우리 아이들을 위해 학군이 좋은 곳, 위급한 상황이 벌어졌을 때 재빨리 집으로 달려올 수 있도록 출퇴근 시간이 짧은 곳이다. 살 곳을 정하는 데 관련되는 모든 결정은 이런 기준에 입각해서 내린다. 이 두 기준을 모두 충족시키려다 보니 나는 늘 집을 렌트하는 쪽이었다. 코로나 팬데믹이 시작되면서 짧은 출퇴근 시간이라는 기준이 갑자기 사라져 버렸다. 그리고 가족 네 명이 동시에 줌에 매달리다 보니 공간 확보가 절실해졌다. 그래서 나는 최근에 지금 사는 곳보다 훨씬 더 멀리 떨어지고 학군이 좋은 곳에서 주택을 구입했다. 앞으로는 출퇴근하는 날이 일주일에 몇 번 되지 않을 것이라고 생각했다. 아이들이 자라면 이런 선택을 하겠다는 생각은 늘 갖고 있었는데 코로나 상황이 그 과정을 조금 앞당긴 것이다. 부모님이 이 계획을 실현할 수 있도록 집 계약 때 금전적인 도움을 주셨다.

많은 이들이 부모가 되면 아이들을 교외에 있는 학교에 보내고 싶어 한다. 다음의 조사 응답자 부부는 이런 조치를 선제적으로 취한 경우이다.

우리는 첫 아이가 태어날 무렵 샌프란시스코에 살았다. 아내는 학군이 좋은 교외에 있는 직장에 다녔는데 아이를 낳은 이후에도 직장에 계속 다니고 싶어 했다. 우리는 아내가 가능한 한 직장생활을 편하게 계속할 수 있도록 하는 것을 우선적으로 고려했다. 당시 내 직장은 샌프란시스코에 있었는데 나는 우리 두 사람 중에서 내가 멀리 출퇴근하는 게 더 낫다고 생각했다. 그래서 첫 아이가 태어나기도 전에 우리는 집을 장만해 교외로 이사하고 미니 밴도 한 대 구입해서 정착했다.

그렇게 한 덕분에 아이가 태어나고 초기 몇 년을 훨씬 수월하게 보낼 수 있었다.

다음의 부부는 비슷한 결정을 내렸는데 결과는 이와 다르게 나타난 경우이다.

우리는 첫 아이가 태어난 직후인 2015년에 교외로 이사하기로 했다. 도시에서 좁은 공간에 사는 게 답답했고, 커뮤니티에 소속되어 아이들이 성장해 나가는 모습을 보고 싶은 마음도 있었다. 그런데 도시에서 좀 더 사는 게 나았을 것 같다. 지금도 아쉬운 생각이 든다. 첫 아이는 몇 년 뒤 초등학교에 입학할 때까지 이사 간 커뮤니티에서 새로 친구를 사귀지 못했다.

자녀가 생기면 삶 전체에 큰 변화가 일어나지만 그 전에 이미 정체성에 심각한 변화가 생기게 된다. 따라서 아이가 태어나고 얼마 되지 않아서 낯선 교외로 섣불리 이사하는 것은 이중의 외로움과 마주할 수 있다. 교외로 이사하는 것을 생각 중이라면 이사를 통해서 정말 해결하고 싶은 문제가 무엇인지, 정말 얻고 싶은 것은 무엇인지, 그리고 이사를 함으로써 잃을 게 무엇인지 분명히 파악할 필요가 있다. 일단 교외로 이사 가면 되돌리기가 힘들다는 점을 반드시 기억한다. 애비가 아는 어느 부부는 교외로 이사 가서 살다가 아이들이 독립해 나가자 곧바로 예전에 살던 도시로 되돌아갔다. 그 뒤로 두 번 다시 그곳은 쳐다보지도 않았다.

_____ 이사 타이밍은 어떻게 잡나?

분명한 답이 없는 어려운 문제이다. 다른 도시에 있는 직장을 새로 구했다든가 하는 특별한 동기가 없는 한 낯선 곳으로 이사 간다는 것은 비용과 시간, 에너지가 너무 많이 소모되는 일이다. 그래서 이사 타이밍을 잡을 때 많은 이들이 관성처럼 그냥 편하게 주위 사정에 따른다. 그런가 하면 다음의 경우처럼 적극적인 자세로 임하는 사람들도 있다.

뉴욕시에서 거의 10년을 살고 난 다음 나는 단신으로 콜로라도주 덴버로 이사 가기로 했다. 나는 늘 이런 생각을 했다. 그동안 나는 내 파트너가 새로운 곳으로 가게 되거나, 다른 곳에 있는 직장으로 옮기면 뉴욕을 떠날 것이라는 생각을 늘 하고 살았다. 그러다 몇 년간 삶의 페이스를 바꿔보고 싶다고 생각했고, 순전히 내 개인적인 희망으로 뉴욕을 떠나기로 했다. 30대 중반에 새로운 곳에 가서 새로운 삶을 시작하고 완전히 새로운 사람들 속으로 들어간다는 것은 두렵고, 어느 정도 힘든 일이기도 했지만 지나고 보니 100퍼센트 잘한 결정이었다.

부부 가운데 어느 한쪽이 다른 도시에서 직장을 구하면 배우자의 경력에 어떤 영향이 미치게 될지를 부부가 함께 생각해 본다. 이런 과정을 무시했다가는 이 부부처럼 그 영향이 오래 갈 수 있다.

샌프란시스코에서 오스틴으로 이사할 때 우리는 남편 직장을 최우선적으로 생각했다. 내가 전문가로서 이름도 알려지지 않은 오스틴에 가서 인적 네트워크를 새로 만들고, 비영리 펀드 레이징 경력을 성공적으로 활용하기 쉽지 않을 것이라는 생각은 미처 하지 못했다. 이사를 함으로써 내가 전문가로서 해오던 일은 예상치 못한 타격을 입었다. 오스틴으로 옮기기 전에 나는 베이 에어리어에서 원격으로 컨설팅을 하고, 세 시간씩 출장을 다니며 효과적으로 일했다. 그런데 오스틴으로 이사 오고 8년이 지났지만 지금도 내가 하는 일은 오스틴이 아니라 베이 에어리어와 더 관련이 많다. 오스틴으로 이사한 건 정말 시간을 되돌리고 싶은 결정이다. 그렇게 할 수만 있다면!

결혼한 부부 가운데 자기 일을 남편 일보다 우선순위의 앞에 두기를 꺼리는 여성들이 있다. 남편 일을 최우선시하는 문화에서 자란 여성들이 특히 더 그렇다. 이런 불편한 경향은 쉽게 사라지지 않을 것이다. 다음의 여성도 그런 경우이다.

전문직에 대한 나의 열망을 내세웠을 때 주위에서 보내는 따가운 시선을 이해하지 못해 나는 전문가의 조언을 들어야 했다. 남성의 경력보다 나 자신의 경력을 앞세운 것이었다. 주위의 시선은 여성인 내가 그동안 꿈꿔온 모든 것을 부정적으로 보았다.

어떤 부부는 누구의 직장을 우선 고려할 것인가 하는 문제를 교대로 이사 다니며 해결하기도 한다. 다음의 부부도 그렇게 했다.

남편과 나는 모두 대학원에 진학했다. 남편이 나보다 2년 먼저 들어갔고 그래서 취업도 먼저 했다. 남편은 그가 일하는 업계의 중심지인 보스턴에서 직장을 구했다. 나는 다른 곳으로 가고 싶었지만 남편과 함께 있기 위해(내 마음 깊은 곳에 자리하고 있는 페미니스트적인 기질과는 배치되는 결정이었지만) 보스턴에서 일자리를 알아보았다. 남편은 다음에 직장을 옮기면 그때는 자기가 내 직장을 따라가겠다고 약속해 주었다. 그리고 3년 뒤에 우리는(약속한 대로 내 뜻에 따라) 뉴욕에 있는 새집으로 이사했다.

누구의 경력을 우선시하든 관계없이 부부 모두가 그로 인해 상대의 경력에 해가 되지 않도록 하겠다는 의식적인 노력과 책임을 다해야 한다. 부부가 한 팀이 되어 이런 문제를 함께 바라보고 함께 결정하면 다음의 사례처럼 최상의 결과를 만들어낼 수 있을 것이다.

남편과 나 모두 자신의 분야에서 열심히 일했다. 생계를 책임지는 가장 역할은 남편이 했지만 중요한 이사를 할 때는 두 사람의 직장과 장래성을 모두 고려했다. 14년 결혼생활을 하는 동안 네 번 이사했다. 첫 번째를 제외하고 나머지 세 번의 이사는 여러 복잡한 상황이 겹친 가운데 진행됐다. 부부 가운데 한 명이 좋은 기회를 잡으면 다른 한 명은 그곳으로 함께 가서 그 기회를 활용해 보려고 했다. 결혼생활과 가정이 원만히 굴러가기 위해서는 여러 요인을 잘 조정해야 했다. 우리는 각자의 경력에 도움이 되도록 한 팀이 되어 움직였다.

자녀가 있고, 특히 아이들이 어느 정도 자라서 어울리는 친구들이 있는 경우에는 이사가 아이들에게 어떤 영향을 미칠지도 신중하게 고려해야 한다. 아이들은 반발하는 게 당연하다고 생각할 수도 있겠지만, 이사는 가족 구성원 모두에게 영향을 미치는 게 사실이다. 다음의 조사 응답자는 지금은 장성했지만 아이들이 초등학교에 다닐 때 전국으로 이사 다닌 게 아이들에게 어떤 영향을 미쳤는지 이렇게 말했다.

우리는 초등학교 2학년, 4학년인 두 아이를 데리고 동부에서 서부 캘리포니아로 돌아갔다. 7살인 막내딸은 시간을 서부해안시간WCT으로 바꾸지 않겠다고 고집을 부렸다. 그건 '진짜 시간'이 아니라는 것이었다. 9살인 첫째 딸은 잘 적응하는 것처럼 보였지만 나중에 알고 보니 그 아이도 당시 매우 힘든 시간을 보냈다.

아이들 때문에 이사하지 말라는 것은 아니지만 아이들에게 미칠 영향을 신중히 고려하고, 부모뿐만 아니라 아이들의 삶에 미칠 파장을 줄여주기 위해 최선을 다하라는 말이다.

_____ 지금 사는 곳에서 더 행복하게 지내기

이사하면 처음에는 어느 정도 흥분감도 맛보고 원하는 목표에 더 가까이 다가가는 것일 수가 있다. 하지만 지금 사는 곳에서 어떻게 하면 더 행복하게 지낼지를 고려하는 것도 소중한 삶의 기술이다. 이사하려면 비용이 많이 들고 신경도 많이 쓰인다. 사는 게 따분하다는 생각이 들 때마다 이사하는 게 능사는 아닐 것이다. 이사하며 맛보는 흥분감과 행복감은 비교적 빨리 지나간다. 인간은 적응력이 뛰어난 동물이기 때문에 시간이 지나며 그런 행복감은 환경 변화에도 불구하고 정상 수준으로 돌아가는 경향이 있다.

연구에 따르면 로또복권에 당첨되고 18개월이 지나면 당첨자가 느끼는 행복감이 당첨되지 않은 사람과 비교해 더 이상 크지 않다고 한다.[21] 마찬가지로 더 큰 집으로 이사하거나 좋은 레스토랑이 많은 도시로 이사하면서 일시적으로 맛보는 행복감을 사람들이 과대평가하는 경향이 있다고 한다. 심리학자들은 이런 현상을 '행복 적응'hedonic adaptation 혹은 '행복의 쳇바퀴'hedonic treadmill라고 부른다. 더 큰 집으로 이사하면 처음에는 당연히 기분이 들뜨겠지만 시간이 지나며 들뜬 기분은 서서히 사라지고, 나중에는 공간이 더 넓어졌다는 사실 자체에 둔감해질 것이다.

하지만 좋은 소식도 있다. '행복 적응' 현상에 대한 해독제가 있다는 것이다. 연구에 따르면 다양성과 감사하는 마음을 가지면 시간이 지나도 행복감이 지속되고 더 증가하도록 하는 데 도움이 된다.[22] 무언가를 경험하는 방법을 바꿈으로써 뇌가 새로운 감정을 지속하도록 착각하게 만든다는 것이다. 가구 배치를 바꾸면 새로 이사 간 집의 넓어진 공간 가치를 계속 소중하게 생각하도록 하는 데 도움이 된다. 같은 공간을 계속 다른 길로 다니게 만들어 생기는 효과이다. 이런 효과는 모든 일에 적용할 수 있다. 예를 들어 오감을 총동원해 세세한 부분까지 면밀하게 살펴본다면 늘 대하는 주변도 새롭게 느껴질 수 있다. 사는 집이나 이웃 가운데 여러분을 행복하게 만드는 요소인데도 너무 익숙해진 나머지 그냥 지나치게 되는 부분이 없는지 살펴보자.

_____ 5C 프레임워크 활용하기
어디서 살 것인가? 이사 가야 하나?

어디서 살지를 정하는 데는 일종의 거래행위가 포함된다. 세상에 완벽한 곳은 없다. 우선은 여러분이 살 곳(어느 도시에 살지,

어떤 집에 살지)을 정하는 데 있어서 중요하게 고려할 점을 분명하게 파악한다. 그 다음은 중요하게 생각하는 점은 확보하고, 중요하게 생각하지 않는 점은 버리는 식의 거래를 한다. 5C 프레임워크를 이용해 이 결정을 진행한다.

step 1 명확히 하기 *Clarify*

가족 가까이 살고 싶은가? 골프나 서핑, 스키처럼 특별한 여가활동을 하기 좋은 곳을 원하는가? 특별한 기후에 가서 살면 호전되는 건강문제가 있는가? 키우는 애완동물이 뛰어놀기 좋게 공간이 넓은 곳으로 가고 싶은가? 이런 질문에 답함으로써 의사결정 과정을 시작한다.

론 리버Ron Lieber는 이사 갈 곳에 대해 일종의 '가치 회계감사'를 실시하라고 주문한다. '이사 갈 곳이 어떤 특징을 가진 도시인지, 친구로 사귈 만한 사람들이 사는지' 등을 알아보는 것이다.[23] 가치 회계감사에는 아이들이 하는 축구 경기장에 가서 사람들이 하는 대화를 엿듣고, 현지 도서관의 도서 목록을 살펴보는 일 등이 포함된다고 론 리브는 말한다. 하지만 이사 갈 곳이 여러분이 추구하는 가치를 공유하는 곳인지 알아보기 전에 여러분 스스로 어떤 가치를 소중하게 생각하는지부터 명확히 하는 게 우선이다.

우선순위에 따른 가치와 장소별 특성을 나열한 기준표를 만든 다음 하나하나 순위를 매겨나가는 게 도움이 된다는 사람들도 있다. 이렇게 만든 가치 기준표가 간단한 사람도 있고 복잡한 사람도 있을 것이다. 미디어 혁신가인 기업가 알렉시스 그랜트Alexis Grant는 지금 사는 곳을 선택하기 위해 남편과 함께 정교한 스프레드시트를 만들었다. 표에는 십여 가지의 요소를 포함시켰는데 각 요소마다 배점을 달리했다.[24] 대부분의 사람들은 표를 단순하게 만드는 게 좋다. 일단 이 챕터 끝부분에 있는 연습문제를 이용해 시작하고 원하면 나중에 더 꾸미도록 한다.

주변 분위기나 주거지 형태, 특정 도시 등 여러 면에서 어떤 곳이 여러분이 소중하게 여기는 가치와 부합하는지 확신이 들면 직접 찾아가 본다. 여러분이 작성한 리스트에서 상위를 차지하는 장소를 직접 찾아가 보고 만든 평가는 언제 어디로 이사 갈지, 이사를 할지 말지를 결정하는 데 가장 유용한 자료가 된다. 각 장소가 어떻게 하면 여러분이 우선순위에 올려놓은 가치에 부응할 수 있을까? 측정표는 하나의 가이드에 불과하고 결국에는 여러분의 생각이 최상의 판단 근거가 된다는 점을 명심하기 바란다. 알렉시스는 이를 다음과 같이 표현한다. "스프레드시트가 판단의 근거를 제공해 줄 수는 있지만, 수치보다 더 중요한 게 바로 본인의 마음에 드느냐이다."

step 2 소통하기 Communicate

배우자, 가족, 친구 등 내가 더 가까이 혹은 더 멀리 이사함으로써 영향을 받을 사람이 있다면 반드시 그들의 의견을 들어본다. 그들은 나의 선택을 어떻게 받아들일까? 부모님이 아이를 돌봐주실 수 있도록 부모님 사시는 곳으로 이사 갈 생각이라면 우선 부모님은 사시는 곳에 그대로 사실지 먼저 알아봐야 한다. 내가 다른 곳으로 이사 간다면 주위에 있는 가까운 사람들은 내가 떠나는 걸 어떻게 받아들일까?

어디서 살까? 이사 갈까 말까? 하는 것은 여러분이 살면서 이따금 제기하게 되는 물음이다. 하지만 이런 질문만 계속하는 것은 어리석은 짓이다. 이런 문제는 다음의 부부처럼 미리 시간을 정해서 실행하기로 약속해 두는 게 좋다.

우리는 막연하지만 언젠가는 내가 자란 밴쿠버로 돌아가서 살 생각을 하고 있었다. 부부 모두 샌프란시스코에서 하는 일이 잘되고 있었기 때문에 그건 아주 먼 훗날의 일이 될 것 같았다. 하지만 부부가 함께 생각하고 함께 꿈을 꾸다 보니 그것을 실행에 옮길 용기가 생겼다. 부부가 매년 정기휴가를 함께 가면 그곳에서 몇 가지 분야에 걸쳐 우리의 행복지수를 점검해 보기로 했다. 우리는 밴쿠버로 옮길 경우 예상되는 최악의 시나리오와 최상의 시나리오를 상정해 놓고 검토 시간을 계속 단축시켜 나갔고 마침내 우리가 이사 가기를 원한다는 최종 결론에 도달했다. 우리를 샌프란시스코에 붙잡아 두는 유일한 이유는 경력과 돈이었다. 다른 모든 분야는 밴쿠버로 가는 게 더 좋을 것 같았다. 이렇게 최종 결론을 내리고 나서도 실행에 옮기기까지 2년이 더 걸렸다. (2년 동안 경영코치를 받고, 아이들의 이중국적 문제, 세금 문제,

아내의 퇴사, 사업 파트너와의 관계 정리, 밴쿠버의 주택 구입 등) 그리고 지난 11월 마침내 실행에 옮겼다. 우리 생애 가장 두려운 순간이었지만 그건 우리가 내린 최상의 결정이었다.

step 3 대안 알아보기 *Consider a Broad Range of Choices*

기술의 발전과 팬데믹으로 인한 생활방식의 변화로 이사와 관련해서도 여러모로 바뀐 점이 많다. 이사하든 아니면 그대로 머무르든 여러 새로운 대안이 생겨난 것이다. 직장과 관련해 이사를 고려하는 상황이 되면 새로 고용주가 될 사람에게 군이 이사해야 할 필요가 있는지 물어볼 필요가 있다. 이전 같았으면 직원에게 이사하기를 원하던 고용주들이 이제는 그럴 필요가 있는지 다시 생각해 보게 된 것이다. 만약 더 넓은 공간으로 옮기고 싶다면 이사하지 않고도 넓은 공간을 확보할 방법이 있는지 먼저 알아본다. 집에 임시로 사무실을 만들어 일하는데 좀 더 넓은 공간으로 옮기고 싶다면 이사하는 대신 가까운 아파트나 사무실 건물에 세를 얻는 방법이 있다.

step 4 다른 사람의 의견 듣기 *Check In*

이사 가려고 생각 중인 곳에 아는 사람이 있는가? 최근에 당신이 사는 동네에서 이사 나간 사람 중에 연락이 닿는 사람이 있는가? 그들의 생각이 어떤지 들어본다. 이사 가려고 하다가 포기하고 주저앉은 사람은 아는가? 이사와 관련해 다양한 경험을 한 사람과 이야기를 나누어 보면 새로운 대안에 눈이 뜨일 수 있다. 그리고 여러분이 원하는 기대치에 다양한 대안을 가지고 적응해 나갈 수 있게 된다. 기대치는 우리의 행동에 큰 영향을 미치기 때문에 이는 매우 중요한 요소이다.

조사에 응한 여성 응답자는 이사하기 전에 더 많은 사람의 의견을 들어보지 않은 게 후회된다고 했다. 중서부 도시에 새 일자리가 생겨 이사할 당시 아들이 생후 9개월이었다. 아는 사람이 한 명도 없는 곳으로 이사 가서 적응하기는 그녀가 생각했던 것 이상으로 힘들었다. 이사하고 3년 동안 그녀와 가족은 새로운 환경, 문화, 이웃에 적응하려고 노력했으나 적응과정은 힘들었다. 그러다 고향이 있는 서부 해안 도시에 새로운 일자리 제안을 받자 망설이지 않고 그 기회를 잡아 고향으로 돌아갔다.

"얻은 것도 많아 이사 간 것 자체를 후회하지는 않지만 너무 값비싼 대가를 치른 경험이었다." 그녀는 이렇게 썼다. "그 경험을 다시 하라면 쉽지 않을 것 같다. 또 이사 가게 된다면 훨씬 더 까다로운 기준을 적용해서 결정할 것이다. 결정에 따르는 무게감이 크고 많은 어려움을 겪었기 때문에 다음에는 망설일 것 같다. 당시 이사 갈 때 나는 우리와 같은 경험을 한 사람을 한 명도 알지 못했다. 한 명이라도 아는 사람이 있었다면 내 경험치를 설정하는 데 도움이 되었을 것이라는 생각이 든다."

이사로 인해 어떤 결과가 초래될지는 예측하기 쉽지 않다. 상황에 따라 얼마든지 바뀔 수 있기 때문이다. 만약 이사할 기회가 생기면 미리 그곳에 가서 한두 달 시험 삼아 살아보는 게 도움이 될 수 있다. 다음의 가족은 여름 한 철을 미리 가서 살아보았는데 도움이 되었다고 한다.

몇 해 전, 흥미로운 기회가 계속 생겨서 미국으로 되돌아갈 생각을 했다. 그래서 먼저 여름 한 철을 캘리포니아에 가서 시험 삼아 지내보기로 했다. 그곳에서 지내던 중 당시 세 살이던 막내딸이 건강에 심각한 문제를 일으켰고(지금은 괜찮다), 그 일을 계기로 우리는 지금 사는 나라에서도 충분히 행복하다는 결론을 내렸다.

어떤 결정을 내리든 내키지 않더라도 1년이든 2년이든 일정 기간 결정을 유보하고 기다리는 시간을 갖는 게 도움이 될 것이다. 애비의 친구 한 명은 가족 모두 도시에서 교외로 이사 갔는데 최소한 6개월은 '충격' 속에 지냈다고 했다. 나중에 그 충격에서 벗어나며 이사 간 곳에서도 잘 지내게 되었다고 했다. 새로운 곳에서 뿌리를 내리는 데는 시간이 걸리고 세심한 노력이 필요하다. 그곳에 있는 여러 단체에 가입하고 사람도 많이 만나야 한다. 나중에 되짚어보면 새로운 곳에 이사 가서 적응하기 위해 정말 많이 노력했다는 것을 알 것이다.

내 삶에 적용하기

정착할 곳을 어떻게 정할 것인가?

이 연습문제는 여러분이 소중하게 여기는 우선순위를 충족시켜 줄 어떤 대안들이 있을지에 초점을 맞추었다.(5C 프레임워크 중에서 분명히 하기CLARITY에 해당된다.) 새로 이사 갈 집에서 같이 살 사람과 함께 풀어 본다.(자녀들을 참여시킬지는 각자 알아서 하고, 우리는 성인들만 모여서 풀기를 권한다.)

이사 갈 집(이사 갈 도시, 이웃 등)에서 우선적으로 생각할 일들은?
중요하게 생각하는 일 순서로 적는다.

1.
....

2.
....

3.
....

4.
....

5.
....

여러분이 이사 가고 싶은 후보 도시, 마을을 순서대로 적는다.

....

....

....

....

....

MONEY *and* LOVE

Chapter 07

맞벌이와 육아

일과 육아의 조화

일과 육아를 어떻게 조화시킬 것인가 하는 것은 돈과 사랑의 관계 중에서도 가장 어렵고 복잡한 일에 속한다. 특히 맞벌이 부부의 경우에는 수많은 퍼즐이 등장해 한시라도 긴장의 끈을 놓을 수가 없다. 문제가 끝없이 이어지는 기분일 것이다. 맞벌이 부부 생활을 계속할 수 있을까? 한 사람은 직장을 완전히 그만두어야 하지 않을까? 부부 한쪽이나 두 사람 모두 파트타임으로 바꾸거나 유연성이 더 많은 직종으로 바꿔야 하지 않을까? 육아는 어떻게 하는 게 제일 좋을까? 육아까지 추가되면 가사 분담을 어떻게 해야 하나?

이런 문제에 대한 답을 구하는 데는 각자의 개인적인 사정, 금전적인 사정, 논리적인 면과 감정적인 면이 복합적으로 작용한다. 나아가 이와 관련해 내리는 결정은 여러분의 직장생활과 가족의 삶 모든 면에 영향을 미치고, 돈과 시간, 에너지, 관심사 등 여러분이 가진 모든 자원을 배분하는데도 직접적인 영향을 미친다. 그나마 다행인 것은 사전 숙고를 통해 자신의 선택이 가져올 장단점을 미리 파악한다면 만족스러운 결론을 내릴 수 있다는 점이다.

_____ 부부의 세 가지 유형

출산 후 직장으로 복귀할 때 보면 부부는 대개 세 가지 유형으로 나누어진다. 첫 번째 유형은 일에 몰두해서 육아와 직장 일을 기꺼이 병행하려는 사람들이다. 닐과 프리샤 부부는 바로 이런 유형이다. 아내 프리샤가 임신하자 두 사람은 곧바로 아이 돌봄 센터의 대기자 명단에 이름을 올려놓고 기다렸다. 남편 닐은 부부의 생각을 이렇게 말했다.

우리는 준비를 철저히 했다. 아내는 MBA를 마쳤고 자기가 하는 일을 좋아한다. 나의 어머니도 평생 일을 하셨기 때문에 나는 출산휴직이 끝나는 대로 직장에 복귀하겠다는 아내의 뜻을 전적으로 지지했다.

두 사람은 생활비가 많이 드는 지역에 살았기 때문에 부부가 맞벌이

해서 벌어야 생활비를 충당할 수 있다는 점도 잘 알고 있었다. 특히 아내의 경우 몇 개월 더 휴직하면 급여에 불이익을 받는다는 점도 걱정해야 했다. 실제로 걱정할 만한 일이었다. 팬데믹 이전에 수집된 통계에 의하면 단기간 휴직한 여성의 경우 새 직장에 나가면 4퍼센트의 급여 손해를 보는 것으로 나타났다. 1년 이상 휴직하는 경우 급여 손해는 그 두 배 가까운 7.3퍼센트로 뛰었다.[1] 첫 번째 그룹 중에는 어쩔 수 없는 사정 때문에 맞벌이를 하는 부부들도 있다. 다음의 부부는 아이가 건강에 심각한 문제가 있다는 진단을 받아 불가항력적인 상황으로 내몰린 경우이다.

담당 의사는 몇 달 걸려서야 아들이 앓는 병이 윌리엄스 신드롬 Williams syndrome이라는 희귀병이라는 진단을 내렸다. 의학적인 문제와 함께 심장에 문제를 일으키고 학습장애 같은 발달장애가 초래됐다. 나는 아이를 돌보기 위해 출산휴직을 연장했지만 남편이나 나나 직장을 완전히 그만둘 수는 없었다. 뉴욕에서 생활하려면 둘 다 돈을 벌어야 했다. 두 사람 다 직장에 매여 있어 뉴욕을 떠날 수도 없었다. 가까이 살며 아이를 돌봐줄 일가친척도 없어 연장한 육아휴직 기간 동안 나는 아이를 돌봐줄 곳을 찾아 시간을 보냈다.

아이 첫돌 무렵에 나는 직장으로 복귀했고 이후 10년 동안 우리는 매주 5일 아이를 돌보며 일하느라 혼신을 다했다. 아침에는 간호사가 와서 아이를 특수학교로 데려갔다. 학교는 우리 집에서 멀리 떨어진 교외에 있었다. 늦은 오후에 간호사가 아이를 다시 집으로 데리고 왔다. 부부 중 한 명이 직장을 그만두고 아이 돌보는 데 매달렸다면 전문가들이 아이를 돌봐주는 데 들어가는 돈을 감당할 엄두도 내지 못했을 것이다. 전문가들은 아이가 자라면서 필요한 게 무엇인지 정확히 알고 도움을 주었다. 남편과 나는 매일 힘겹게 사투를 벌였고 아이는 좋지 않은 증상을 많이 나타냈다. 하지만 지금은 거의 정상으로 돌아왔고, 우리 부부는 결혼생활과 직장생활 모두 순조롭게 해나가고 있다.

두 번째 그룹은 아만다와 크리스토퍼 부부처럼 한 명이 버는 수입으로 살 준비가 되어 있는 사람들이다. 크리스토퍼는 아이가 생기면 아내는 전업주부가 될 것임을 알고 있었다. 아만다는 자신이 처한 상황을 이렇게 설명했다.

나는 아이가 생기면 풀타임으로 직장 일을 계속할 생각이 없었다. 우리 엄마는 풀타임으로 일하셨는데, 어릴 때 나는 늘 엄마의 관심을 받고 싶어 안달이 나 있었고, 내가 아파서 학교에 못 가고 집에 있으면 엄마는 죄책감을 느끼셨다. 남편도 내 생각에 동의했다. 남편은 어릴 때 엄마가 전업주부로 늘 집에 계셨는데, 우리 아이도 그런 엄마 손에서 자라게 하는 게 좋다고 생각했다.

세 번째 그룹의 부부들은 일과 가족을 어떻게 조화시켜야 할지 확신을 갖지 못하는 경우이다. 재스민과 미아 부부도 이 부류에 해당된다.

첫 아이가 태어나자 아내 재스민은 다니던 회사에 계속 다닐 수 있을지 확신이 서지 않았다. 마땅히 되어야 할 승진도 제때 되지 않았고 직장 상사는 힘든 임신 기간 중에도 계속 아내를 들들 볶았다. 나는 그런 어려움이 있더라도 아내가 직장을 계속 다녀야 한다고 생각했지만 아이를 돌봐줄 사람을 구하는데 많은 어려움이 있었다. 원래는 엄마가 와서 아이를 키워주실 생각이었는데 갑자기 아버지가 앓아누우시는 바람에 아버지 간호에 전적으로 매달리시게 되었다. 어떻게 해야 할지 보통 고민이 아니었다.

재스민과 미아 같은 부부는 중요시하는 우선순위가 유동적이기 때문에 아이를 낳은 뒤 직장에 계속 다닐지 말지를 결정하는 일이 외부 요인의 영향을 많이 받는다. 일가친척의 생각이 어떤지, 믿을 만한 육아 일손을 구할 능력이 되는지 같은 요인들이다. 이런 요인들은 부정적이거나 긍정적인 것이라고 단정할 수 있는 게 아니지만 알고는 있어야 한다. 다른 이들이 중요시하는 우선순위가 여러분의 가정이 필요로 하고 추구하는 목표에 늘 도움이 되는 것은 아니기 때문이다.

첫 아이가 태어나고 이후 10년 동안 집안의 생계를 책임지는 사람은 나였다. 나는 정규직원으로 회사에 다녔고, 남편은 비교적 시간이 자유로운 파트타임 일을 했다. 그래서 내가 육아휴직 후 직장에 복귀하고 나

늘어나는 전업주부 남편

전업주부의 절대다수는 여성이지만 최근 들어 전업주부 남편의 수가 계속 늘고 있다. 2016년 전업주부 남편의 비율은 17퍼센트였다.[2] 이 페이지 하단에 소개하는 부부의 경우처럼 배우자 중 한 명이 집에 남아 있는 게 위안이 될 수가 있다.

서 첫 해는 남편이 아이를 키웠다. 당시 나로서는 4개월 된 갓난아기를 데이케어 센터에 맡기거나 갓 구한 보모에게 맡기고 나온다는 것은 상상도 할 수 없었다. 아이를 사랑하는 아이 아빠의 손에 맡겨놓고 나올 수 있어서 너무 좋았다.

_____ 맞벌이 부부의 교차 근무

맞벌이를 하면서도 자녀 양육은 반드시 자기들 손으로 하고 싶은 부부들은 이 두 가지 목적을 이루기 위해 일상생활에 큰 무리를 하게 된다. 다음에 소개하는 부부는 두 사람 중 한 명이 아이를 돌볼 수 있도록 하려고 근무 시간을 서로 엇갈리게 가져가며 힘들게 일했다.

아이를 키우며 우리가 한 제일 큰 고민은 낮시간에 누가 아이를 돌볼 것이냐는 게 아니었다. 첫 아이가 태어나자 부모님이 아이를 키워 주시겠다고 하셔서 나는 직장에 복귀할 수 있었다. 하지만 불행하게도 아이가 태어나고 3주 만에 부모님 두 분 모두 암 진단을 받으셔서 아이를 돌볼 수 없게 되셨다. 그래서 우리는 의논 끝에 내가 직장을 그만두기로 했다. 사장에게 그런 생각을 말하자 사장은 내가 계속 일을 해 주면 좋겠다며 파트타임으로 계속 다니라고 했다. 남편이 2교대로 일했기 때문에 아들을 봐줄 수 있었다. 힘든 시간이었다. 부모님 두 분 모두 암 투병 뒤 세상을 뜨시고 나는 직장에 다시 나가기 시작했다. 아이 둘을 더 낳았고, 남편과 나는 근무 시간을 서로 엇갈리게 해가며 아이들을 키웠다. 시간을 되돌려보면 우리가 그런 결정을 한 것에 대해 기분이 좋다. 그렇게 해서 우리는 직장을 계속 다니고 아이도 우리 손으로 키울 수 있었다. 부부가 서로 근무 시간을 엇갈리게 해서 살아간다는 게 쉬운 일은 아니지만 그럴 만한 가치가 충분히 있었다. 우리는 힘들어도 부모가 아이를 위해 투자한 시간은 아이들이 기억한다는 교훈을 배울 수 있었다.

이런 전략을 쓰는 부부가 얼마나 되는지는 정확히 알기 어렵다.(2004년에 전체 근로자의 약 11퍼센트가 비정상적인 스케줄에 따라 일하는 것으로 나타났는데, 2014년에는 전체 근로자의 약 25퍼센트가 야간근무를 택한 것으로 나타났다.)[3] 특히 한 부모 가정이나 저소득층 가정에서 부모가 비정상적인 근무 시간에 따라 일하면 아이들에게 부정적인 영향을 미친다는 연구 결과가

일이 뜻대로 풀리지 않을 때

부부가 일과 가족을 조화시키기로 뜻을 모은다고 해도 외부 상황과 개인적으로 중요시하는 우선순위가 뜻하지 않게 바뀔 수 있다. 경제 상황이 나빠지고, 직업 만족도가 바뀌고, 부부 가운데 한쪽이 병에 걸리거나 불구가 될 수도 있고, 생각했던 것보다 아이 키우는 일에 더 많은 재미를 느끼게 될 수도 있다. 아니면 갑자기 하루아침에 한 세기에 한 번 올까 말까 한 팬데믹이 시작될 수도 있다. 이런 돌발변수들은 우리를 당혹스럽게 만들지만 의외로 좋은 결과로 이어지는 경우도 있다. 예기치 않은 장애물이 여러분 가정의 앞길을 가로막으면 그 일을 계기로 부부와 가정이 중요시하는 우선순위를 다시 점검해 본다. 이 장 마지막에 있는 연습문제가 일과 가정이 생각하는 앞으로의 계획에 대해 다시 생각해 보는데 도움이 될 것이다.

여러 해 동안 많이 나왔다.[4] 하지만 최근에 실시된 연구에 의하면 두 부모 가정에서 부모가 교차근무를 하면 행동에 문제를 일으킨 아이들이 있는가 하면, 긍정적인 행동 반응을 보인 아이들도 있었다.[5] 최상의 해결책은 모두가 원하는 것을 완벽하게 충족시키는 게 아니라 가족 구성원 개개인의 가장 핵심적인 욕구를 충족시켜 주는 것이라는 점을 명심하자. 자녀와 엄마, 아빠, 그리고 부부의 관계에서 필요로 하는 핵심 욕구를 충족시켜 주는 것이다. 그렇게 하는 게 장기적으로 가족 모두에게 이득이 된다.

_____ 가족을 위해 일을 그만두는 경우

가정에서 누가 일을 할지 정하는 데 있어서 돈은 중요한 요소이다. 한 사람의 벌이로 생활하는 것은 일종의 사치에 속한다. 하지만 지출을 줄이는 것도 소득을 늘리는 한 가지 방법이다. 그래서 부부 가운데 한 명은 집에서 자녀를 돌보고 싶은데 돈 때문에 그렇게 하지 못하는 가정은 생활비가 적게 드는 지역으로 옮기는 것을 고려하게 된다.

뉴욕에서 살던 키스와 앨리스 부부는 생활비가 적게 들어 한 명만 벌어도 생활할 수 있는 아이다호주의 보이시로 이사했다. 아이들이 자라면서 앨리스는 아이들 대학 학자금 펀드에 돈을 넣으려고 부업인 컨설팅 업무를 더 열심히 했다.

직장을 떠나는 게 선택의 여지가 없는 경우들이 있다. 팬데믹 첫 해에 데이케어 센터와 학교가 문을 닫아 아이들이 할 수 없이 집에 있게 되면서 남성보다는 주로 여성들이 직장을 그만둘 수밖에 없게 되었다. 직장에 다니면서 집에 있는 아이를 돌보고, 자녀들의 원격수업을 도와주기란 사실상 불가능하기 때문이었다. 대부분의 여성들이 남편보다 급여가 적기 때문에(여성의 급여가 남편보다 많은 경우는 전체 부부의 30퍼센트에 그쳤다) 금전적인 면에서 보면 남편보다 아내가 직장을 그만두는 게 더 타당했다.[6] 그리고 아직은 엄마가 육아를 위해 직장을 그만두는 게 아빠가 그만두는 것보다 사회적으로 더 용인되는 편이다. 다음에 소개하는 조사 응답자의 경우는 자신의 선택이 가족들에게 경제적인 부담을 가져다주지 않았기 때문에 이례적인 경우이다.

팬데믹이 닥치며 내가 하는 일자리가 사라져 버렸다. 남편이 하는 소규모 사업은 잘되었기 때문에 우리는 엄마인 내가 일을 그만두고 집에서 아이들 돌보는 일에 집중하기에 좋은 기회라고 생각했다. 아이들도 원격수업에다 홈스쿨링까지 하며 힘든 시기를 보내고 있었다. 다행히 경제적으로 여유가 되었기 때문에 온전히 아이들에게 집중할 수 있었다.

팬데믹이 시작되기 전인 2019년 18세 미만의 자녀를 둔 엄마의 70퍼센트가 직장에 다녔다. 엄마의 고용률이 크게 높아진 것이다. 40년 전에는 엄마의 고용률이 56퍼센트에 그쳤다.[7] 하지만 팬데믹이 이 증가분의 대부분을 없애버렸고, 엄마들의 고용률이 팬데믹 이전 수준으로 돌아올 수 있을지, 언제쯤 돌아올지 불분명해졌다. 다음 가족처럼 팬데믹 이외의 다른 외적인 요인들 때문에 일을 그만두게 되는 경우들도 있다.

둘째딸 차라가 두 살 되던 무렵 아이에게 자폐 스펙트럼 장애가 있다는 사실을 알게 되었다. 아내는 법률 분야에서 성공적으로 일하고 있었지만 고강도의 일을 계속하면서 딸에게 필요한 관심을 충분히 쏟기란 불가능하다는 결론을 내렸다. 아이의 발달 속도가 맏딸 때보다 훨씬 느리다는 사실을 이미 눈치 채고 있었고, 아내는 무슨 수를 써서라도 아이를 돌보는 일에 시간을 쏟고 싶어 했다.

이후 아내는 16년 동안 아이를 키우며 자폐 아이 돌보는 일에 전문가가 되었다. 아내의 고소득 수입원이 끊어진 것은 우리 가족에게 큰 타격이었다. 우리는 작은 집으로 옮기고 모든 면에서 최대한 절약했다. 하지만 지금 우리는 당시 아내가 내린 결정이 옳았다고 생각한다.

자녀의 병은 부부의 결혼생활에 어려움을 가져올 수 있지만 우리는 그렇지 않았다. 시간이 지나며 아내와 나는 이전보다 더 가까워졌다. 아내가 아픈 딸을 돌보는 것을 지켜보며 나도 어떻게 하면 도울지 생각하게 되었다. 딸아이는 고교생활을 잘 마치고 얼마 전에 가고 싶은 대학으로부터 합격통보를 받았다. 아내는 두 번째 일을 시작할 계획을 세우고 있는데 아마도 자폐 아이들을 돕는 일과 관련된 일을 하게 될 것이다.

직장에 나가거나 집에 있기로 하는 결정이 유동적으로 이루어지는 가정도 있다. 부부 중 어느 한쪽이 직장에 다니다가 그만두기를 여러 번 반복하는 경우이다. 첫 아이를 낳고 다시 직장으로 복귀했다가 둘째나 셋째를 낳고 잠시 일을 떠날 수 있다. 아니면 아이들이 십대이거나 병에 걸리는 등 시간과 강도 면에서 육아의 어려움이 정점에 이를 때까지 일을 계속하고 그 다음에 직장이나 일을 잠시 그만둘 수도 있을 것이다. 직장을 계속 다닐지 그만두고 집에 들어앉을지에 대한 고민은 보통 처음으로 아이를 갖는 부부들이 한다. 하지만 자녀들이 자라서 십대가 되

출산 후 직장으로 복귀하게 만드는 요인들

고학력 여성일수록 엄마가 된 뒤 직장으로 돌아가는 확률이 높다. 2019년 대학 졸업 이상의 전문학위를 가진 여성의 70퍼센트가 자녀를 낳고 12개월 안에 직장으로 복귀한 반면, 전문대학 졸업과 동등한 학위를 가진 여성은 50퍼센트, 고교졸업 이하의 학력을 가진 여성은 40퍼센트가 다시 일을 시작했다.[8] 이는 경제적으로 상당히 의미 있는 수치이다. 학력 수준이 높은 여성이 일반적으로 더 많은 돈을 벌기 때문에 이들이 집에 있음으로써 지불하게 되는 기회비용이 더 높은 것이다.

한 명이 버는 수입으로도 살 수 있는 부부의 경우 돈을 더 많이 버는 쪽이 "당신 원하는 대로 해 여보."라며 배우자가 직장을 그만두기로 한 게 자기와 무관하게 이루어진 것처럼 말하는 경우가 많다. 하지만 이는 짧은 생각이다. 부부 가운데 한쪽이 직장에 복귀하지 않으면 맞벌이를 통해 확보되던 완충장치가 사라진다. 그렇게 되면 많이 버는 쪽은 더 많은 부담을 지게 된다. 비행기와 마찬가지다. 기술적으로 비행기는 한쪽 엔진으로도 날 수 있지만, 그럴 경우 그 한쪽 엔진에 많은 부담이 가해진다. 한 조사 응답자는 이렇게 말했다. "맞벌이는 불가피한 삶의 부침에 대한 훌륭한 대비책이 될 뿐만 아니라 좋은 보험에 드는 것과 같다. 부부가 한꺼번에 일을 그만두거나 직장에서 어려운 일을 당하는 일은 드물기 때문이다. 그건 정말 다행한 일이다."

면 이런 고민을 다시 하게 된다.

스텔라의 경우도 그랬다. 아들이 태어나기 전까지 그녀는 전문 뮤지션으로 음악교사로 활동했다. 아이가 태어난 다음에는 개인적으로 음악을 계속 가르치고, 학교에서는 방과 후 교실과 토요일 수업을 맡아서 했다. 아들이 열두 살이 되면서 그녀는 자기 수업 시간이 아이에게 손길이

엄마가 일하면 아이들에게 피해가 돌아갈까?

부모 중 한 명이 집에서 온종일 아이를 돌봐주지 않으면 아이들에게 어떤 식으로든 좋지 않은 영향이 미칠까 걱정하는 부모들에게 희소식이 있다. 최근 전 세계 29개국에 걸쳐 10만 명에 달하는 부모를 대상으로 조사한 결과 풀타임으로 일하는 엄마에게서 자란 딸도 전업주부 엄마의 손에서 자란 딸과 마찬가지로 성인이 된 다음 행복한 생활을 한다는 연구 결과가 나왔다. 하지만 경력 면에서는 직업을 가진 엄마의 딸이 전업주부 엄마의 딸들보다 더 뛰어났다. 또한 조사에 따르면 풀타임 일을 하는 여성의 아들이 전업주부의 아들들보다 더 남녀 평등적인 사고방식을 갖는 경우가 많고, 자녀를 가진 뒤 아내가 일하는 경우가 더 많고, 결혼 후 남편이 집안일을 하는 시간이 더 많은 것으로 나타났다.[9]

더 가야 할 시간과 겹친다는 사실을 알게 되었다. 아이는 방과 후 활동을 자기가 알아서 하고 있었다. 엄마가 다른 방과 후 활동을 도와주어야겠다는 생각이 들자 그녀는 가르치는 일을 그만두었다. 그리고 아이가 대학에 진학할 때까지 계속 일을 하지 않았다.

_____ **여성이 직장을 그만두면 생기는 파급효과**

직장을 그만두는 것은 일차적으로 해당 여성과 그녀의 가족에게 영향을 미치는 개인적인 사안이다.(우리가 관심을 갖는 주 대상은 여성인데, 남성보다는 여성이 자녀가 생긴 다음 직장을 그만두는 경우가 더 많기 때문이다.) 하지만 성공적으로 일하는 여성이 직장을 그만두면 그 파장이 조직 전체에 미칠 수 있다. 조직에 중간 간부 여성이 적으면 젊은 여성들에게는 경력과 가족을 성공적으로 결합시키는 롤 모델이 줄어드는 셈이다. 자기가 일하는 조직에 나이 든 여성이 적은 것을 보며 젊은 여성들은 자기들도 나이가 들면 일과 자녀 양육 중 하나를 양자택일해야 하는 것으로 받아들일 것이다. 더구나 시니어 여성이 떠나면 주니어 여성들에게는 멘토로 삼을 여성의 수가 줄어든다. 미투 운동#MeToo의 여파로 시니어 남성들이 주니어 여성의 멘토 맡기를 꺼리기 때문에 시니어 여성 멘토의 부족은 우려스러운 일이다. 조직은 시니어 여성이 떠나지 않게 만들 방안을 마련하는 데 더 신경을 써야 한다.

딜로이트Deloitte는 여성이 자녀를 가진 뒤 퇴사하는 데 따르는 비용의 가치를 처음으로 인식한 기업들 가운데 하나이다. 딜로이트는 직원들에게 일시 휴직을 하거나 업무 강도가 덜한 부서로 옮기도록 권하고(이게 핵심이다), 준비가 되면 언제든지 원래 하던 업무 궤도에 복귀하도록 하는 프로그램을 만들었다. 딜로이트는 이른바 '마미 트랙'mommy track을 없애 버렸다. 마미 트랙은 출산 후 업무에 복귀하는 여성이나 육아 등을 위해 업무 강도가 낮은 일을 원하는 여성에게 낮은 급여와 승진, 승급의 기회가 적은 일자리를 주는 제도이다.

딜로이트 플렉스Deloitte Flex로 불린 이 방식은 여러 해 동안 성공적으로 실행되었다. 딜로이트는 회사 조직을 단선이 아니라 촘촘한 격자 모

전문 직종의 절반 이상이 여성

현재 미국 내 학사, 석사, 박사 학위 소지자의 절반 이상이 여성이라는 점을 감안하면 육아와 씨름하는 직장 여성에 대한 지원 부족은 심각한 문제가 될 가능성이 높다.[11] 의사 자격MD 소지자 가운데 여성은 50퍼센트를 약간 넘고[12], 로스쿨 졸업자들이 받는 JD 학위 소지자의 54퍼센트가 여성이다.[13] 유에스 뉴스 앤 월드 리포트U.S. News & World Report가 선정한 미국 내 상위 20대 로스쿨 가운데 13개 로스쿨에서 전체 재학생의 절반 이상을 여학생이 차지했다.[14]

기혼 여의사들이 겪는 어려움

최근 들어 레지던트 과정을 마치고 6년이 지나지 않은 여성 의사들 가운데 23퍼센트가 파트타임으로 일하고[15], 17퍼센트는 의료계를 완전히 떠났다.[16] 전문 분야에 따라 차이가 나지만 보통 의사 한 명을 키우는데 11년에서 15년이 걸리며, 교육비는 100만 달러가 넘는다.[17] 성추행과 급여 및 승진에서의 남녀 차별도 여성 의료인력 이탈의 원인 가운데 하나이지만 가장 큰 원인은 일과 가정의 부조화에 있다. 미시간대 메디컬스쿨 연구원인 엘레나 프랭크는 이렇게 말한다. "여성이 엄마인 동시에 의료인으로서 역할할 수 있도록 더 많은 지원이 제공되는 쪽으로 의료계 내부 시스템 전반이 개선되지 않는 한 의료인력의 심각한 남녀 불균형은 계속될 것이다."[18] 오랜 수련의 기간과 힘든 업무 스케줄로 엄마인 여성 외과의들이 겪는 어려움은 특히 더 심각하다.[19]

여성 변호사

미국변호사협회ABA의 최근 조사에 의하면 다니던 로펌을 그만두는 경력 여성 변호사들 가운데 58퍼센트가 육아 부담, 46퍼센트가 일과 가정의 균형을 유지하기 어렵다는 것을 이직의 이유로 들었다.[20] 조사 보고서는 이렇게 설명한다. "경력 여성 변호사들이 로펌을 떠나면 그들이 담당하던 의뢰인과 로펌의 관계가 손상된다. 의뢰인들에게 도움을 제공할 유능한 변호사의 수가 적어지고, 그에 따라 로펌과 기업이 긴밀하게 고객 관계를 쌓을 기반이 좁아지고, 모든 분야에서 유능한 여성 변호사를 채용해서 확보할 여력도 적어진다.

이는 로펌의 미래 성장과 수입에 심각한 문제를 초래한다. 지금과 같은 정책과 관행이 계속되는 한 남녀 성별 격차는 줄어들지 않을 것이 분명하다."[21]

ABA의 조사에 응한 여성 변호사들은 재택근무 제도화, 유급 육아휴직, 파트너 변호사 *equity partner*의 파트타임 근무제, 파트너 변호사에 대한 명확하고 일관된 승진 기준이 마련되어야 한다고 답했다. ABA 보고서는 이렇게 결론을 내리고 있다. "시니어 여성 변호사들이 직장으로 돌아오지 않는 것은 이들이 근무나 승진에 대한 열의와 욕구가 약해서가 아니다. 열심히 일하거나 업무를 위해 큰 희생을 감수할 생각이 없기 때문이 아니다. 간단히 말해 여성 변호사들은 이미 양보를 충분히 했고, 이제 더 이상 양보할 필요는 없다. 이제는 로펌의 조직과 문화를 바꾸어야 한다. 로펌들은 자기들이 채용해서 확보하고자 하는 많은 여성 변호사들이 원하는 것을 자체적으로 얼마든지 해결할 능력을 갖고 있다."

보고서는 또한 이런 정책을 문서화한다고 문제가 다 해결되는 것은 아니라고 지적한다. 유연한 근무 형태를 원하는 직원들에게 도움을 주도록 관리자들을 교육시키는 것도 필요하다. 하위직 관리자들에게는 이런 유연한 근무 정책을 실행하도록 유도하는 인센티브를 제공하라고 보고서는 권고한다.

학계의 여성 인력

학계 정년트랙 교원들의 경우 파트타임 자리가 있다는 말을 들어보지 못했다. 아주 드문 경우로 육아휴직을 떠나는 교원들이 스스로 앞으로 정년트랙 자리에 지원하지 않기로 하는 사례들이 있기는 하다. 대학에도 파트타임 자리가 많지만 그것은 낮은 급여에다 임시직이라 매년 재협상을 해야 하고, 수당이 없고 승진 기회도 없는 부차적인 자리들이다.[22]

양으로 운영했다.[10] 컨설팅 기업인 부즈 앨런 해밀턴Booz Allen Hamilton과 글로벌 회계법인 언스트 앤 영Ernst & Young도 유연성과 경제학자 실비아 휼렛Sylvia Hewlett이 말하는 이른바 '온램프'on-ramps를 조직에 도입해 여성 퇴직자들이 다시 직장에 복귀하도록 도움을 준 개척자들이다. 다른 직종에서도 여성이 불이익을 당하지 않고 어떻게 일과 가정을 함께 이끌고 나갈 수 있도록 하는지에 대해 이들로부터 배울 점이 많다.

_____ 고용 유연성을 위한 방안들

파트타임 근무제

파트타임 근무는 얼핏 보면 일과 가정을 결합시킬 이상적인 방안처럼 보인다. 2012년 퓨Pew리서치센터 조사에서는 18세 미만의 자녀를 둔 기혼 엄마의 53퍼센트, 미혼 엄마의 36퍼센트가 풀타임 근무나 직장을 완전히 그만두는 것보다 파트타임 근무를 더 선호하는 것으로 나타났다.[23] 하지만 특히 지식 근로자들의 경우 파트타임 근무에는 여러 단점이 있다. 대부분의 고용주가 지식 근로자는 파트타임으로 채용하지 않으려고 하기 때문에 근로자의 입장에서는 원하는 파트타임 일자리를 찾기가 쉽지 않다. 또한 고용주들은 파트타임 근로자가 업무에 대한 몰입도가 낮다고 생각한다. 그렇기 때문에 파트타임 지식 일자리를 찾았다고 해도 근무 시간이 계약한 시간보다 더 늘어날 가능성이 높고(추가 수당 없이), 중요한 보직을 맡거나 승진 혜택을 누리기도 어렵다.

더구나 파트타임 근무자는 풀타임 근무자보다 시간당 급여가 낮다. 2003년부터 2018년 사이의 급여 자료 조사에 의하면 인구 통계적 특성과 교육 수준이 비슷한 경우 파트타임 근로자는 풀타임 근로자보다 시간당 급여를 23.9퍼센트 적게 받는 것으로 나타났다.[24] 업계와 직장별로 규제조치가 시행되고 있지만 급여 격차는 여전히 19.8퍼센트에 이른다. 성별, 인종별로 데이터를 세분해서 보면 백인 남성이 가장 심한 급여 격차를 보였고(무려 28.1퍼센트), 흑인 남성이 그 뒤를 이었다(24.6퍼센트). 흑인 여성, 백인 여성, 히스패닉 남성, 히스패닉 여성이 17.2퍼센트에서 12.3퍼센트 사이에 분포돼 있다(아시아계 남성, 여성은 데이터에 포함되지 않았다). 급여 격차는 시간이 지나며 더 늘고 있다. (1992년~2002년 자료를 사용한 2005년 조사 이후 여성은 6퍼센트 포인트, 남성은 4퍼센트 포인트 늘어났다.) 아무리 잘게 나눈다고 해도 파트타임은 근로자에게 많은 대가를 치르게 한다.

미셸 오바마는 회고록 『비커밍』Becoming에서 어린아이를 키우느라 파트타임 변호사로 일하며 자신이 겪은 어려움을 회고했다. 그녀가 소개하는 파트타임 일을 성공적으로 하는 비결에는 다음과 같은 내용이 포함돼 있다. 협상 때 자신이 할 수 있는 일과 할 수 없는 일의 한계를 분명하게 명시한다. 특정한 날에는 확실히 근무를 하지 않도록 일정을 짠다. 마지막으로 몇 시간을 근무할지를 문서로 분명하게 작성한다.[25]

분명한 것은 파트타임 전문직 일자리를 얻으려면 먼저 풀타임 근무자로서 자신의 업무능력을 증명해 보여야 하는 경우가 많다는 사실이다. 제이다는 유명한 로펌에서 막 파트너 지위에 올랐을 때 셋째 아이를 출산했다. 그녀는 자신의 지위를 믿고 통상 급여의 5분의 4를 받고 주 4일 근무를 하게 해 달라고 로펌에 요청했고, 매니징 파트너는 그 요청을 받아들였다. "집안일을 하려면 매주 금요일은 휴무로 할 필요가 있었다."고 그녀는 말했다. 그 아이디어는 효과가 있었지만 완벽한 해결책은 되지 못했다. 시간이 지나면서 금요일에도 일하는 때가 있었다. 4주마다 한 번 금요일에도 일하는 식이었다. 그녀는 자유롭게 일하니 그 정도는 기꺼이 받아들일 만한 현실이라고 생각했다. "금요일에는 아무도 내가 출근하리라고 생각하지 않았기 때문에 금요일에 출근하면 사람들은 나를 팀 플레이어로 생각해 주었고, 그것은 나에게 정말 큰 플러스였다. 그리고 출근하지 않아도 누구도 뭐라고 하지 않았다. 나로서는 급여를 줄이는 대신 얻는 이득이 훨씬 더 많았다." 고용주 측과 협상을 통해 파트타임 근무 허락을 받아낸 운 좋은 사람들 사이에 이런 시나리오는 그렇게 드물지 않다. 다음의 파트타임 근무자도 같은 경우이다.

사람들은 나를 보면 "80퍼센트만 일한다고 말해 놓고는 이전과 같은 양의 일을 하면서 급여만 적게 받는 것 아니냐?"라고 묻는다. 그러면 나는 이렇게 대답한다. "금요일에도 일할 때가 있느냐고? 그렇다. 실제로 100퍼센트 일할 때 하던 근무 시간의 80퍼센트만 일하느냐고? 그것도 사실이다." 금요일에 반나절 일하기도 하지만 야근이나 주말 근무는 거의 하지 않는다. 그래서 내가 감당할 만큼 일한다는 기분이 든다. 나는 늘 예상 밖의 요소가 들어 있는 힘든 일을 찾아서 했고, 오전 9시 출근 오후 5시 퇴근 같은 틀에 박힌 근무는 좋아하지 않았다. 긴 근무 시간 가운데 80퍼센트만 일하기로 한 것은 내가 좋아하는 일을 내가 감당할 수 있는 방식으로 하겠다는 것이다.

하지만 누구든 이런 식으로 파트타임 근무를 할 수 있다는 보장은 없다. 다음 여성의 경우처럼 고용주에게 업무능력을 인정받은 경우도 마찬가지이다.

남편을 처음 만났을 때는 내가 남편보다 두 배 더 잘 벌었다. 그런데 임신하면서 급여가 줄었고, 첫 아이가 태어나자 이제는 근무 강도를 줄일 때가 된 것 같았다. 나는 사업이 번창일로에 있는 대형 유통기업인 직장에 출산휴직 이후에도 파트타임으로 일할 수 있게 해달라고 부탁했다. 하지만 돌아온 답은 단호하게 '노'였다. 그래서 나는 회사를 그만두고 이후 12년을 그때그때 일거리가 생기면 일하고 석사학위 공부를 하며 보냈다. 친구들이 육아 도우미를 구하거나 오후 6시까지 아이를 유아원에 맡기는 것을 보면 우쭐한 기분이 들기도 했다. 그 시간에 나는 내 손으로 아기에게 먹일 이유식을 만들고, 화요일에는 유아 음악교실에 나갔다.
지금 우리 아이들은 초등학교와 중학교에 다닌다. 아이를 키우는 동안 직장에 계속 다닌 다른 학부모들은 이제 직장에서의 위치가 탄탄하고, 전문가로 언론 인터뷰에 등장하기도 한다. 로펌에 다니는 사람들은 유명인사가 되어 있다. 반면에 나는 이제 겨우 풀타임 자리를 얻어 나이와 경력에 맞지 않게 시시한 일거리나 맡아서 하고 있다. 그때 매니저가 내게 파트타임으로 일하도록 해주었더라면 사정이 완전히 달라졌을 것이다. 나한테 그럴 기회만 주어졌더라면 맡은 일도 얼마든지 처리해 냈을 것이다.

앞의 사례가 보여주듯이 업무능력이 입증된 근로자들에게 파트타임 근무 허용을 장려하는 집단적인 노력이 필요하다. 이런 결정은 보통 직속 관리자가 하는 경우가 많기 때문에 최고위 관리자가 직속 관리자들이 파트타임 고용제를 받아들여 회사의 인재 확보에 기여하면 보상을 받도록 우호적인 환경을 만드는 것이 필요하다.

경제적 실익은 매우 크다. 조직에 파트타임 제도를 도입하면 대체인력 확보에 드는 비용을 절감할 뿐만 아니라 재능 있는 여성인력을 성공적으로 확보해나가는데 도움이 된다. 여성이 일하기 좋은 곳이란 평판을 얻으면 그 조직은 여성뿐만 아니라 유능한 남성인력도 일하고 싶어하는 곳이 된다. 자녀 양육에서 적극적으로 역할을 하고자 하는 남성, 형제나 친척의 육아를 도와주는 사람들도 이런 직장을 선호할 것이기 때문이다.

차별 대우를 하지 않는 파트타임 근무는 자녀를 키우면서 전문적인 분야의 근무를 계속하고 싶어 하는 사람들에게 이상적인 방안이다. 인구학자들이 제시하는 기대수명이 계속 늘어나는 점을 감안하면 앞으로 은퇴 연령도 80세에 육박할 가능성이 높다. 일하는 기간이 길기 때문에 힘든 육아 기간 동안 파트타임 근무를 허용하는 것은 너무나 당연하다.

고용 유연성을 높이는 방안들

편한 일자리로 이동

출장 횟수가 적고, 혼자서 일하는 단독 업무, 관리할 직원 수가 적은 부서의 관리직 등 편한 일거리를 맡기는 것도 근무 유연성을 높이는 한 가지 방법이다. 하지만 맡은 책임이 줄어들면 조직에 대한 충성도가 적거나 여러 업무를 동시에 수행할 능력이 부족하다는 평가를 받을 우려가 있다. 업무 강도가 다소 느슨해지더라도 조직에 대한 열의와 업무능력을 보여주기 위해 열심히 일할 필요가 있다.

자기 사업

업무 유연성을 확보하는 또 하나의 방법은 컨설팅 등 독자적인 사업을 시작하는 것이다. 자기 사업을 하는 여성의 3분의 1이 파트타임 근무를 한다.[26] 마이라 교수의 강의를 들은 제자들 중에도 이런 방법을 택한 사람들이 있다. 이런 경우에는 누구로부터 허락을 얻을 필요도 없이 자기가 알아서 파트타임으로 일하면 된다. 한 응답자는 이렇게 말했다. "고객들은 나에게 다른 고객이 얼마나 있는지 모른다. 스트레스가 쌓이면 고객 수를 줄이거나 업무 스트레스가 적은 고객을 골라서 받으면 된다. 누구도 알 턱이 없다."

그렇지만 자기 사업에는 나름의 위험부담이 따르고, 시간과 에너지를 많이 쏟아야 한다. 일거리를 충분히 확보하지 못할 수도 있고, 주어진 시간에 감당하지 못할 정도로 일거리가 많이 몰릴 있다. 자기 사업의 속성상 기복이 심할 수밖에 없다. 하지만 자기 사업을 하면 세금 납부에서부터 퇴직 준비에 이르기까지 모든 부담을 자신이 감당해야 하기 때문에 성공할 기회가 그만큼 커지는 것도 사실이다.

'일하고 싶을 때 일하고', 윗사람으로부터 이래라저래라 지시받는 게 싫어서 자기 사업을 시작한 사람들은 그게 얼마나 힘든 일인지 알고 실망하게 될 것이다. 실제로는 근무 시간이 엄청나게 빡빡할 수 있고 연장 근무를 해야 할 때도 자주 있을 것이다. 그리고 고객이 사실상 직장 상사 같은 존재가 되는 경우도 적지 않다. 자기 사업을 하기로 마음을 정하기 전에 5C 프레임워크를 이용해 자기 사업을 금방 시작한 사람과 시작한 지 오래된 사람들의 의견을 반드시 들어본다. 숨은 장단점과 함께 이들이 어떤 어려움을 겪고, 그 어려움을 어떻게 이겨내는지 알아본다.

한 직장에 오래 다니기

업무부담을 줄여서 일과 가정을 좀 더 수월하게 결합시키는 또 다른 방법으로는 승진 기회를 좇아 여기저기 옮겨 다니지 말고 한 직장에 오래 눌러앉는 것이다. 유능한 동료로 인정받고 있다면 가정일 때문에 자리를 비워야 할 때 관리자와 팀 동료들이 유연한 입장을 취해 줄 것이다. 하지만 이런 경우 이직에 따르는 급여 인상 같은 혜택은 누리기 힘들다는 사실을 감수해야 할 것이다. 직장을 자주 바꾸는 경우 일반적으로 여성이 남성보다 급여 인상폭이 더 높다는 조사 결과가 있다.[27]

나는 스물여덟에 비즈니스 스쿨을 졸업하고 직장 근무를 시작했다. 그리고 서른부터 서른다섯 사이에 아이 셋을 낳았다. 몇 차례 이직할 생각을 했다. 경험을 쌓고 급여도 많이 받을 수 있는 기회들이 있었다. 하지만 다니던 회사의 사내 육아 제도가 하도 잘돼 있어서 계속 다니기로 했다. 물론 그동안 맡은 일은 여러 번 바뀌었다.(비즈니스 스쿨 졸업한 지 십 년 넘은 지금도 그 회사에 다니고 있다.)

지나고 보니 열심히 일하고 행운과 좋은 기회가 합쳐져서 직장생활을 잘 해낼 수 있었다. 직장을 옮겨 다니지 않길 잘했다고 생각한다. 다니는 직장에서도 많은 변화가 있었지만 이곳에서 작업을 끝까지 책임지고 수행해내는 경험과 능력을 갖춘 사람으로 인정받고 있다. 그러다 보니 승진도 수월하게 했다. 내가 내린 결론은 이렇다. 아이들이 어릴 때 위축되지 않고 '당당하고 싶은' 부모들(특히 엄마들)은 직업적인 안정성이 가정과 직장 모두에 도움이 된다는 것이다. 물론 이런 직장생활이 MBA 출신들이 졸업 후 추구하는 '초고속 승진'과 다른 길이라는 것은 나도 안다. 대신 이런 방식은 (어린 자녀가 있는)초기에 제자리걸음하면서 경험과 내공을 쌓고, 그러다 때가 되면 신속히 위로 치고 올라가는 준비를 갖추는 것이라고 할 수 있다.

애비도 아이들이 자라는 동안 10년 가까이 갭Gap Inc에서 근무하며 앞의 조사 응답자와 같은 생각을 했다. 아이를 키우는 엄마라는 사실이 업무에 지장을 준다고 생각하지 않는 직장을 찾는 게 매우 중요하다.

애비에게는 직업 안정성을 갖도록 해준 호의적인 업무 환경에서 일하는 게 조직 안에서 고속 승진을 하고 싶은 꿈을 일시 유보할만한 가치가 있었다.

_____ 믿고 맡길 데이케어 센터 구하기

이용 가능성 _Availability_, 비용의 적절성 _Affordability_, 양질의 육아 _Quality_

풀타임, 파트타임, 자기 사업, 혹은 직장에 다니든 불문하고 어린 자녀를 키우며 일할 때는 적절한 비용으로 양질의 보육시설을 찾는 게 무엇보다 중요하다. 이전에도 그처럼 딱 맞는 보육시설을 찾는 건 어려웠지만 팬데믹으로 많은 데이케어 센터가 문을 닫는 바람에 사정이 더 어려워졌다. 앞으로 사정이 나아지기야 하겠지만 어쨌든 여러분이 원하는 보육시설을 찾는 것은 힘든 일이다. 아이가 자라고 여러 환경이 변하면서 반복해서 수고해야 하는 일이기도 하다.

데이케어 센터는 5세 미만 아이를 맡기기에 가장 흔한 보육시설이지만(전체 아동의 35퍼센트, 유아의 16퍼센트가 이용) 다른 방법이 없는 것은 아니다. 미국 통계국US Census Bureau의 보육 관련 최신 통계에 따르면 두 번째로 많이 이용하는 보육 방식은 조부모가 돌보는 것으로 전체 아동의 32퍼센트를 차지한다.(유아의 경우는 비율이 이보다 조금 더 높다.) 가정에서 운영하는 보육시설인 패밀리 데이케어 홈Family daycare homes에서 전체 5세 미만 어린이의 8퍼센트 미만, 전체 유아의 10퍼센트 가까이 돌보는 것으로 나타났다.[28] 베이비시터나 보모가 아이의 집에 와서 돌봐주는 것은 편리하지만 비용이 많이 드는 게 흠인데, 이 서비스를 이용하는 비율은 전체 어린이의 5퍼센트에 그쳤다.

어떤 형태의 보육 서비스를 택하든 예비 돌봄이 추가로 필요한 날이 올 것이다. 아이가 아프면 데이케어 센터나 패밀리 데이케어 홈에 보내지 못한다. 아이를 돌봐주던 조부모나 보모가 아프거나 병원에 가고, 혹은 여행을 떠나 아이를 돌봐주지 못할 수도 있다. 그래서 플랜 A를 만들 때 플랜 B와 플랜 C를 함께 마련하는 게 현명하다. 애비가 아는 어느 부부는 주간계획을 세울 때 예비 보육을 누구에게 부탁할지에 대해 의논한다. 이렇게 계획적으로 대비하는 게 아침에 아이가 갑자기 열이 펄펄 끓을 때 덜 당황하게 된다.

프리샤와 닐 부부는 보육 센터를 구하느라 겪은 애환을 속속들이 안다. 다른 부부처럼 이들도 그게 얼마나 힘들고 복잡한 일인지 고개를 절레절레 흔든다.

남편 닐이 어렸을 적에 어머니가 패밀리 데이케어를 운영했기 때문에 우리는 자신을 '데이케어 가족'이라고 생각하고 아이를 데이케어 센터나 이웃집에 맡기기로 했다. 그래서 나는 임신 10주 때 대기 명단에 이름을 올렸다. 출산 예정일이 7월 말이라 10월에는 직장에 다시 나갈 생각이었다. 처음에는 11월부터 데이케어 센터(두 번째 선택 지역)에 자리가 날 것이라는 말을 들었기 때문에 양쪽 어머니께 10월에 오셔서 아이 돌보는 걸 도와달라고 부탁드렸다.

친정어머니가 10월 중 절반을 우리 집에 와서 머무시겠다고 했는데 자리가 생긴다고 했던 그 데이케어 센터에서 11월에 자리가 나지 않는다는 것이었다. 다른 데이케어 센터에서는 이듬해 1월이 되어야 자리가 난다고 했다. 그래서 하는 수 없이 아들을 홈 데이케어(내 친구 아이들이 그곳에 다녔다)를 운영하다가 은퇴한 여성에게 맡기기로 했다. 그런데 이 여성은 우리 아들을 일주일에 4일만 맡겠다고 하는 것이었다. 그래서 매주 금요일에는 아이 낮잠을 재워놓고 잠깐 일하러 가고, 가까운 대학에 다니는 남편의 사촌동생이 와서 몇 시간 아이를 돌봤다.

12월이 되자 그런 식으로 계속하기 어렵다는 게 분명해졌다. 아이가 많이 울었는데, 남편의 사촌동생은 우는 아이 돌보는 것을 좋아하지 않았다. 그럭저럭 한 달이 흘렀고, 1월에 자리가 난다던 곳에서도 가능성이 희박해지는 듯했다. 그러던 중 11월에 자리가 난다고 했던 집의 딸이 연락이 닿았는데, 자기도 집에서 데이케어 센터를 하려고 하는데 아이를 맡길 생각이 있느냐고 묻는 것이었다. 홈 데이케어 센터를 오픈하려면 한 달 안에 어려운 주택시장에서 집을 구하고, 필요한 장비를 갖추고, 면허 얻는 일까지 모두 마무리해야 하는데 우리가 보기엔 어려울 것 같았다. 그녀는 센터를 오픈할 때까지 자기가 직접 아이를 돌봐주겠다고 했다. 하지만 자기 혼자 풀타임으로 할 수 없어서 교회 친구와 반반씩 나누어 아이를 맡았다.

결국 새 데이케어 센터는 문을 열지 못했고, 그 사람들도 아이 돌보는 일을 오래 하지는 않겠다고 했다. 6주 뒤에 우리는 아이를 함께 돌봐줄 사람을 새로 구했고, 데이케어 센터가 새로 문을 열기까지 6개월 동안 그렇게 시간을 끌었다. 그러는 사이 아들은 생후 13개월이 되었다. 19개월 동안 대기자 명단에 이름을 올려놓은 셈이었다. 아들은 생후 첫 6개월 동안 돌봐주는 사람 5명의 손을 거쳤다. 둘째 아들은 태어나고 1년 동안 아이를 혼자서 돌봐줄 풀타임 보모에게 맡겼다. 그리고 생후 11개월째 데이케어 센터에 자리가 났다. 대기자 명단에 이름을 올린 지 5개월 만이었다. 그것도 형이 다니는 곳이라 '형제 우선' 혜택을 본 덕분이었다!

프리샤와 닐 부부는 힘든 과정을 겪었지만 그래도 운이 좋은 편이었다. 어쨌든 그들은 양질의 보육 서비스를 받을 수 있었다. 더구나 미국 시민 51퍼센트가 겪는 것과 달리 그들은 '보육 사막'childcare desert에 거주하지 않았다. '보육 사막'이란 5세 미만의 아이 50명을 기준으로 나눈 인구조사 분할구역에서 보육시설이 아예 없거나 보육 대상 아이의 수가 허가받은 보육 시설의 자리보다 세 배 더 많은 지역을 말한다.[29] 따라서 프리샤와 닐 부부는 일과 가정을 결합시키기 위해 고군분투하는 수백만 명의 미국인들에 비해 훨씬 더 많은 선택 기회를 누린 셈이다.

보육 센터의 자리가 부족하고 믿을 수 있는 양질의 보육을 받기 어려운 탓에 부모들은 어린 자녀의 보육과 관련해 여러 가지 대안을 마련해야 하는 경우가 많다. 다음에 소개하는 가정도 그런 경우이다.

첫아들이 태어나자 부모님이 우리 집으로 오셔서 1년 가까이 함께 지냈다. 그다음 보모를 한 명 구했다. 그 보모를 구한 건 정말 운이 좋았다. 당시 나는 일 년에 해외출장을 네 번, 국내출장도 여러 차례 다녔다. 아내는 동부 시간대에 맞춰 일하기 때문에 내가 출장을 떠날 때면 우리는 아침 5시 30분부터 아이를 봐줄 일손이 필요했다. 보모는 그렇게 이른 시간부터 일하는 걸 원치 않았다. 일하는 시간이 너무 길어지기 때문이기도 했다. 비는 시간을 메워줄 고교생 몇 명과 보모를 따로 구해서 겨우 고비를 넘겼다.

아이 돌보는 일 외에 다른 집안일을 맡기기 위해 일손을 구하는 가정들도 있다.

스트로버 교수의 수업에는 졸업생들도 참여했는데, 그 가운데 부부가 모두 업무부담이 큰 일을 하는 사람들은 집안일을 모두 다른 사람 손에 맡긴다고 해다. 그 이야기를 아내에게 했더니 우리도 그렇게 하자고 했다. 그래서 우리도 집안청소에서부터 정원손질, 집수리 등을 다른 사람에게 맡겼다. 친구 중에는 주말 보모를 따로 구하는 이들이 있었지만 우리는 주말 시간은 어린 아들 둘과 함께 보내려고 그렇게 하지 않았다.

앞에 소개한 가정들은 두말할 필요도 없이 특별한 혜택을 받은 경우들이다. 이들은 대부분의 가정이 금전적으로 감당하지 못할 방안을 선택할 수 있었기 때문이다. 이는 많은 이들이 관심을 가지고 대책을 세워야 할 중요한 문제이다. 그리하여 더 많은 부모가 자녀를 안전하고 믿을 만한 사람의 손에 맡겨놓았다는 믿음을 가지고 직장에 갈 수 있도록 해주어야 한다.

직장 복귀와 급여 차별

경제학자 실비아 휴렛Sylvia Hewlett은 풀타임 육아를 위해 근로 현장을 떠난 여성을 주제로 두 번의 전국 단위 연구 조사를 실시했다. 조사에 응한 여성 대부분이 어느 시점에는 근로 현장으로 돌아오고 싶어 했고 복귀에 성공한 여성들도 있었다. 대략 90퍼센트가 복귀를 희망하고 그 가운데 4분의 3이 복귀에 성공했다.[30] 복귀한 사람 가운데 40퍼센트는 풀타임 자리로, 4분의 1은 파트타임, 그리고 10퍼센트는 자기 사업을 했다.(최근 들어 자기 사업을 하는 사람의 수가 더 늘었을 것으로 본다.)[31] 파멜라 스톤Pamela Stone과 멕 러브조이Meg Lovejoy가 직장을 떠났다가 근로 현장 복귀를 희망하는 43명의 중상위 전문직 여성을 대상으로 최근 실시한 심층조사에서는 이들이 이직 전에 하던 일에서보다 더 높은 성취감을 보여주는 것으로 나타났다.[32] 유급 근로 현장으로 복귀하는 이유는 다양하다. 아이들이 어릴 때는 부모 중 한쪽이 집에서 아이를 돌보는 게 유익할 수 있다. 하지만 그런 경우에는 이 여성의 경우처럼 스트레스 유발 요인이 뒤따를 수 있다.

나는 첫 아이를 낳고 파트타임 일만 하기 시작한 지 12년 만에 풀타임 일자리를 다시 갖기로 했다. 새 일자리는 급여나 직급 모두 그렇게 원하던 수준은 아니었다. 남편이 일자리를 잃을 경우에 대비해 예비로 구한 자리였다. 남편이 일하는 분야에서는 감원이 다반사로 이뤄지고 있었고, 앞치마를 두른 채 취업 정보를 검색하는 남편 옆에서 불안한 모습으로 서성대는 전업주부의 모습은 상상만 해도 끔찍했다. 남편에게도 12년 동안 가족을 부양하느라 수고했으니 이제 원한다면 좀 더 자유로운 입장에서 새로운 직장이나 새로운 일을 시작해 보라고 격려해 주고 싶었다. 다시 일을 시작하기 전까지는 그동안 다섯 가족의 부양 책임을 전적으로 남편에게만 맡겨놓은 데 대해 약간의 죄책감을 갖고 있는 줄 나 자신도 몰랐다. 남편은 그것에 대해 한 번도 내색한 적이 없지만 많은 부담을 남편 혼자에게 지워놓고 있었다는 사실을 이제 깨닫게 됐다.

휴렛이 실시한 조사에서 일을 다시 시작하겠다는 사람의 60퍼센트 정도가 금전적인 이유를 들었다. 자신이 직접 돈을 못 벌어 불편하다는 사람도 있고, 자신의 수입이 없기 때문에 가족이 금전적으로 더 어려움을 겪는다는 이들도 있고, 두 가지 다를 말하는 이들도 있었다. 자기 일을 하면서 맛보는 성취감을 그리워하는 이들도 많았다.

휴렛의 조사에 응한 일자리 복귀 희망 여성 가운데 거의 4분의 1이 재능을 사회에 환원하는 방법의 하나로 직장 복귀를 희망한다는 식의 이타적인 동기를 갖고 있었다. 일은 이들 여성에게 성취감과 삶의 의미를 안겨주었다. 많은 경우 남성 지배 일자리에서 일하다 그만둔 여성들은 근로 현장에 복귀하면 여성들이 주로 맡는 일자리를 맡았다. 여성이 주로 맡는 일자리는 급여가 낮았는데 18~38퍼센트 정도 급여 차별을 하는 대신 육아에 도움이 되도록 근무 시간을 유연하게 조절할 수 있는 혜택을 받았다.[33] 이처럼 여성이 주로 맡는 일자리로의 쏠림현상은 육아를 위해 경력을 단절했다가 몇 년 후 다시 복귀하는 여성들에게 적용되는 임금 격차를 어느 정도 반영한다.

업무 복귀는 새로운 출발

최근 들어 아이리론치iRelaunch, 맘프로젝트The Mom Project처럼 여성의 업무 복귀를 돕는 단체가 많이 나타났다. 이들은 경력 단절 여성들이 특히 첨단기술 분야에서 새로운 기술을 배우도록 도움을 준다. 복귀를 원하는 또래 집단과 그룹을 주선해 주고, 여성의 자신감을 높여주기 위한 작업을 한다. 만약 여러분 가운데 업무에 복귀하고 싶은 사람이 있다면 복귀 성공률이 높으니 자신감을 가지라고 말해주고 싶다. 자신이 원하는 일이 정확히 어떤 일인지 찾는데 시간이 걸릴 수 있다. 하지만 여러분은 지금 매우 중요한 시점에 와 있다. 이 시기를 여러분의 삶에서 새로운 장을 여는 하나의 출발점으로 생각하기 바란다.

_____ 자기 몸은 자기가 돌보자

가족을 돌보며 직장에 다니면 다른 일을 할 시간적인 여유가 거의 없을 수 있다. 직장 일과 육아 관련 일 외에 다른 일을 소홀히 하지 않기 위한 한 가지 방법은 업무 약속이나 병원예약 시간을 정하는 것처럼 시간표를 짜는 것이다. 운동시간, 친구 만나는 시간, 부부간의 약속, 그 밖의 취미활동 시간을 업무 관련 일정과 함께 달력에 나란히 표시해 둔다.

그게 어떻게 가능하냐고 반문할지도 모르겠다. 쉬운 일은 아니다. 하지만 이런 일을 할 시간을 내기 위해서는 창의적인 아이디어를 내보라고 권하고 싶다. 아이가 학교나 데이케어 센터에 가 있는 시간을 이용해 부부가 점심 데이트를 해보라. 주말에 아이를 다른 사람에게 맡기고 부부가 함께 운동을 하러 나갈 수도 있다. 집안일 때문에 외출할 때 친구와 시간을 맞춰 일도 하고 친구도 만날 수 있도록 해보라.

잠을 충분히 자도록 스케줄을 조절할 것도 권한다. 만성적인 수면부족이 장단기적으로 질병을 유발한다는 연구 결과가 많다.[34] 하지만 현실을 무시할 수도 없다. 아이를 키우면서 직장에 나가고, 그러면서 잠을 충분히 자는 사람은 거의 없다는 현실을 우리 모두 잘 알고 있다. 이 문제에서는 기술이 큰 역할을 할 수 있다. 너무도 많은 일터에서 '상시 접속'always on 문화가 자리 잡고 있지 않은가. 잠을 좀 더 잘 수 있도록 기술을 잘 활용해 보라. 넷플릭스Netflix 영화에서 다음 에피소드가 자동 플

머니 앤드 러브

레이되는 기능을 끈다. 일정 시간이 지나면 와이파이 라우터가 자동으로 꺼지도록 맞춘다. 단순 기능 알람시계를 머리맡에 두고 핸드폰은 아예 침대에서 멀찍이 두도록 한다.

_____ 5C 프레임워크 활용하기: 현명한 직장 복귀 준비

경력 단절 후 새로 일자리를 찾는다는 건 힘든 일이다. 단절 기간이 긴 경우에는 특히 더 그렇다. 자신 있게 말하지만 인내심을 가지고 기다리면 가능성은 높다. 5C 프레임워크를 이용해 조직적으로 임하면 여러분 자신과 가족이 선택하고 실행하는 과정이 좀 더 수월해질 수 있다.

step 1 명확히 하기 *Clarify*

근로 현장에 복귀하기 전에 다음의 두 가지 핵심 질문에 답하며 자신의 목표가 무엇인지 명확히 한다. 왜 복귀하려고 하는가? 어떤 일을 하고 싶은가?

원하는 목표를 명확히 하는 작업은 진행형이라는 사실을 명심한다. 경제적, 사회적 상황과 산업 및 일자리 수요의 전반적인 변화가 여러분이 원하는 목표를 저평가하게 만드는 경우가 많다. 과정을 진행해 나가는 동안 이와 관련된 질문을 계속 던져본다. 이 과정에서 여러분 자신의 심경에도 변화가 있을 수 있다는 점을 잊지 말자.

step 2 소통하기 *Communicate*

배우자나 동반자가 있으면 자신이 원하는 것에 대해 이야기해 보라. 자신이 일을 다시 시작하면 가족과 가정 전체에 어떤 변화가 초래될 것인지에 대해 이야기를 나눈다. 일자리를 구하는 데 어떤 점이 우려되는지에 대해서도 의견을 구한다. 부부 가운데 어느 한쪽이 내리는 결정은 맞벌이인 경우에도 배우자에게 영향을 미친다. 예를 들어 어느 한쪽이 승진해서 근무 시간이 길어지고 출장을 더 자주 다니면 배우자가 대신 집안일을 더 많이 해야 하는데 그걸 감당할 수 있을지를 놓고 이야기를 나눈다.

그리고 여러분이 다시 근무 현장으로 돌아가는데 방과 후 보육 프로그램에 아이가 들어갈 자리가 없다면 아이를 어디로 보낼 것인가? 지난해 아이가 여름 캠프 가는 걸 싫어했다면 이번 여름에는 기간을 줄여서 보낼지, 아니면 가까운 도시에 사시는 부모님께 여름방학 동안 손자를 맡아 주실지 물어봐야 한다. 조금 자란 자녀들이 있는 경우에는 그 아이들이 엄마가 다시 일하러 나가는 걸 어떻게 생각할지도 알아봐야 한다. 다른 가족이 제기하는 우려를 달래며 자신의 결심을 확고하게 밀고 나갈 수도 있다. 사랑하는 가족의 생각에 귀를 기울이면서 자신의 생각을 솔직하게 표현하는 게 건강하고 균형 잡힌 소통에 매우 중요한 요소이다.

step 3 **대안 알아보기** *Consider a Broad Range of Choices*

예전에 어떤 일을 했든 상관없이 새로운 일에 열린 자세로 임한다. 예를 들어, 그동안 자기 사업을 할 생각은 전혀 해본 적이 없었다면, 자기 사업에는 풀타임으로 열심히 일해도 위험부담을 피할 수 없다는 사실을 잊으면 안 된다. 자신이 좋아하는 취미를 사업으로 접목시켜 성공한 사람들이 있으니 여러분도 해볼 수 있을 것이다.

구직 과정에도 어느 정도 창의적인 아이디어가 필요할 것이다. 전통적인 방법으로는 고용자의 관심을 끌기 어려우니 다른 방법을 동원해 취업 가능성을 높인다. 예를 들어 급여 없이 일하는 자원봉사직이 도움이 될 수도 있다. 금융 분야 경력자인 조던은 직장을 그만두고 쉬는 동안 시청에 자원봉사로 일하며 새 청사 건립 일을 도왔다. 다시 일을 시작할 준비가 되자 그녀는 자신의 희망사항을 여기저기 알렸다. 그녀가 일자리를 구한다는 소식은 사무총장을 구하는 어느 비영리 단체의 이사회에도 전해졌다. 그녀가 해온 금융 분야 자원봉사 일에 좋은 인상을 받은 이사회 멤버들은 그녀와 인터뷰를 진행했고 그렇게 해서 그녀는 새 일자리를 얻었다. 새 일자리의 급여 수준은 금융 쪽에서 일할 때와 비교하면 훨씬 낮았지만 그녀는 새로 하는 일이 마음에 들었고, 급여가 줄어든 것도 기꺼이 받아들였다.

창의적으로 팀워크를 이루어서 이상적인 경력 복귀의 꿈을 이루는 경우도 있다. 이시타는 12년의 경력 단절을 마감하고 파트타임으로 일을 다시 시작하기로 했다. 만나는 사람마다 그런 생각을 이야기했더니 자기처럼 파트타임으로 일을 다시 시작하고 싶어 하는 여성이 나타났다. 둘은 파트타임으로 일을 함께 나누어서 하도록 한 팀으로 두 사람 모두 채용해 줄 곳을 찾았다. 2년이 걸려 두 사람은 마침내 가장 안성맞춤의 드림 잡을 구할 수 있었다.

step 4 다른 사람의 의견 듣기 *Check In*

일을 다시 시작하고 싶다면 누구와 접촉할 것인가? 일을 다시 시작할지 여부를 결정하고, 원하는 일자리를 구하는 데 네트워킹의 도움을 받을 수 있다. 해당 업계의 전문가를 찾아본다. 네트워크에 있는 사람들로부터 하는 일은 어떤지, 일과 가정을 어떻게 병행하는지 들어본다. 이웃 사람, 아이 친구의 부모들, 같은 교회 신자들, 취미활동을 같이 하는 사람들과도 이야기를 나눈다. 궁금한 점을 물어보고, 원하는 게 무엇인지 말해 주고 그들이 내놓는 의견을 진지하게 듣는다.

일과 가정을 병행하는 방법에 변화를 주려고 생각할 때는 이런 식의 개방된 자세가 필요하다. 초등학교에 다니는 마이라 교수의 손자가 읽

기에 문제를 보이자 며느리인 아이의 어머니 조안나는 아이 돌보는 데
집중하기 위해 직장을 그만두고 싶다고 했다. 조안나의 친정어머니는
다른 의견을 냈다. "집에서 아이를 어떻게 돌보겠다는 거니?" 그녀는 딸
에게 이렇게 물었다. "직장에 그대로 다니며 버는 돈으로 전문 독서 선
생님을 구하는 게 더 낫지 않겠니?" 조안나는 친정어머니의 말이 옳다
는 걸 알고 그대로 따라 했다. 그녀의 선택에 친정어머니의 조언이 결정
적인 역할을 한 것이다.

step 5 예상 결과 따져보기 *Explore Likely Consequences*

일과 가정을 오가며 어떤 결정을 내릴지 숱한 진행형 고민을 할 때는
그 결정에 따라 예상되는 결과에 대해 생각해 본다. 예를 들어, 딸아이
가 여름 캠프에 절대로 안 가겠다고 하니 아이를 조부모 집에 보내기로
했다고 치자. 그 결정이 여러분과 부모, 시부모와의 전반적인 관계에 어
떤 영향을 미칠 것인가? 아이가 잘 안 먹는다든가, 아이가 버르장머리
가 영 없다는 등의 말이 들리면 기분이 어떨까? 아이를 봐주시니 그저
고맙다는 생각만 들까? 아이 덕분에 부모와의 관계가 더 가까워질까?
어떤 결과가 나타날지 정확히 알 수는 없겠지만, 현재 알고 있는 정보를
바탕으로 어느 정도 예측은 해볼 수 있을 것이다. 만약 지금 하는 일과
가정을 병행하는 방식이 마음에 들지 않는다면 그걸 바꾸는 수가 있다
는 점을 잊지 말자. 세상에 바꾸지 못할 것은 별로 없다.

내 삶에 적용하기

경력과 육아를 어떻게 병행할 것인가?

이 연습문제는 5C 프레임워크 중에서 '분명히 하기'CLARIFY와 '소통하기 "COMMUNICATE 단계에 초점을 맞추었다. 다음 문제를 깊이 생각해 본 다음 배우자가 있는 사람은 배우자와 의견을 나눈다.

1. 아이를 낳은 다음에도 풀타임으로 일을 계속하고 싶은 게 확실한가? 다음 세 가지 경우 중 어느 쪽이 자신에게 가장 잘 맞는가? 그 이유는?

....

A. 나는 아이를 낳은 뒤에도 하던 일을 풀타임으로 계속하고 싶은 마음이 절실하다. 그렇게 하기 위해 최선을 다할 것이다.

B. 아이를 낳은 뒤에도 풀타임으로 일을 계속하는 게 좋다고 생각하지만 그럴 경우 문제점이 있다는 것도 안다. 풀타임으로 일할 여건이 잘 갖추어지면 좋겠지만 장담할 수는 없다.

C. 내게는 경력도 중요하지만 아이들은 더 중요하다. 적어도 당분간은 아이들과 더 많은 시간을 보내기 위해 일을 잠시 멈추려고 한다.

2. 다음에 소개하는 아이를 맡기는 방법 가운데 어느 쪽이 여러분에게 가장 적합한가? 그 이유는?

....

A. 아이가 보육 전문가의 손에서 안전하고 세심하게 보살핌을 받는다면 가족 구성원이 아닌 사람에게 아이를 맡겨도 좋다.

B. 가족 구성원이 아이를 돌봐주는 게 좋다고 생각하지만 아이를 믿고 맡길 적임자나 데이케어 센터가 있다면 문제가 안 된다고 생각한다.

C. 아이를 가족 구성원에게 풀타임으로 맡기는 게 대단히 중요하다고 생각한다. 아이의 엄마나 아빠가 직접 키우는 게 제일 바람직하다.

3. 시간이 흐르면 앞의 질문에 대한 답이 바뀔 수 있다고 생각하는지? 바뀐다면 어떻게?

....

배우자가 있는 사람은 문제 1~3번에 대한 답을 배우자에게 보여주고, 왜 그 대답을 골랐는지 설명해 준다. 배우자가 내놓는 반응에 주의 깊게 귀를 기울인다.

4. 배우자의 반응을 보고 놀랐는가? 경력과 집안일에 대한 여러분의 생각을 가족들은 어떻게 받아들이는가?

....

5. 1번 질문에 대한 답으로 부부 모두 A를 골랐다면 두 사람 가운데 누구의 경력을 더 우선시할지 의논한다. 누구 경력을 더 중요시할지도 시간이 흐르면 바뀔까? 바뀐다면 어떤 식으로 바뀔까?

....

6. 부부 모두 1번 질문의 답으로 C를 골랐다면 순서를 어떻게 정할지를 의논하고, 그럴 경우 가족들에게 미칠 것으로 예상되는 금전적인 부담도 따져본다. 그렇게 할 경우 생활방식을 바꾸거나 이사를 가야 하지는 않을까?

....

7. 2번 질문에 대한 부부의 답이 서로 다를 경우 두 사람의 입장 차를 어떻게 해소할 것인가?

....

MONEY *and* LOVE

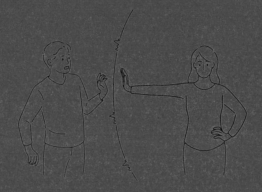

Chapter 08

위기의 부부

위기의 결혼생활을 우아하게 끝내기

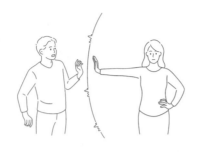

      마이라 교수의 첫 남편 샘은 뉴욕을 출발해 캘리포니아로 가는 비행기 안에서 자기는 결혼생활이 불행하다고 했다. 마이라는 그 말을 듣고 충격에 빠졌다. 18년을 함께 살면서 여태 그런 말은 한 적이 없었다. 놀란 마이라는 함께 부부 치료를 받아보자고 했고, 남편 샘은 자기 혼자 치료를 받겠다고 했다. 한 달 뒤 그는 일단 별거를 하자며 짐을 싸서 집을 나갔다. 그리고 얼마 뒤 그는 이혼하자고 했다.

    모든 부부관계의 위기가 이혼으로 끝나는 것은 아니지만 예상 가능한 결과를 염두에 두고 두 사람 앞에 나타나는 과속방지턱을 극복해 나가는 게 현명할 것이다. 부부 사이를 강하게 이어줄 방법을 알고 위기를 다스려 나가면 부부관계도 개선할 수 있다. 그리고 언젠가 이혼하게 되더라도 이런 현명한 방법을 활용한다면 가능한 한 원만한 분위기에서 헤어질 수 있을 것이다.

_____ 소통의 핵심은 상대의 말 잘 듣기

소통이 모든 건강한 관계의 중추가 된다는 건 여러분도 잘 알 것이다. 그러면 어떻게 하는 게 좋은 소통일까? 아쉽게도 사람들은 이 가장 중요한 문제에 대해 깊이 생각해 보려고 하지 않는다. 마이라 교수는 대학에서 갖은 일을 다 겪으며 좋은 소통이 얼마나 중요한지를 체득했다. 첫 남편 샘과는 수시로 대화하고 부부싸움은 거의 하지 않았다. 두 사람은 정치, 일, 아이들에 관해 다양한 이야기를 나누었다. 각자 하는 일에 대해서도 세세한 이야기까지 서로 털어놓고, 겉으로 보기에는 공동 관심사도 있고 서로 존중하는 자세를 유지했다.

시간이 흐르며 마이라 교수는 두 사람의 대화에 무언가 미진한 구석이 있다는 생각이 들었다. 정신과 의사인 두 번째 남편 제이는 부부 간의 친밀한 대화가 결혼생활의 자양분이 된다는 걸 보여주었다. 그는 친밀함intimacy을 '내 안을 들여다 봄'into-me-see으로 해석했다. 배우자와 친밀한 대화를 나누려면 대화하는 순간에는 상대가 내 감정 속으로 들어오도록 해주어야 한다. 여기에는 결혼생활에 대해 갖고 있는 두 사람의 감정도 포함된다. 자신이 어떤 감정을 갖든 상대에 대한 믿음을 갖는 게 중요하다. 내가 이런 감정을 가진 걸 알면 상대가 나를 버리고 떠나지 않을까 하는 두려움을 갖지 않도록 한다. 역설적이지만 자신의 약한 모습까지 있는 그대로 상대에게 온전히 다 드러내 보여줌으로써 두 사람의 결혼생활은 더 강하게 유지될 수 있다.

부부싸움을 부정적인 것으로 생각하는 사람이 많다. 물론 잘못 하면 그럴 수 있지만 부부관계를 위해서는 어설픈 소통보다 생산적인 부부싸움이 더 낫다. 부부 소통 전문가인 존 가트맨John Gottman, 줄리 가트맨 Julie Gottman 부부는 문제 해결을 위해 부부싸움을 하는 부부가 배우자가 틀렸다는 것을 입증하기 위해 기를 쓰고, 질책하고, 배우자의 말은 아예 들으려 하지 않는 부부보다 결혼생활을 유지할 가능성이 훨씬 더 높다는 사실을 알아냈다.[1]

물론 소통은 양방향으로 이루어지는 것이다. 자신의 생각을 상대에게 털어놓는 것과 함께 상대의 이야기에도 주의 깊게 귀를 기울여야 한다. 실제로 좋은 소통에서는 잘 듣는 게 절반 이상의 역할을 한다. 이때 잘 듣는 것은 해결책을 제시하는 게 아니라 상대의 말에 공감하고 위로 하는 것이다. 사람들은 상대가 자신의 말에 귀를 기울인다는 느낌이 들면 속마음을 계속 털어놓으려고 한다. 좋은 소통은 상대와 전적으로 공감하고, 배우자가 하는 말을 곧이곧대로 믿고(그러다 내 뜻대로 따라 오겠지 하는 생각을 버리고), 부부로서 서로 신뢰하면 결국 의견의 일치를 이루게 될 것이다.

원만한 결혼생활이 이루어지려면 두 사람 모두 공정한 합의가 이루어졌다는 생각이 들어야 한다. 모든 문제를 두 사람 모두 완전히 만족스런 수준으로 해결하기란 불가능한 경우가 많다. 하지만 시간이 지나며 두 사람 모두 전반적으로 공평한 해결책이라는 느낌을 가질 수 있어야 한다. 두 사람의 견해차를 이어주는 다리가 불공정하다는 느낌이 들면 앞으로 나아가야 할 부부관계의 토대가 불안정하고 취약해진다.

_____ 애정 표시와 신체 접촉을 중단하지 말라

세월이 지나고 삶의 우여곡절 속에서도 두 사람 사이에 사랑의 불꽃이 계속 살아 있게 하려면 시간과 노력이 필요하다. 이런 노력은 고된 직장생활에다 아이 키우고, 다른 가족들과 함께 생활하다 보면 자칫 소홀해지기 쉽다. 그러다 보면 로맨틱한 감정, 성적인 친밀감이 눈에 띄게, 그리고 심각하게 감소하게 된다. 신체접촉의 결핍은 간혹 외도로 이어지는 수도 있다. 하지만 외도에는 다른 원인이 있는 경우도 많다. 시간이 지나고 나이가 들면서 섹스에 대한 관심은 줄어들 수 있다. 그러나 섹스에 대한 관심이 줄어든다고 모든 게 끝나는 것은 아니다. 애틋함, 애정, 다정함 같은 감정이 섹스 역할을 대신할 수 있다.

많은 부부들이 하루의 일과를 마친 다음 수시로 야간 데이트를 하며 서로의 관계를 유지해 나간다. 가능하면 주말에 야외로 나가 데이트하는 부부도 많다. 하지만 야간 데이트와 주말 나들이로는 부족하다. 부부 사이에 일상적으로 오가는 교감 없이 이런 데이트 외출만으로는 결혼생활을 수십 년 지속시키기 어렵다. 두 사람 모두 상대방과 결혼할 당시의 초심을 되새기며 작은 불꽃 하나라도 계속 타도록 노력해야 한다. 둘만의 시간을 갖고, 함께 웃고 이야기를 나누고, 애정 어린 눈길, 손길, 뜨거운 키스(볼에 건성으로 하는 키스가 아니라)가 필요하다.

비영리 단체인 미국은퇴자협회AARP는 50세 이상 부부를 대상으로 한 조사에서 매우 행복한 결혼생활을 하는 부부들은 결혼생활 내내 로맨스와 친밀감을 유지하기 위해 다양한 방법을 쓴다는 사실을 알아냈다.[2] 조사 결과를 바탕으로 3명의 전문가가 충고를 내놓았는데 그중에는 다음과 같이 간단한 것도 있다. 사람들 있는 데서 손을 잡고 키스하는 걸 주저하지 않는다. 배우자에게 멋지다는 말을 수시로 하고 매일 사랑한다는 말을 반드시 한다. 가끔은 마음이 내키지 않을 때도 섹스를 한다. 최소한 일주일에 한 번은 열정적인 키스를 나누고, 한 달에 두 번은 데이트를 한다. 쉬운 일 같아 보이지만 아이들이 아직 어리거나 특별히 스트레스를 많이 받는 시기에는 지키기 쉽지 않을 것이다. 그러니 어려운 시기에 한동안 야간 데이트나 섹스를 못했다고 크게 걱정할 필요는 없다. 힘든 상황에서도 여러분의 관계가 계속 유지되도록 노력하는 것이 중요하기 때문이다.

_____ 섹스를 풍요롭게 만드는 요소들

여러분의 삶에서 로맨스와 섹스가 차지하는 비중은 두 사람의 관계에서 일어나는 다른 일에 따라 달라진다. 따라서 서로의 꿈과 소망을 응원하며 관계를 더 깊고 끈끈하게 가져가는 게 반드시 필요하다. 서로 상대가 자기를 바라보고, 자기가 하는 말에 귀 기울이고, 자기 의견을 지지해 준다고 생각하면 두 사람의 관계에서 로맨스와 섹스가 차지하는 비중도 함께 왕성해진다. 이는 집안일을 공평하게 분담하는 부부가 그렇지 않은 부부보다 섹스 횟수가 더 잦다는 조사 결과와 일맥상통한다.[3] 부부 모두 서로 존중받는다고 느끼면 두 사람 사이에 친밀감과 웃음, 기쁨도 더 쉽게 따라온다.

부부 심리치료사이자 작가, 팟캐스터인 에스더 페렐Esther Perel은 일부일처제 결혼생활에서 겪는 모험적인 욕구와 안정 희구 심리의 패러독스를 소개한다.[4] 그는 성적인 욕구를 추구하면서 동시에 친밀감을 갖고 싶어 하는 사람들의 복잡한 심리에 주목한다. 성적인 욕구에는 미스터리가 수반되지만 친밀감에는 미스터리와 반대되는 정직성이 요구되기 때문이다.

이런 요소들을 한 명의 배우자에게서 모두 충족한다는 것은 어려운 주문이다. 기대수명이 이전보다 훨씬 더 길어졌고 이제는 섹스가 더 이상 종족 번식의 수단으로만 여겨지지는 않는 세상이 되었기 때문이다.

페렐은 결혼생활을 오래 한 부부는 섹스에 대한 욕구가 즉흥적으로

외도

섹스와 결혼생활을 이야기하다 보면 불가피하게 외도라는 문제를 거론하지 않을 수 없게 된다. 미국의 여론조사기관 제너럴소셜서베이*General Social Survey*가 2010~2016년 실시한 조사에 따르면 조사에 응한 남성의 20퍼센트, 여성의 13퍼센트가 결혼 기간 중 배우자 아닌 상대와 섹스를 했다.[5] 다른 여러 조사에서도 혼외정사를 한 사람의 비율이 20퍼센트에서 40퍼센트에 이르는 것으로 나타났다.[6]

외도 문제를 잘 극복해 나가는 부부도 있지만(전문가의 도움을 받는 경우가 많다) 부부 문제 치료사들은 외도를 "부부 사이에 일어나는 가장 심각한 문제이고, 가장 해결하기 힘든 문제들 가운데 하나"라고 말한다.[7]

일어나기를 기대하는 대신 섹스 계획을 세우라고 권한다. 또한 상상력과 느긋한 마음자세로 섹스를 준비하라고 권한다. 육아와 업무, 집안일, 사회생활, 경제적인 문제에 관심을 쏟으며 살다 보면 부부 모두 새롭고 재미있는 일을 찾는데 서투르기 쉽다. 사실은 이런 요소들이 멋진 섹스의 핵심이라고 페렐은 말한다.

_____ 돈 문제도 부부관계를 파탄 내는 주요 원인

해나는 외할아버지가 돌아가시면서 유산을 많이 물려받

았다. 해나의 어머니는 그 유산이 해나에게 주는 것이며 부부 공동 재산이 아니라고 했다. 하지만 아직 어린아이가 셋인 해나는 자기 말대로 '숫자에는 깜깜이'라며 남편 손에게 돈 관리를 맡겼다. 남편이 그 돈을 어떻게 투자할지에 대해서는 서로 의논한 적이 없었고, 몇 년 뒤 돈은 온데간데없이 사라지고 말았다. 남편은 그 돈을 부동산에 잘못 투자했다가 모두 날렸고 그 일로 남편에 대한 신뢰는 모두 사라지고 말았다. 얼마 뒤 해나는 이혼소송을 냈다.

돈을 둘러싼 이견은 부부 간의 불화를 낳고 이혼으로까지 이어지는 큰 원인이 된다. 해나와 숀 부부의 경우는 특히 극적인 면이 있지만 금전문제는 액수의 크고 작음에 상관없이 결혼생활에 치명적인 타격을 가할 수 있다. 돈이 생기면 저축부터 하자는 사람이 있는가 하면 일단 쓰고 보자는 부류도 있다. 물건을 외상으로 잘 사는 사람이 있는가 하면 반드시 수중에 돈이 있어야 물건을 사는 사람도 있다. 빚을 내서라도 근사한 집에서 살고 싶은 사람이 있는가 하면 여윳돈을 남겨놓고 맘 편히 지내는 걸 원하는 이들이 있다. 만약 돈에 대한 생각이 자기와 다른 사람과 결혼했다면 그 생각의 차이를 좁히기 위해 더 많은 시간과 노력을 쏟을 필요가 있다.

부부가 돈에 대한 개념이 완전히 다를 때 이를 해소하는 한 가지 방법은 돈을 각자 따로 관리하는 것이다. 이 경우 공동 비용은 한데 모아놓더라도 나머지는 각자 관리한다. 뱅크오브아메리카Bank of America의 최근 조사를 보면 은행 계좌를 따로 관리하는 부부의 수가 계속 늘고 있다. 베이비붐 세대 부부의 13퍼센트, 밀레니얼 세대 부부의 29퍼센트가 은행 계좌를 별도 관리하는 것으로 나타났다.[8] Chapter 02에서 소개한 것처럼 서로 비슷한 경제관념을 가진 부부도 공동 계좌와 개별 계좌를 혼합해서 관리하는 것을 더 선호한다. 애비와 로스는 대학원 졸업 후 함께 살기 시작하면서 이런 방식을 썼다. 이후 두 사람 모두 수입이 늘면서 공동 계좌의 액수가 많아졌다. 개인 계좌는 서로 상대에게 미안하지 않을 정도로 소액을 넣어놓고 친구들과 여행을 간다든지 선물 사는 비용 등으로 썼다.

_____ 부부 상담 전문가의 도움 받기

결혼생활을 하다 보면 부부 모두 각자의 생각과 삶의 목표, 인생관 등이 바뀌기 마련이다. 이런 변화는 동시에 일어나기도 하고 서로 다른 속도, 다른 방향으로 전개되기도 한다. 오래 함께한 부부들은 이런 변화를 조화롭게 이끄는 게 성공적인 결혼생활에 매우 중요하다고 말한다.

많은 이들이 이런 삶의 변곡점이 바로 결혼생활의 성공을 좌우하는 결정적인 순간들이라고 말한다. 많은 이들이 배우자가 이런 변곡점을 겪을 때 자신도 그런 위기 상황에 적응하고, 타협하고, 맞추기 위해 얼마나 노력했는지 모른다고 말한다. 변화는 두려운 일이지만 대화를 자주 하고, 상대의 말에 귀 기울이고, 서로 신뢰하는 부부들은 이런 변화에 적응할 수 있다는 강한 자신감을 보여준다. 부부 각자의 변화와 두 사람의 관계에 일어나는 변화를 모두 일컫는 말이다. 한 번 변화를 이겨내면 다음에 오는 변화는 두렵지 않다. 결혼한 지 오래되지 않은 부부들은 함께 변화의 실체를 파악하고, 그 변화가 두 사람의 관계와 삶에 어떤 영향을 미칠지 가늠해 보는 노력을 포기하지 말아야 한다.

제니퍼 페트리글리에리Jennifer Petriglieri는 저서 『일하는 커플이 성공하는 법—일과 사랑의 기술』*Couples That Work: How Dual-Career Couples Can Thrive in Love and Work*에서 부부는 일과 사랑이라는 여행을 하는 동안 세 번의 전환기를 겪게 된다고 말한다.[9] 이 변화의 단계를 성공적으로 이겨내면 부부의 결속력이 더 단단해지지만 그렇지 못하면 불만에 찬 결혼생활을 하거나 이혼으로 이어진다고 한다.

결혼 첫 단계에서는 부부 두 사람의 바쁜 삶과 집안일, 그리고 어린 자녀를 돌봐야 하는 두 가지 과제를 성공적으로 이끌어가야 한다. 각자 개인적으로는 일에서의 성공, 부부로서 집안일의 성공을 함께 이루어 나가야 한다.

시간이 지나면서 부부 중 어느 한쪽, 혹은 두 사람 모두 그 길을 부부로 함께 계속 가야 할지에 대해 회의를 갖게 된다. '내가 정말 원하는 게 무엇일까?'라는 질문이 새로운 의미로 다가오고 이른바 중년의 위기 midlife crisis를 겪는다. 이 위기를 두 사람 모두 만족스러운 수준으로 무사히 건너는 게 이후의 성공적인 결혼생활에 대단히 중요하다.

마거릿과 에번은 대학에서 만나 결혼했다. 에번은 졸업 후 곧바로 로스쿨로 진학했고, 마거릿은 몇 년 동안 비서 일을 한 다음 전업주부로 육아와 집안일에 몰두했다. 막내아들이 고교에 진학하고 난 뒤 마거릿은 비즈니스 스쿨에 가고 싶었다. 자기성취 욕구도 있고 금전적으로 살림에 도움이 되고 싶기도 했다. 남편도 아내의 꿈이 무엇인지 알고는 비즈니스 스쿨 입학을 권했다. 아이 돌보는 것과 집안일 절반은 자기가 책임지겠다고 했다. 남편은 그 약속을 지켰고 마침내 마거릿은 큰 비영리 단체의 최고책임자CEO가 되었다. 두 사람은 얼마 전 결혼 60주년을 맞이했다.

페트리글리에리가 말하는 결혼생활의 세 번째 전환기는 좀 더 뒤에 다가온다. 60대, 70대, 80대에 나타나기도 한다. 이때가 되면 부부는 이런 질문을 하게 된다. "지금 우리는 누구인가?" 부부 모두 심각한 신체적 변화를 겪은 사람들이다. 외모는 예전에 상대가 끌렸던 그 모습과 거리가 멀다. 자녀는 대부분 출가하거나 독립해 나갔다. 일도 이제는 그들의 삶에서 중심 자리에 있지 않다. 부모는 모두 돌아가시거나 요양원에 가 계실 것이다. 친구들, 어쩌면 본인도 큰 병을 앓고 있을 수 있다. 친한 친구들이 이미 저세상 사람이 되어 있기도 한다. "자, 이제 누구 차례인가?" 그들은 이렇게 자문한다.

에번과 마거릿 부부는 두 번째보다 세 번째 전환기를 이겨내기가 더 힘겨웠다. 에번은 아내 마거릿보다 훨씬 더 먼저 직장에서 은퇴했다. 그는 은퇴한 뒤 그동안 못 가본 나라들로 여행을 떠나고 싶었지만 아내 마거릿은 저서 집필 일로 전보다 더 바쁘게 지내야 했다. 두 사람은 부부 심리치료를 받아보기로 했다. 다행히 두 사람은 여러 해에 걸쳐 진지한 대화와 타협을 통해 마침내 여행 계획을 함께 짜고 함께 봉사활동 계획도 세울 수 있게 되었다. 고교생들에게 멘토 역할을 해주는 것이었다. 세상에 원하는 것을 다 이루는 사람은 없지만 두 사람은 가장 원하는 것을 갖게 되었다. 많은 시간을 함께 보냄으로써 멋진 관계를 지속할 수 있게 된 것이다.

이 부부는 중립적인 제3의 인물의 도움을 받았는데 바로 부부 문제 심리치료사였다. 그 심리치료사가 우리가 언급한 잠재적인 탈선 장치와 관련된 문제들을 해결하는 데 도움을 준 것이다. 만약 배우자는 전문가의 도움을 원하는데 여러분이 그럴 의사가 없는 경우에는 배우자의 뜻을 따라서 한번 시도해 보도록 하라. 다음에 소개하는 여성의 경우처럼 전혀 예상치 못한 멋진 결과가 나올 수 있을 것이다.

우리는 그동안 돈 관리를 각자 하고, 공동 비용은 50대 50으로 부담했다. 그러다 이혼을 고려하던 2020년에 내가 하던 사업이 파산됐다. 나는 큰 용기를 내서 남편에게 금전적인 지원을 요청했고 남편이 처음에는 주저했다. 우리가 도움을 받던 결혼 문제 카운슬러가 남편에게 아내를 돕는 것도 결혼생활의 일부라며 도와주라고 했다. 그 말에 남편은 두말없이 나를 도와주었고 남편의 도움은 우리의 결혼생활을 수습해 준 일등공신이었다.

위기의 시기에는, 그리고 부부관계를 더 강화하는 데는 부부 상담 치료사가 도움을 줄 수 있다. 부부 모두 대화를 개선할 필요성에 공감하고 적극적으로 문제를 개선하겠다는 의지를 갖고 있을 때는 전문가의 도움이 효과를 낼 수 있다. 노련한 상담가는 두 사람이 대화하는 모습을 지켜보면 즉석에서 대화 패턴을 찾아내 어떻게 고쳐보라고 권한다. 부부 상담 치료사 바네사 캐츠Vanessa Katz는 자신이 하는 부부 상담 치료를 헬스장에서 운동하는 것처럼 감정 근육을 단련하는 것이라고 말한다.[10]

하지만 아무리 도움이 된다고 해도 상담 치료를 받으려면 돈이 든다. 치료사가 일하는 위치, 경력, 교육수준, 유명세 등에 따라 가격이 다르지만 전반적으로 비싼 편이다. 개인 상담은 보험료 혜택을 받도록 미국 연방법에 명시돼 있지만, 부부 문제 상담은 이와 달리 보험 적용이 되지 않는 경우가 많다.

비용이 적게 드는 대안으로 성직자와 상담하거나 부부관계에 관한 책을 찾아 읽고 여럿이 토론하는 방법도 있다. 중독 같은 문제를 겪는 부부들을 상대로 무료 혹은 아주 저렴한 비용으로 이용할 수 있는 12단계 회복 프로그램도 있다. 어떤 방법에 의지하든 힘든 시기를 성공적으로 이겨내는 데 가장 중요한 요소 가운데 하나는 손상된 부부관계를 손질하고 강화하기 위해 부부가 기꺼이 특별한 과정을 받아들이겠다는 의지를 갖는 것이다.

──────── 차라리 이혼할까?

마이라 교수는 어느 날 전국 학회에서 연설한 다음 이리
나라는 이름의 대학원생이 커피 한 잔 같이 할 수 있겠느냐고 찾아와서
만났다. 한적한 곳에 가서 자리를 잡자 이리나는 자신이 처한 상황을 이
야기했다. 그녀와 남편 레오니드 두 사람 모두 러시아 태생인데 미국에
서 자랐고 뉴잉글랜드에서 대학원 시절에 만났다고 했다. 결혼한 지 3
년 지났을 때 남편이 박사학위 논문 준비를 위해 러시아 시골 지역으로
떠났다고 했다. 인터넷도 전화도 모두 안 되는 곳이었다. 매주 편지를
주고받자고 서로 약속했지만 두 사람 모두 일에 바쁘다 보니 두 달째 연
락을 주고받지 않고 있었다. 그러는 와중에 이리나는 대학원에서 함께
프로그램을 진행하는 한 남성에게 점점 마음이 끌린다고 했다. "남편한
테 편지를 써서 이혼하고 싶다고 말할까요" 그녀는 이렇게 물었다.

"조금 더 두고 보도록 해요." 마이라 교수는 이렇게 말했다. "이혼이
라는 말을 너무 쉽게 꺼내지 말아요. 결혼한 지 그렇게 오래된 것도 아
니고, 몇 년 동안 서로 행복한 결혼생활을 했지 않아요. 이혼을 생각하
기 전에 먼저 두 사람이 많은 대화를 나누어보도록 해요. 남편한테 이혼
이라는 말을 꺼내기 전에 본인 스스로 시간을 두고 많은 생각을 해보도
록 해요."

마이라 교수가 지금의 결혼생활을 계속하고 싶은 마음이 있는지 묻
자 이리나는 그렇다고 대답했다. 마음 깊은 곳에는 아직 남편을 사랑하

는데 지금은 그에게 화가 나 있는 것이었다. 먼저 박사학위 논문 준비를 한다고 인터넷도 전화도 안 되는 러시아 시골로 훌쩍 떠나버린 게 서운하고, 그 다음은 편지를 자주 보내주지 않는 게 서운했다. 자기가 이혼을 생각한다는 것을 알면 남편이 자기한테 좀 더 신경을 써주지 않을까 하고 생각하는 것이었다. 그리고 대학원에서 함께 공부하는 그 남자를 좋아하는 것도 사실이었다.

결혼생활 상담가도 아니고 정신과 의사도 아니지만 마이라 교수는 이리나에게 결혼생활을 지속하고 싶은 마음으로부터 남편에 대한 분노의 감정을 분리시켜 보라고 권했다. 그리고 결혼생활을 유지하기 위해 필요한 방법을 하나씩 취해 보라고 했다. 그 말은 남편과의 관계 설정을 명확하게 하기 전까지는 새로 만난 남성과의 관계를 친구 이상으로 발전시키지 말라는 뜻이었다.

많은 부부들이 이런 시기를 겪는다. 부부 가운데 어느 한쪽이나 두 사람 모두 부부관계를 끝내야 할지 말지를 놓고 고민하면서 일어나는 일들이다. 이런 생각을 하는 것 자체를 나쁜 사인이라고 볼 수는 없다. 하지만 이런 일은 두 사람의 마음 안에서, 그리고 두 사람의 관계에 어떤 일이 일어나고 있는지 점검해 볼 필요가 있음을 말해준다. 그렇게 해서 어떤 부부는 결혼생활을 계속 유지한다. 또한 어떤 부부는 이혼에 이르는 과정은 힘들지만 장기적으로는 각자의 길을 감으로써 서로 더 행복하고 건강한 삶을 누리기도 한다. 당장은 힘들더라도 이렇게 힘든 시기가 각자의 삶에 플러스가 되는 경우들이 많다.

이혼이 자녀들에게 미치는 영향

매년 약 150만 명의 미국 어린이들이 부모의 이혼을 지켜본다. 조사에 의하면 대부분의 어린이들은 부모의 이혼으로부터 심각한 고통을 당하지 않는다. 이혼 당시나 이후 성인이 되어서도 그렇다.(15퍼센트는 고통을 받는다).[12] 자녀들에게 고통을 주는 심각한 예측변수 가운데 하나는 이혼 과정과 이혼 이후 계속되는 부모의 불화이다. 이혼하지 않지만 다툼이 심한 부모도 자녀들에게 나쁜 영향을 미친다. 따라서 나쁜 결혼생활을 굳이 유지한다고 자녀들에게 도움이 되는 것은 아니다.[13] 결론적으로 자녀들에게 가장 좋지 않은 요소는 부모가 결혼생활을 유지하느냐 이혼하느냐의 문제가 아니라 바로 부모의 불화이다. 다음 여성의 경우처럼 이혼이 부모 본인들이 생각하는 것만큼 가족들에게 큰 고통을 안겨주지 않는 경우들이 있다.

> 계속 이혼에 대해 생각하면서 그때마다 굳이 이혼하지 않아도 될 이유를 찾아냈다. 상황이 그렇게 나쁘지 않다고 생각할 구실을 찾아냈다. 이혼하면 아이들을 어떻게 키울지도 막막하고 경제적인 문제도 걱정이었다. 양육권을 나눠 갖는다고 해도 한 부모 가정이 된다는 것은 매우 부담스러운 일이었다. 이혼하고 남편에게 아이들을 맡기는 게 마음이 편치 않아서 이혼을 머무거렸다. 하지만 아이 양육권 절반을 굳이 확보하겠다고 싸우지 않기로 했다. 지나고 보니 이혼이 내가 생각했던 것만큼 나쁘지는 않았다.

막내아이가 자라서 대학에 진학해 집을 떠날 때까지 이혼을 미루는 부부들도 있다. 아이가 장성해서 집에 함께 살지 않으면 부모의 이혼에 적응하기가 좀 더 수월하지 않겠느냐는 생각에서다. 하지만 연구에 따르면 자녀가 자라면 부모의 이혼으로 인한 직접적인 영향이 어릴 때와는 다르겠지만 그렇다고 적응하기가 수월해지는 것만은 아니다. 장성한 자녀도 새로운 가정환경에 적응해 나가려면 부모의 관심과 도움이 필요하다.[14]

1980년대 초 마이라 교수가 이혼할 당시 미국 내 이혼율은 최고조에 달해 있었다. 이후 이혼율은 계속 감소 추세이며 밀레니얼 세대는 앞선 세대보다 낮은 이혼율을 기록하고 있다. 그럼에도 불구하고 현재 결혼한 부부 가운데 40~50퍼센트가 이혼으로 결혼생활을 마감한다.[11] 최근 들어서는 50세 이상 부부의 이혼율이 증가하고 있다. 흥미롭게도 마이라 교수가 기혼인 학생과 미혼 학생들에게 앞으로 결혼하면 이혼할 생각이 있느냐고 물었더니 모두 노! 라고 대답했다. 결혼에 대해 낙관적인 생각을 갖는다는 것은 어느 의미에서 바람직한 일이지만 현실 안주나 현실 부정을 부추길 우려도 없지 않다. 나아가 이혼할 일은 없을 것이라는 자신감이 두 사람의 결혼생활을 해체하는 데 내포되어 있을 수밖에 없는 복잡한 감정적, 금전적인 결정들을 어떻게 처리할지에 대한 고민을 비롯해 '좋은' 이혼에 대한 생각 자체를 막을 수도 있다.

_____ 재산 분할

재산 분할은 이혼에서 주요한 쟁점이고 지속적인 불화로 이어질 수 있는 요소이다. 이혼의 90퍼센트는 법정에서 다루어지는데 자녀 양육비, 재산 분할, 위자료 같은 돈 문제가 주요한 쟁점이다. 그리고 경우에 따라 자녀 양육권도 문제가 된다.[15] 부부 공동 재산equitable distribution과 이른바 공평 분배distribution equitable 제도를 채택하는 주에

머니 앤드 러브

서는 일반적으로 부부의 재산을 공평하게 나누기 때문에 굳이 법정 소송이 필요 없다.

마이라 교수는 부부 재산 분할 문제가 세간의 이목을 끈 4건의 이혼 소송에 전문가 증인으로 참여했다. 4건 모두 문제는 오랜 결혼생활 내내 무보수 전업주부로 일한 아내의 가사 노동 가치를 어떻게 책정할지가 쟁점이었다. 마이라 교수는 전업주부의 활동을 시장가치로 계산하는, 다시 말해 유급 업무로 환산할 때 적용하는 통계학적인 방법에 심각한 오류가 있다는 결론을 내렸다. 마이라 교수는 무보수 노동의 가치를 놓고 왈가왈부하거나 문제가 있는 방법으로 가치를 따지는 것에 부정적인 입장을 갖고 있다. 그보다는 장기간의 결혼생활을 상호합의 아래 이

세금 문제

어느 정도 우호적인 분위기에서 별 탈 없이 이혼이 진행된 경우에도 세금 문제는 세무 전문가의 도움을 받는 게 좋다. 세법이 워낙 자주 바뀌고 보통 사람은 잘 모르고 지나칠 함정들이 있기 때문에 자칫하면 두 사람 모두 금전적으로 큰 부담을 떠안을 수 있기 때문이다. 특히 이혼 과정이 복잡한 경우에는 반드시 세무사의 도움을 받도록 한다.

재산 분할 때는 조세부담이 더 복잡해질 수 있다. 예를 들어, 두 사람의 재산을 현재 기준으로 똑같이 나눈다고 해도 재산 취득 시기나 취득 경위가 서로 다르면 세금 납부 이후에는 재산 가치가 서로 달라질 것이기 때문이다. 또한 배우자 중 어느 한 명이 연금을 받는 경우에도 그 사람은 해당 연금에 대한 세금을 납부하게 된다. 어린 자녀가 있는 경우 이혼 후 육아 세액공제를 어느 쪽이 받을지도 미리 의논해야 한다.

루어지는 비율 50대 50의 파트너십으로 간주하라고 권한다.[16]

이런 시각에서 볼 때 이혼하려는 부부는 경제적인 면에서는 결혼 기간 동안 자신과 서로의 인생에 투자한 단일 주체이다. 전업주부는 요리하고 청소하고 시장에 가서 장을 보았고, 다른 사람은 집밖으로 나가 일을 해서 돈을 벌어왔다. 두 사람 모두 함께 잘 살기 위해 일한 것이다. 그렇기 때문에 이혼할 때는 논란의 여지가 있더라도 자산을 공평하게 분배하는 게 맞다. 공평하게 나눈다고 해서 그동안 돈을 적게 번 상대에게 선심이라도 쓰는 것처럼 생각해도 안 되고 돈이 필요할 것 같으니 더 준다고 생각하는 것도 부당하다. 공평분배는 부부가 결혼생활에 함께 투자한 대가로 주어지는 당연한 권리이다.

_____ 위자료, 자녀 양육권, 양육비

이혼 과정에서 위자료, 자녀 양육권, 양육비 지급도 뜨거운 쟁점이 된다. 이런 문제들에 원만히 합의가 이루어진다면 굳이 법정으로 가지 않아도 되고, 자녀들도 보다 쉽고 빠르게 새로운 가정환경에 적응할 수 있을 것이다. 양측 변호사끼리 다투기보다 중재인이 있으면 부부가 서로 얼굴 붉히지 않고 수월하게 합의에 이르도록 도움을 줄 것이다. 다음 부부도 그런 경우이다.

우리 부부가 잘한 일은 아이들을 제일 우선적으로 생각한 것이다. 여러분도 할 수 있는 한 최대한 그렇게 하도록 하라. 중재인은 이혼하려는 부부 가운데 한 명은 늘 훼방꾼처럼 행동한다는 말을 했다. 이혼 과정에 있는 부부는 서로 상대에게 세심하고 너그러운 마음을 가질 필요가 있다. 사실은 나도 그 훼방꾼처럼 행동했다. 그 당시 상대방을 좀 더 이해하려는 마음을 가졌더라면 하는 아쉬움이 남는다.

자녀 양육권

자녀 양육권 조정에는 두 가지 측면이 있다. 법적인 양육권은 건강, 교육 등 자녀의 장래에 대한 책임이 누구에게 있는가를 정한다. 그리고 물리적 양육권physical custody은 아이가 누구와 함께 살지를 정한다. 미국 내 대부분의 주에서는 부모가 이혼하면 법적으로 공동 양육권을 갖는다. 법정으로 가면 자녀들이 부모 모두와 정상적으로 만날 수 있도록 법적인 공동 양육권을 부여하는 게 일반적이다.[17] 두 말할 필요도 없이 이혼한 부모의 사이가 원만하면 공동 양육이 훨씬 더 원활하게 실행될 것이다.

역사적으로는 법적인 물리적 양육권을 엄마에게 단독으로 부여해 왔고 자녀 나이가 5세 미만이면 특히 더 그랬다. 하지만 이런 관례도 바뀌고 있다. 부성권fathers' rights을 주장하는 단체들의 목소리가 커지고 자녀 양육을 책임지는 아버지가 늘면서 법정에서 공동 양육권을 부여하고, 아버지에게 자녀를 만날 권한을 대폭 늘려주는 추세이다.[18] 다음의 조사 응답자도 이런 경우이다.

처음에는 쉽게 타협안을 찾을 것으로 생각했다. 쌍둥이 아이들의 양육
권을 나누어 갖고 재산 분할도 어렵지 않을 것이기 때문에 쉽게 끝날
것이라 기대한 것이다. 하지만 당초 예상한 것보다 감정적으로나 금전
적으로나 훨씬 더 힘들다는 것을 부부 모두 알게 됐다. 나는 집을 내가
갖고 쌍둥이 딸도 주로 내가 돌보게 될 것이라고 생각했다. 왜냐하면
그동안 내가 전적으로 아이들을 키웠기 때문이다. 하지만 이제 전 남
편이 된 아이 아버지가 집을 갖겠다고 하고 아이 양육권도 50대 50으
로 하자고 했다. 충격적인 말이었다.

장성한 자녀와 십대들은 이혼한 부모의 공동 물리적 양육권이 불편
할 수 있다. 양쪽을 번갈아 오가느라 시간 뺏기는 걸 원치 않을 수 있기
때문이다. 이런 문제는 어느 한쪽 부모와 주로 많은 시간을 보내고, 다
른 쪽과는 방학이나 휴가 때 잠시 만나는 식으로 해결할 수 있을 것이
다. 하지만 아이들이 같은 또래 친구가 있는 집을 주로 찾아가는 경우들
도 있다.

캐런과 남편 제레비는 이혼하면서 아들의 물리적 양육권은 두 사람
이 공동으로 갖는 것으로 생각했다. 그런데 13살 난 아들이 자기는 친구
들과 멀어지기 싫으니 지금 사는 집에 계속 살도록 해달라고 하면서 계
획에 차질이 생겼다. 두 사람은 원래 재산을 분할하며 집은 아내 캐런이

갖기로 했다. 그런데 아빠를 따라가기로 한 아들이 두 집을 오가기 싫다고 해서 캐런이 양보할 수밖에 없게 되었다. 그래서 집을 남편이 갖고 아들이 그 집에서 아버지와 함께 계속 살도록 한 것이다. 아들을 매일 볼 수 없게 되어 속상했지만 그녀는 이렇게 말했다. "전 남편이 주 물리적 양육권primary physical custody을 가지면 나는 아들을 일주일에 여러 번 보러 갈 것이다. 하지만 내가 주 물리적 양육권을 가지면 전 남편은 아들을 보러 자주 오지 않을 것이다. 나는 아들이 자기 아빠와의 관계를 계속 유지해 나가기 바랐고, 그걸 우선적으로 고려했다."

캐런은 집을 새로 구해 나와 살았고, 몇 개월 지나면서 조정된 환경에 적응하게 되었다. 아들은 자기 아빠와 잘 지냈고, 함께 요리를 배우며 서로 더 가까워졌다. 30년이 지난 지금 캐런은 자기가 아들에게 좋은 선물을 안겨준 것 같아서 기분이 좋다. 그러면서도 캐런은 아들과 함께 살지 못해 슬퍼했던 초기 5년을 생각하면 지금도 눈물을 흘린다.

보다 창의적인 방법으로 문제에 접근해서 방정식을 완전히 뒤집어 버리는 부모들도 있다. 자녀들을 살던 집에 그대로 두고 이혼한 부부가 따로 집을 얻어 나간 다음 아이들을 보러 다니는 것이다. 물론 집을 세 군데 마련하려면 돈이 많이 들기 때문에 쉽게 할 수 있는 방법은 아니다. 하지만 그럴 수만 있다면 아이들에게는 심리적으로 안정감을 주고 부모를 만나러 왔다 갔다 하는 시간을 아낄 수 있는 방법이다. 이런 경우에도 자녀가 사는 집안일을 언제, 어떻게 분담할지를 놓고 부모가 서로 합의해야 한다. 만약 두 사람 사이가 나빠지면 이런 문제가 가뜩이나 불편한 관계에 불필요한 스트레스를 추가로 안겨줄 수 있다.

양육비와 위자료

보통 자녀가 18세 될 때까지 지급하는 양육비는 아이들에게 부모가 이혼하기 전의 경제적인 수준을 유지해 주려는 목적을 갖고 있다. 부모가 합의하면 자녀가 대학 졸업할 때까지 경제적인 지원을 할 수 있다. 이혼 부모가 중등교육 이후의 교육비를 지원하도록 의무적으로 규정하는 내용은 미국 내 주마다 차이가 있다.[19]

물리적 양육권을 부모 중 한 명이 모두 갖는 경우에는 양육권이 없는 쪽으로부터 양육비를 지원받을 수 있다. 공동 물리적 양육권인 경우에도 소득이 낮은 쪽이 양육비를 지원받을 수 있다. 자녀 양육비 지원 금액은 이혼 부부의 소득 차이와 함께 자녀와 함께 보내는 시간의 차이, 각자의 생활비, 자녀 수와 나이, 교육비, 보육비를 비롯해 특수한 경우 자녀에게 들어가는 특별 비용 등을 감안해서 정한다.[20]

양육비가 정해졌다고 해서 전액이 다 지급되는 것은 아니다. 미국 통계국US Census Bureau 2018년 조사에서는 양육권을 가진 부모 가운데 이혼한 배우자로부터 양육비를 일부라도 받은 사람은 3분의 2에 불과하고, 그나마 전액을 받은 사람은 44퍼센트에 그친 것으로 나타났다.[21]

위자료는 지급 목적이 자녀 양육비와 사뭇 다르다. 위자료는 소득이 낮은 쪽이 이혼 전의 생활방식을 유지할 수 있도록 해주기 위해 지속적으로 지급해 주는 것이 아니다. 현재 위자료의 목적은 이혼 뒤 소득이

기대수명과 이혼에 대한 생각

코로나바이러스 팬데믹 기간 중에는 스트레스가 크게 오르며 이혼율도 급증했다. 부부관계에 스트레스가 쌓이며 이혼율이 오르는 건 놀랄 일이 아니지만 그런 추세가 앞으로도 계속될지는 중요한 관심사이다. 장기적으로는 기대수명이 늘며 이혼율도 따라 오를 전망이다. 『100세 인생』*The 100-Year Life*의 저자들은 이렇게 의견을 모은다. "나이 70에 불행한 결혼생활을 하는 사람에게 기대수명이 75세인 것과 100세인 것은 이혼에 대한 생각에 큰 차이가 있을 것이다."[23]

낮은 쪽이 자립하는 데 필요한 준비를 하도록(필요한 교육을 받고, 새로 일자리를 구할 때까지) 필요한 자금을 지원한다는 취지이다. 위자료 액수는 여러 요소를 감안해서 결정된다. 소득이 높은 쪽의 수입, 소득이 낮은 쪽이 제시하는 향후 자립계획, 결혼생활을 같이 한 기간, 두 사람의 나이와 건강 상태, 두 사람이 결혼생활 동안 제공한 경제적, 비경제적 기여, 소득이 높은 쪽의 관대한 자세, 두 사람의 협의 결과 등이 중요한 요소로 작용한다.[22] 위자료 액수는 두 사람이 합의하지 못하면 이혼소송을 담당한 법정에서 결정된다.

_____ **5C 프레임워크 활용하기:**

관계의 위기관리 노하우

　　관계에는 굴곡이 반드시 있기 마련이다. 관계가 좋지 않은 단계에 와 있을 때 둘의 관계를 끝내거나 이혼할 생각이 들면 일단 속도를 늦추는 게 좋다. 이런 단계에서는 새로운 삶, 새로운 파트너에 대한 기대감에 휩쓸리기 쉽지만 그런 기대는 환상에 불과한 경우가 많다. 관계가 불안정하고 취약할 때는 탈출구가 실제보다 더 매력적으로 보이기 쉽기 때문이다. 새로운 길을 향해 서둘러 달려가기보다 속도를 늦추고 여기서 관계를 끝내는 게 정말 올바른 해결책인지 충분히 심사숙고해 본다. 배우자 중 어느 한쪽이라도 행복하지 않다면 전문가의 도움을 받는 게 좋다. 두 사람의 관계를 해체하는 과정을 시작하기 전에 먼저 맑은 눈으로 할 수 있는 노력을 다해 본다. 일단 관계를 끝내기로 결정하면 그 파장이 길고 오래 갈 것이기 때문이다.

`step 1` **명확히 하기** *Clarify*

　　관계를 끝내는 것은 여러분의 삶에 다방면으로 영향을 미치기 때문에 여러 가지 요소를 하나하나 따져보는 게 좋다. 먼저 다음과 같은 질문을 스스로 던져보며 사랑의 측면을 살펴본다.

지금 나는 얼마나 불행한 거지? 혼자 있으면 행복해질까? 나는 다른 짝을 원하는가? 죽음이 우리를 갈라놓을 때까지 함께 하겠다고 한 서약을 깨트려도 괜찮을까? 내 결정이 배우자에게는 어떤 영향을 미칠까? 나는 아직도 그 사람이 마음에 걸리는데. 배우자가 다른 사람과 데이트하고 재혼하면 내 기분은 어떨까? 아이 양육권은 어떻게 하지? 우리가 이혼하면 아이들에게 어떤 영향이 미칠까? 아이들과 종일 함께 있지 못하게 되면 내가 그걸 감당할 수 있을까?

돈과 관련해서는 이런 질문을 던져본다.

두 집 살림을 감당할 수 있을까? 배우자는 자립이 가능할까? 금전적인 면에서 우리의 이혼은 어떻게 평가할 수 있을까? 지금 있는 재산의 절반 정도만 갖게 될 텐데 어떨까? 아이 양육비를 주면(받으면) 어떨까? 배우자가 아이 양육비 지급 약속을 잘 지킬까?

이런 문제들은 관계를 끝내거나 이혼하려고 할 때 제기될 문제의 일부에 지나지 않는다. 따라서 초기에 시간과 노력을 많이 투자해 상황을 명확히 파악하는 게 중요하다. 자신이 원하는 바가 무엇이고 필요한 게 무엇인지, 어떤 점을 참고 견딜 수 있는지 등을 세심히 따져본다.

결국 관계를 끝내기로 하고 재산 분할 과정에 들어가더라도 가능한 한 적대적이지 않은 분위기에서 마무리할 수 있도록 노력한다. 기네스 팰트로Gwyneth Paltrow, 크리스 마틴Chris Martin 두 사람은 2016년에 이혼할 때 결혼 문제 및 가정 문제 전문 치료사로 뉴욕타임스 베스트셀러 『컨셔스 언커플링』Conscious Uncoupling의 저자 캐서린 우드워드 토마스Katherine Woodward Thomas의 도움을 받았다. 이런 방식으로 접근하면 이혼 후에도 두 사람이 친밀한 관계를 유지하고, 본인은 물론이고 자녀들에게도 유익하고, 앞으로 손자들에게까지도 도움이 될 긍정적인 미래의 토대를 닦을 수 있다.

시간이 조금 더 걸리겠지만 전문가의 도움 없이도 이런 우호적인 분위기를 만들 수가 있다. 마이라 교수가 남편 제이와 재혼하고 나서 제이는 각자의 이전 배우자를 추수감사절 만찬에 초대하는 게 어떻겠느냐고 제안했다. 그 말을 듣고 마이라 교수도 각자의 가족이 새로 구성된 대가족처럼 한자리에 모이면 좋겠다고 생각했다. 하지만 그러면서도 아직 그럴 마음의 준비가 되지 않아 이렇게 대답했다. "5년 뒤 다시 한 번 생각해 보도록 해요."

제이는 5년 후에 같은 제안을 했고 마이라 교수도 좋다고 했다. 전 남편 샘은 재혼해서 새 아내와 갓 태어난 아이를 데리고 왔고, 남편 제이의 전 아내도 참석했다. 이들 대가족은 그날 이후 지금까지 25년 넘게 명절 휴일을 함께 모여서 지낸다. 마이라 교수와 남편 제이의 손자들은 당연히 그렇게 하는 것으로 안다.

step 2 **소통하기** *Communicate*

결혼생활에서 긴밀한 소통의 중요성은 이미 강조한 바 있지만 결혼 생활을 마무리하는 중대한 시기에는 그 중요성이 한층 더 커진다. 먼저 상대와 언제 어떤 식으로 소통하려고 하는지를 분명히 한다. 언제 전화 나 문자를 하고, 직접 만나 이야기할 것인지에 대한 가이드라인을 미리 만들어놓는 게 도움이 된다. 이럴 때는 소통하지 않는다는 지침도 만들 어놓도록 한다. 입을 꼭 다물고 아무 말도 하지 않는 게 더 나은 경우들 이 있기 때문이다. 말을 입 밖에 내기 전에 곰곰이 생각부터 하는 것도 하나의 요령이다. 한번 내뱉은 말은 도로 주워 담을 수 없다는 사실을 명심하기 바란다. 지금 당장 말을 삼간다고 해도 대부분은 그 문제에 대 해 말할 기회가 다시 온다.

step 3 **대안 알아보기** *Consider a Broad Range of Choices*

이혼 여부를 결심하는 데는 재산 분할, 자녀 양육 등 해결해야 할 여 러 문제들이 있다. 이런 문제를 해결해 나갈 때는 자신의 속마음을 겉으 로 드러내지 않는 게 좋다. 기분 좋게 헤어지는 경우에도 어느 한쪽이 보기에 최적의 선택이 아니거나 심한 경우 불공정하고 상처를 주는 결 정들이 나올 수 있다. 의논 과정에서 자신이 생각하는 선택 방향을 겉으 로 드러내지 않으면 이런 문제들을 해결해 나가면서 생길 수 있는 상처를 완화하는 데 도움이 된다.

이혼을 생각하는 부부들이 먼저 시험 별거를 해보는 경우도 있다. 헤어져서 사는 게 어떨지 우선 겪어보고 해결해야 할 문제도 하나씩 해결해 나가는 것이다.[24] 하지만 시험 별거가 문제 있는 결혼생활의 근본적인 해결책이 될 수는 없다. 시험 별거 부부의 80퍼센트가 이혼으로 이어졌다는 통계가 있다.[25]

step 4 다른 사람의 의견 듣기 *Check In*

이혼 과정에 본격적으로 들어가기 전에 이혼을 경험한 다른 이들에게 이혼을 통해 얻은 교훈이 무엇인지 물어보는 게 도움이 될 것이다. 미처 생각지 못한 말을 듣게 될 수 있고, 그런 말을 들으면 이혼과 관련한 문제들에 대해 다른 해결책을 생각하게 될 수도 있다. 속마음을 털어놓는 친한 친구들의 생각도 들어보는 게 좋다. 그들의 생각도 중요하고 이혼 과정에서와 이혼 이후 그들이 당신의 삶을 응원해 줄 핵심 멤버들이기 때문이다.

step 5 예상 결과 따져보기 *Explore Likely Consequences*

결혼생활을 유지하든 이혼하기로 하든 그로 인해 생겨날 장단기적인 결과를 살펴본다. 어느 쪽으로 결론 나든지 금전, 사랑, 행복, 생활방식,

자녀들의 삶에 영향을 미치게 된다. 그러니 시간을 갖고 다시 한 번 심사숙고한다. 가능한 한 오래 생각한다. 이혼과 관련한 결정을 신중하게 내리면 후회될 일을 최소화하고 더 자신 있게 앞으로 나아갈 수 있다. 암울하게 보이는 상황에서도 희망의 기운이 보일 수가 있다.

마이라 교수의 첫 남편 샘은 그녀를 떠나면서 언젠가는 자신의 결정을 고마워하게 될 것이라는 말을 남겼다. 그 당시에는 너무 터무니없는 말이라 그런 날은 오지 않을 거라고 그녀는 생각했다. 하지만 일 년이 채 되지 않아서 마이라 교수는 샘을 점심에 초대해 "정말 당신한테 고마워요."라고 감사인사를 했다. 그 뒤 재혼할 때도 그녀는 다시 샘을 점심에 초대해 고맙다고 인사했다. 그녀의 두 번째 결혼은 첫 번째 결혼보다 훨씬 더 행복했다!

더 탄탄한 관계를 만들려면?

다음 연습문제는 여러분이 현재 맺고 있는 관계를 어느 시점에 셀프 점검하는 방식이다. 문항마다 여러분이 동의하거나 동의하지 않는 의사의 정도를 숫자로 표시한다. 문항 옆에 숫자를 적고, 각 문항에 적은 수를 합산한다. 배우자에게도 같은 문제를 풀어보도록 하고 결과를 서로 비교해 본다.

[전혀 동의하지 않음] 1 — 2 — 3 — 4 — 5 — 6 — 7 [강력히 동의함]

의사소통

1. 우리는 싸우더라도 서로를 비난하거나 잘잘못을 따지기보다 문제 해결을 위해 노력하는 편이다.

....

2. 우리는 서로의 관계가 어떤 상태인지 대화하고, 서로의 생각을 솔직하게 이야기한다.

....

3. 우리는 상대를 비난하거나 곧바로 자기가 생각하는 해결책을 제시하기보다는 상대의 말을 경청하고, 이해하고, 공감하려고 노력한다.

애정과 섹스

1. 우리는 수시로 데이트를 하면서 둘만의 오붓한 시간을 보낸다.

2. 우리는 우리의 성생활에 모두 만족한다.

3. 우리는 서로 사랑한다는 말을 수시로 하고, 애정 표시도 지속적으로 한다.

금전 문제

1. 우리 나름의 방식으로 두 사람의 돈을 함께 모아서 함께 쓴다. (혹은 따로 모아서 각자 쓴다.)

2. 우리는 지출과 저축에 관한 한 의견이 일치한다. 의견 차이가 있는 경우에는 서로 만족스러운 방법으로 의견을 해소한다.

변화

1. 우리는 어느 한쪽이 생각, 의견, 삶의 목표를 바꾸는 경우 서로 그 변화를 존중하고 지지한다.

....

2. 우리는 어느 한 사람이 입장 변화를 보이는 경우 여기에 성공적으로 적응해낸 경험이 있다.

....

점수 합산: 점수를 모두 합산한다. 답변 내용을 놓고 배우자와 의견을 나눈다.

10점-29점: 모든 면에서 힘든 관계를 유지하고 있다. 일시적으로 그렇다 하더라도 부부 문제 상담을 받아보는 게 좋다. 이미 상담을 받고 있다면 이 연습문제 풀이 결과를 놓고 배우자, 상담 치료사의 의견을 들어본다.

30점-49점: 두 사람의 관계가 어떤 면에서는 좋고, 어떤 면에서는 좋지 않다. 제일 낮은 점수를 기록한 분야는 어디인가? 그런 분야에서 우선적으로 변화를 시도해 보는 것은 어떤가?

50점-70점: 두 사람이 강한 관계를 유지하는 데 대해 축하를 드린다. 좋은 관계가 지속되기 위해서는 지속적인 노력이 이루어져야 하는데, 앞으로 어떤 점에 중점을 두고 관계 유지 노력을 해나갈 것인가?

Chapter 09

노년의 삶
아름다운 마무리를 위한 준비

　　10월 어느 목요일 아침 10시, 애비와 로스는 마침내 첫 번째 자기 집 매매 계약서에 서명했다. 계약서를 작성하고 등기소 문을 나서자 거리에는 햇살이 눈부시게 내리쬐고 있고, 두 사람은 흥분과 앞날에 대한 기대감으로 한껏 들떠 있었다. 애비가 휴대폰을 보니 아버지 전화가 한 통 와 있었다. 축하인사를 보내신 거겠지라고 생각하며 보이스메일을 열어보았다. 하지만 메시지를 듣는 순간 그녀는 하얗게 얼어붙고 말았다. 도저히 믿기기가 않아서 두 번이나 반복해서 듣고서야 아버지가 하신 말을 제대로 알아들을 수 있었다.

　　"애야. 사고가 있었다. 네 엄마가 오늘 아침 외출하다 집 앞 계단에서 넘어져 머리를 다쳤다. 지금 병원에 와 있는데 병원에서는 두개골을 다

머니 앤드 러브

쳤다는구나. 연락 다오."

엄마는 중환자실에 누워 계시고, 뇌가 부풀고 뇌출혈이 있었으며 불안정한 상태라고 했다. 잠시 전까지만 해도 로스와 축하 식사 준비 생각에 머물러 있던 그녀의 머릿속은 곧바로 부모님이 사시는 뉴저지로 떠날 준비로 옮겨갔다. 어떤 일이 닥칠지 몰라 엄마 장례식에 입게 될지 모를 검은색 상복까지 챙겼다.

상복 입을 일은 생기지 않았지만 그 사고는 그녀를 부모를 돌보며 무거운 대화와 힘겨운 결정을 반복해야 하는 우울한 세계로 던져 넣었다. 상당히 오랜 기간 미처 예상치 못한 일이었다. 사랑하는 사람이 사고를 당하거나 병으로 앓아눕는 많은 이들처럼 갑자기 찾아온 충격적인 일이었다. 아무런 준비도 되어 있지 않은 상태에서 사랑하는 사람에게 찾아온 활동성, 접근성, 인지능력의 급작스러운 변화는 개인적으로 경제적으로 예상치 못한 큰 문제를 동반한다. 이번 챕터에서는 누구에게든 일어날 수 있는 이런 일을 미리 예상해 사랑하는 사람의 건강 악화로 찾아오는 어려움을 최소화할 방법을 알아보고자 한다.

_____ 불시에 찾아오는 은퇴

애비의 어머니는 계단에서 넘어질 당시 68세였다. 학교 사서로 일했는데 공식 은퇴를 하루 앞두고 마지막 출근 날 사고를 당한 것이다. 은퇴는 돈과 사랑 모두 관련된 일의 핵심적인 사례이다. 언제 은퇴할지, 은퇴하면 무엇을 할지, 은퇴 기간 중 드는 돈은 어떻게 마련할지 등등에 대한 결정을 내려야 한다. 여러분도 부모를 비롯해 사랑하는 사람의 은퇴 시기가 가까워지면 이런 문제에 대해 의논해야 한다.(움직이는 표적처럼 정확한 시기를 포착하기 어렵지만 편의상 그분들이 60세가 되면 이야기를 꺼내는 것으로 한다.) 여기서는 편의상 은퇴를 여러분의 부모와 시부모, 장인 장모를 비롯해 가까운 어른이 조만간 내려야 하는 결정으로 상정한다. 여러분 자신도 은퇴 연령에 가까워지고 있다면 이런 결정에 대해 생각해 보아야 할 것이다.

부모를 비롯해 사랑하는 사람의 은퇴에 관한 이야기를 꺼내는 건 자꾸 미루고 싶을 것이다. 그건 다른 사람도 마찬가지이고 자기 자신의 은퇴에 대해서도 그럴 것이다. 은퇴는 민감한 주제이다. 마이라 교수의 제자 중에 이렇게 말하는 이가 있었다. "아버지의 은퇴에 관해 이야기를 꺼내기가 힘들었다. 은퇴가 곧 그분에게 삶의 종말이 시작되는 것이라는 기분이 들었기 때문이다. 내가 아는 아버지는 자신이 하는 일을 사랑하셨기 때문에 그 일을 그만두고 은퇴하시면 더 이상 아버지의 삶은 존재하지 않을 것이라고 생각했다." 마이라 교수는 그 제자에게 그 문제로 대화하는 걸 피하지 말라고 권했다. "아버지는 일만 사랑하신 게 아니라 그보다 훨씬 더 많은 부분을 갖고 계시다. 만약 아버지께 이 문제로 이야기를 시작해 보면 두 사람이 생각했던 것보다 훨씬 더 복잡한 문제가 포함돼 있다는 것을 알게 될 것이다. 사실 아버지는 은퇴하신 뒤 그동안의 삶을 보상받는 것처럼 잘 사실 수도 있다.”

은퇴를 앞둔 부모와 은퇴 이야기를 하면 지금은 은퇴라는 게 몇 십 년 전과는 사정이 완전히 다르다는 사실을 염두에 두는 게 중요하다. 예전에는 사람들이 은퇴를 양자택일처럼 받아들였다. 은퇴하거나 계속 일하거나 둘 중의 하나로 생각한 것이다. 최근까지도 은퇴를 마치 온-오프 전기 스위치처럼 단번에 켜거나(은퇴 전) *끄거나*(은퇴 뒤) 하는 것처럼 생각했다. 지금의 은퇴를 보다 적절하게 비유한다면 불빛의 밝기가 서서히 밝아지고 어두워지는 하는 조광 스위치dimmer switch에 가깝다고 할 수 있다. 은퇴 이후에도 다양한 수준의 활동을 할 수 있기 때문이다.

평균 기대수명이 길어지며(1960년부터 2015년 사이에 10년이 늘어났다.) 저축한 돈으로 생활비를 감당해야 하는 기간도 따라서 늘어났다.[1] 그러면서 매년 일정 금액의 소득이 보장되는 급여형 퇴직연금을 받는 사람 수는 적어졌다. 그 결과 은퇴 예정자들은 일하는 시간을 줄이고 싶으면서도 금전적으로 일을 완전히 그만둘 수는 없는 형편인 경우가 많다.[2] 또한 지금은 노동시장의 유연성이 높아져서 은퇴자들이 파트타임 일자리를 구하기가 수월해졌다. 사람들이 이전보다 일자리를 더 자주 옮기고, 임시직을 선호하는 긱이코노미gig economy 때문이기도 하지만 파트타임 일자리 종사자 수는 더 늘었다. 마지막으로, 요즘은 은퇴자들이 소일거리로 일자리를 찾기도 하는데 이런 경우에는 자신이 좋아하는 앙코르 커리어encore career, 즉 인생 2막에 어울리는 일을 선호한다.[3]

은퇴를 주제로 세대 간 대화를 어렵게 만드는 또 하나의 요인은 학자금 대출 부채에 시달리고 집 사기가 사실상 불가능해진 지금의 젊은 세대들이 자신의 은퇴 전망을 매우 부정적으로 바라본다는 점이다. 그들은 은퇴를 현실에서는 불가능한 잠꼬대 같은 소리로 받아들인다. 그래서 부모의 은퇴를 놓고 의견을 나누는 게 힘든 것이다. 젊은 세대는 '언젠가도 나도 부모님같이 은퇴 문제로 고민해 볼 수 있었으면 좋겠어.'라고 혼자 생각할지도 모른다.

은퇴 문제를 생각할 때는 반드시 자발적으로 일을 그만두는 건 아니라는 점을 고려하는 게 중요하다. 은퇴자의 3분의 2 정도는 물러날 준비가 안 된 상태에서 건강 문제, 고령 차별 등 여러 요인으로 어쩔 수 없이 일을 그만두게 된다.[4] 여러분의 부모도 은퇴 준비와 상관없이 어느 날 문득 일을 더 이상 할 수 없게 되고, 그로 인해 본인뿐만 아니라 가족들에게도 금전적인 어려움을 안겨다 줄 수 있을 것이다. 이런 다양한 이유를 감안해 은퇴와 관련된 문제를 부모님과 미리 의논하는 게 중요하다.

애비의 어머니가 다쳤을 때 아버지는 이미 국립 보건 관련 비영리 단체에서 30년을 근무하고 은퇴하신 뒤 국내외 여러 보건 단체에서 자문 활동을 하고 계셨다. 한 번에 여러 주일 출장을 다니고, 회의 참석을 위해 인도, 핀란드 등지로 해외 출장도 다녔다. 애비의 아버지는 그 일을 좋아하셨다. 하지만 신경전문의가 보여주는 아내의 뇌 촬영사진을 보고는 이제 자문 활동을 더 계속할 수 없겠다고 생각하셨다. 그날 저녁 그는 관련 인사들에게 이메일을 보내 아내가 사고를 당한 사실과 함께 최근 체결한 자문 계약을 이행할 수 없게 되었다며 사정을 설명했다. 그

한 번의 사고로 애비 아버지의 은퇴 이후 계획은 완전히 뒤집어지고 말았다. 이제부터는 아내 간병이 그의 주업이 된 것이다.

_____ 바람직한 은퇴 준비

1935년 미국에서 사회보장제도Social Security가 처음 시행될 당시 은퇴 연령은 65세, 남성의 기대수명은 58세였다.[5] 현재 미국의 평균 은퇴 연령은 64세이고, 은퇴자의 3분의 2가 57세에서 66세 사이에 일을 그만두는 것으로 나타났다. 하지만 현재 65세 남성은 지금부터 평균 18년을 더 살고, 여성은 21년을 더 사는 것으로 기대되고 있다.[6] 기대수명은 계속 더 늘어날 예정이다. 2000년 이후 출생자들의 기대수명은 100세를 약간 넘을 것으로 예상하는 인구학자들도 있다.[7] 이런 추세는 평균 은퇴 연령의 변화를 피할 수 없게 만들 것이다. 65세에 은퇴하고 이후 35년을 근로소득 한 푼 없이 저축이나 연금으로만 생활한다는 것은 누구에게나 비현실적인 일이다.

1967년 제정된 고용에서의 연령차별 금지법Age Discrimination in Employment Act 덕분에 미국에서는 일부 예외 업종을 제외하고 사용자가 나이 때문에 근로자를 강제 해고하지 못하도록 법으로 금지하고 있다.[8] 따라서 자발적인 은퇴 결정은 본인의 건강, 업무 강도, 업무 만족도, 경제적 사정 등 여러 요인이 복합적으로 작용해서 이루어진다. 부모를 비롯해 사랑하는 사람들의 은퇴 결정을 도울 때는 그들의 자발적인 은퇴 결심에 영향을 미치는 다양한 요소를 염두에 두도록 한다. 그분들이 자신이 하는 일을 너무 좋아한다면 가능한 한 오래 그 일을 할 수 있도록 방법을 찾는 게 좋다. 그렇지 않으면 은퇴하거나 업무량을 줄이도록 하는데, 그런 경우 자녀들로부터 금전적인 도움을 받아야 하는가? 돈 외에 다른 도움이 필요하실까? 은퇴 후 자금을 모으기 위해 일을 좀 더 하실 여력이 있으신가?

이런 문제를 계속 의논하고 가능하면 믿을만한 전문가의 도움을 받도록 한다. 먼저 재정 전문가의 자문을 구하는 게 대화의 출발점이 될 것이다. 대부분의 전문가는 고객이 궁금해 할 점들로 체크 리스트를 작성해 두고 있어 은퇴를 앞둔 분들과의 대화에 좋은 출발점으로 활용할 수 있을 것이다.

많은 이들이 대수롭지 않게 생각하지만 중요한 문제가 바로 일을 그만둔 뒤 시간 보내기가 얼마나 지루할 것인가 하는 점이다. 일이 중심 활동이 아닌 경우 하루 일과를 어떻게 보낼 것인가? 마이라 교수의 동료 중에는 남편이 은퇴 후 하루를 어떻게 보낼지에 대한 계획이 마련되기 전까지 절대로 은퇴하지 못하게 말린 사람이 있다고 한다. 일일 계획이 없으면 은퇴 후 일과가 너무 무료할 것이라고 확신하기 때문이다. 그 동료는 남편이 평생 일과 가족만 생각하며 살았기 때문에 일을 그만두면 남는 것은 가족에 대한 관심뿐일 것이고, 자기는 아직 그런 과도한 관심을 감당할 준비가 안 되어 있다는 것이었다.

결국 그는 아내의 권유로 집에서 가까운 대학에 등록해 강의를 듣기 시작했고, 은퇴 후 강의 들으러 다니는 게 그의 주요 일과가 되었다. 그렇게 해서 10년 동안 40과목 넘게 수강했다고 했다. 평생 과학 분야에 종사한 그는 은퇴 후에는 인문학과 사회과학 분야 강의만 들었다. 그는 새로운 분야의 지식을 통해 삶에 새로운 활력을 찾았고, 지금은 은퇴 후 시간을 철저히 준비하라고 권유한 아내에게 고마워한다.

대학 강의를 다시 들으러 다니는 데 흥미를 느끼지 못하는 사람들 중에는 봉사활동에 관심을 가진 이들이 있다. 글로벌 비영리NGO 기구인 앙코르닷컴Encore.org 같은 단체는 50세 이상 된 사람들을 대상으로 평생 일하며 쌓은 노하우를 인생 2막에 남을 돕는 일에 쓰도록 안내해 준다. 은퇴 의사들을 역사적으로 소외된 지역에서 봉사하는 의료시설에 배치하고, 경험 많은 전문가들을 사회활동 단체에서 봉사할 수 있도록 연결시켜 주기도 한다.

이보다 훨씬 더 자유로운 은퇴 생활을 선호하는 사람들도 있다. 독서를 하거나 친구들과 카드놀이, 체스 두기를 즐기고, 은퇴 전에 자주 못 다닌 헬스클럽에도 더 자주 간다. 애비의 시부모도 이런 은퇴 생활을 즐긴다. 시아버지는 탁구를 즐겨 치고, 시어머니는 매주 정기적으로 브리지게임을 여러 번 한다. 마이라 교수의 친구 중에는 은퇴 후 일명 '로미오'ROMEO, Retired Old Men Eating Out라는 외식 모임을 만들어 리더 노릇을 하는 데 푹 빠져 지내는 이도 있다. 그 친구는 은퇴 후 제일 좋은 게 오랜 친구들과 아침, 점심, 저녁 가리지 않고 식사를 함께 하는 것이라며 가까이 사는 죽마고우 세 명과 이 모임을 시작했다. 이들은 월요일은 '외식하는 날'로 정해놓고 일요일 저녁에 이메일로 다음날 무얼 먹일지 메뉴를 정한다. 그런 식으로 일주일에 서너 번 외식을 함께 하는데, 모임 이름을 거창하게 셰익스피어 비극의 주인공 이름을 따서 지은 것이다.

_____ 노후 자금 준비

은퇴 후 시간을 어떻게 보낼지 계획을 세우는 게 최우선 과제이지만 필요한 금전적인 토대를 탄탄하게 세우는 것도 그것 못지 않게 중요하다. 65세에 은퇴해서 안락한 노후를 누리는 데 필요한 금액을 대략 100만 달러로 잡는 재무 설계사들이 많다. 매년 은퇴 전 소득의 80~90퍼센트를 조달할 수 있도록 준비하라고 권하는 재무 전문가들도 있다.[9]

은퇴에 필요한 금액은 생활비, 금융 포트폴리오 실적, 위험 감수능력risk tolerance, 수명 같은 요인들에 따라 달라진다. 복잡하게 생각될 수 있겠지만 여러분의 부모님도 일단 은퇴하면 저축해 둔 돈을 언제 얼마씩 써야 할지 계산하시게 될 것이다. 노벨 경제학상 수상자인 윌리엄 F. 샤프William F. Sharpe 교수는 은퇴 자금을 운용하는 게 '지금까지 해본 일 중에서 제일 고약하고 어려운 작업'이라고 했다.[10]

자신에게 맞는 필요한 자금을 맞춤형으로 산출해 내려면 상당한 금융 지식이 요구된다. 스스로 필요한 지식을 갖추든지 아니면 믿을 만한 금융 플래너의 도움을 받든지 해야 한다. 예상되는 자금 액수가 크기 때문에 전문가의 도움을 받으려면 포트폴리오의 규모와 실적을 근거로 사례금을 지불해야 한다. 자기들이 판매한 투자 상품에서 커미션을 받는 것과는 다르다.

보스턴 칼리지Boston College 연구원들이 산출한 국가퇴직위험지수 NRRI에 따르면, 2016년 기준으로 근로연령 가구의 절반이 은퇴 전 생활 수준과 유사한 수준의 은퇴 생활을 하기에 충분한 자금을 확보하지 못한 것으로 나타났다.[11]

미국 사회보장국US Social Security Administration에 따르면 결혼한 부부의 20퍼센트와 독신자의 40퍼센트가 소득의 90퍼센트 이상을 사회보장 연금에 의존하는 것으로 나타났다. 이해하기 쉽게 설명하자면, 2021년 5월에 월 평균 사회보장연금 지불액은 1,431달러였다.[12] 사회보장연금은 62세부터 지급되는데 60대 중반이나 70세까지 기다렸다가 받기 시작하면 연금 액수가 많아지지만 많은 사람들이 가급적 일찍 받으려고 한다. 여성들은 은퇴 자금 마련에 특히 더 어려움을 겪는다. 은퇴 전에 모은 수입이 남성에 비해 적은 게 가장 큰 이유이다. 여성은 남성에 비해 수입이 적을 뿐만 아니라 육아 때문에 근로 현장을 떠난 기간이 더 길기 때문이기도 하다. 사회보장연금 계산 방법에 따라 근로 현장에서 떠난 시간만큼 연금 액수도 줄어든다.

만약 어느 시점부터 부모님을 경제적으로 도와드려야 할 것 같으면 그분들로부터 미리 관련 정보를 받아보는 게 도움이 될 것이다. 부모님이 자신의 금융 관련 상세한 내용을 자녀들에게 알려주지 않으려고 하면 일이 매우 어렵게 된다. 부모님의 경제 상황에 대한 '경고' 사인을 미리 받으면 앞으로 필요한 도움을 계획해서 드리기가 훨씬 더 수월해진다는 식으로 설명하는 게 좋을 것이다. 부모님이 어느 시점에 가서 자녀들로부터 자산 관리 도움을 받고 싶어 하는 경우에는 부모님의 컴퓨터 패스워드와 계좌 이름, 그리고 변호사를 선임해 두고 계신다면 변호사의 연락처와 인적사항도 알아두는 게 좋다. 그리고 부모가 금융 관련 정보를 집안 어디에 보관해 두는지도 미리 알아두어서 갑자기 그걸 찾으려고 허둥대는 일을 피한다.

_____ 은퇴 후 살 곳은?

2020년 자료를 보면 은퇴자의 절반가량이 50대 초반에 자기가 살던 집에서 계속 사는 것으로 나타났다. 그리고 17퍼센트는 은퇴하면서 새집으로 옮겨가서 사망 때까지 그곳에서 살았다. 16퍼센트는 살던 집에서 80대까지 살다가 은퇴자들이 모여 사는 실버타운으로 가거나 건강 악화로 다른 시설로 옮겨갔다. 최소 집단인 14퍼센트는 은퇴 후 여러 차례 사는 곳을 옮겨 다녔다.[13]

고령자들 가운데는 살던 집을 팔고 작은 집으로 줄여서 가거나 은퇴 시설로 들어가고 싶지만 세금 문제 때문에 그렇게 하지 못하는 사람들도 있다. 부부가 모두 살아 있을 때 살던 집을 팔면 양도소득세capital gains tax를 물어야 하는데, 집을 보유한 기간이 길면 상당한 금액을 세금으로 내야 할 수 있다. 하지만 배우자 가운데 어느 한쪽이 사망한 다음 남은 배우자가 집을 처분할 때는 양도소득세가 면제된다.

———— 운전은 언제 그만두는 게 좋을까

부모님이나 나이 드신 친척과 이야기 나누기에 무척 힘든 주제 가운데 하나가 바로 운전을 언제 그만두는 게 좋으냐이다. 운전은 대중교통 수단이 잘 갖춰진 도심인 경우를 제외하고는 다른 교통수단으로 대체하기 힘든 독립성을 제공해 준다. 십대들은 운전면허증을 성인이 되었다는 하나의 징표로 생각한다. 자유를 누리러 들어가는 입장권 같은 것이다. 하지만 나이가 들면서 본인이 의식하지 못하는 가운데 운전 기능이 떨어지는 경우가 많다. 운전 기능이 감퇴한 사실을 인지하더라도 운전을 하지 않는 삶은 차마 상상해 볼 수도 없어서 아무런 조치를 취하지 못하기가 쉽다.

마이라 교수는 10대 초반의 자녀들이 할머니가 학교에서 자기들을 데리고 올 때 '미친 듯이' 운전한다는 말을 듣고는 자기 어머니가 이제 더 이상 안전한 운전자가 아니라는 사실을 깨달았다. 마이라 교수는 어머니와 둘이 타고 갈 때는 늘 자기가 운전했기 때문에 어머니가 운전하는 모습은 몇 년째 본 적이 없었다. 아이들이 하는 말을 들은 다음 어머니가 운전하시는 것을 보고는 아이들의 말이 옳다는 것을 확인했다. 어머니에게 운전을 그만두라고 권했지만 싫다고 하셨다. 그러다 운전미숙으로 교통경관에게 적발된 뒤 강제로 운전 테스트를 받게 되었고 테스트를 통과하지 못했다. 그렇게 해서 어쩔 수 없이 자동차 키를 넘겨주게 되었다.

자유와 독립의 상징 같은 운전면허증을 박탈당하는 것은 수치스럽고 치욕스런 경험일 수 있다. 자신이 평가절하 당하고, 강등되고, 제대로 된 어른노릇을 못하게 되었다는 기분이 들 것이다. 운전을 못하면 그에 따른 불편함도 이만저만이 아니다. 택시를 쉽게 호출할 수 있고, 배달 서비스가 발달해서 운전을 포기하더라도 불편함이 덜해졌다. 그래도 직접 운전을 못하게 되면 행동의 자유가 크게 위축되는 건 사실이다.

언젠가 자율주행 자동차가 안전해지고 널리 보급된다면 이런 점은 더 이상 문젯거리가 되지 않을 것이다. 하지만 지금은 운전을 그만두는 문제로 나이 드신 분께 이야기할 때는 매우 조심스럽게 다가가야 한다. 또한 70세 넘은 운전자는 35세에서 54세 사이 운전자들보다 평균적으로 더 안전 운전을 한다는 사실도 감안해야 한다. 이들은 음주운전을 하거나 운전 중 핸드폰 문자를 주고받을 가능성이 더 낮다. 그리고 과속운전을 하거나 교통신호를 위반할 가능성도 더 낮다. 교통사고를 낸 건수

도 적고, 치명적인 사고를 일으킬 가능성도 더 낮다.[14]

뉴욕타임스 건강 칼럼니스트 제인 브로디Jane Brody는 나이 든 성인들에게 의료에서 사전 지시서를 작성하는 것처럼 운전에서도 사전 지시서를 작성할 것을 제안한다.[15] 자기가 특정한 상황이 오면 자동차 키를 반납하겠다고 하고 그런 특정한 상황을 문서로 작성하는 것이다. 누구든지 나이 들어 같은 상황에 처하게 되면 같은 결정을 쉽게 내릴 수 있도록 만들자는 것이다. 가족들에게 한번 적용해 보면 좋을 흥미로운 아이디어가 아닌가!

_____ 부모님, 친척 어른께 임종에 관해 말씀 드리기

은퇴 이야기를 꺼내기도 어려운데 임종에 관해 이야기한다는 것은 정말 힘든 일일 수 있다. 사회통념상 사람들은 특히 사랑하는 사람이나 자신의 일인 경우 병이나 죽음 같은 현실을 애써 외면하려고 한다. 한 조사 응답자는 자신도 임종 문제를 무겁게 생각하지만 "마치 금기시된 주제 같아서 차마 가족들에게 그 이야기를 꺼내지 못한다."고 했다. 많은 이들이 죽음은 아직 먼 훗날의 문제일 것이라고 자위하며 자꾸 뒤로 미루게 된다.

또 다른 응답자는 이렇게 말했다.

사람들은 '늙어서' 일어나는 여러 증상들이 자신에게 일어나기 전에는 자기가 늙었다는 사실을 받아들이려 하지 않는다. 아버지는 심장이식 수술을 받으신 다음 곁에서 시중 들어줄 사람이 필요했고 내가 그 역할을 맡을 수밖에 없었다. 갑자기 나한테 비밀번호를 넘겨주시고 무슨 물건이 어디 있는지도 하나하나 알려주셨다. 나한테 새 일거리가 생긴 것이다. 아버지가 맡기신 일을 제대로 해야겠다는 생각을 했다. 하지만 병상을 지키며 아버지를 혼자 있게 해드리지 않는 것이 내가 할 일이 되고 말았다. 나도 어린아이가 있다. 아버지가 그 일을 당하셨을 때 우리 아들은 겨우 첫돌을 지났다.

임종 계획은 '언젠가 하면 되지' 하며 뒤로 미룰 일이 아니다. (애비의 가족을 포함해)많은 가정이 값비싼 교훈을 얻었다. 누구든 갑자기 무슨 사고를 당할 수 있고, 자동차 사고가 일어날 수도 있고, 예상치 못한 큰 병에 갑자기 걸릴 수도 있다. 결혼하면서 이혼을 생각하는 사람이 없는 것처럼 사람들은 삶을 한순간에 바꿔놓을 이런 일이 자신에게도 일어날 수 있다는 가능성을 애써 외면하려고 한다. 충분히 이해되기는 하지만 어떤 불행한 일이 일어났을 때 현실을 부정하는 것은 도움이 되지 않는다. 그보다는 부정하고 싶은 유혹을 떨쳐내고 최악의 일이 일어날 경우에 대비한 계획을 세우는 게 훨씬 더 현명한 태도이다. 일단 계획을 세운 다음에는 그 계획이 오래 오래 쓸 필요가 없기를 바라도록 하자.

머니 앤드 러브

_____ 유언장과 신탁제도

　　55세 이상 미국 시민의 거의 절반이 유언장을 쓰지 않은 것으로 조사됐다.[16] 유언장 없이 사망하면 고인의 유산 양도 절차를 법원이 결정한다. 그렇다 보니 상속인들이 비싼 변호사 비용을 부담하고 가족 간 갈등이라는 더 큰 비용을 치르기도 한다. 가족 구성원 모두가 유언장을 작성해 둔다면(필요한 경우에는 신탁) 여러분과 사랑하는 가족이 이러한 금전적인 부담과 가족 갈등이라는 부담으로부터 벗어날 수 있다.

　　유언장 작성은 변호사의 도움을 받거나 아니면 온라인에서 유료로 적합한 양식을 다운받아 작성할 수도 있다. 여러분이나 가족이 부동산이나 투자 계정을 갖고 있는 경우에는 유산 관리와 관련해 변호사의 도움을 받는 게 좋다. 유언장과 함께 신탁 계약도 맺는 게 가장 좋은 방법이기 때문이다. 취소 가능한 리빙 트러스트revocable living trust를 만들어 자산을 이 트러스트에 맡기면 지정한 수혜자의 시간과 돈을 아낄 수 있다. 자산을 맡긴 수탁자trustor가 질병 등으로 정상적인 생활을 하지 못하게 되는 경우에는 두 말할 필요도 없이 유용한 역할을 한다.(유언장은 당사자가 사망해야 효력이 발생된다.)

　　웬디는 어릴 때 뛰놀던 목장의 소유주인 엄마가 돌아가시면서 남들이 흔히 겪는 일을 겪었다. 엄마는 돌아가실 때까지 목장에 사셨는데 재산을 신탁에 맡기지 않으셨고 목장의 소유권은 재혼한 남편인 웬디의

양아버지에게 넘어갔다. 그는 얼마 뒤 웬디가 모르는 어떤 여자와 다시 결혼했고, 그리고는 그도 건강이 나빠져서 결국 목장은 새로 결혼한 그 여자에게 넘어갔다. 지금도 웬디는 어릴 때 뛰놀던 고향집이 낯선 사람의 손으로 넘어간 걸 생각하면 가슴이 너무 아프다. 엄마가 살아 계실 때 신탁을 하셨더라면 그렇게 되지 않을 수 있는 일이었다.

가족 구성원들과 유언장 작성(필요한 경우 신탁도 포함)을 놓고 이야기하다 보면 거기에 포함시킬 내용을 세세하게 이야기하려고 하지 않는 경우들이 있다. 이해할 만한 일이지만 그렇더라도 구체적으로 이야기할 필요가 있는 문제는 그렇게 해야 한다고 설득할 필요가 있다.

엄마가 90대 중반에 심장에 문제가 생겼을 때 네이딘은 50대 중반이었다. 네이딘은 엄마 집 가까이에서 살았는데 일주일에 몇 번씩 엄마 집에 들렀고 매일 전화로 안부를 살폈다. 나중에는 엄마를 요양보호시설로 옮겨드렸다. 네이딘의 오빠도 가까이 살았는데 그는 엄마 집에 자주 들르지 않고 전화도 하지 않았다. 하루는 엄마가 왜 이렇게 얼굴도 보이지 않고 안부인사도 없느냐고 아들에 대해 불평하는 소리를 듣고, 네이딘은 그런 오빠한테는 재산을 많이 주지 말라고 했다. 그랬더니 엄마는 화를 내며 쓸데없는 참견하지 말라고 했다. 며칠 뒤 네이딘의 엄마가 그 일을 입에 올리며 이렇게 말했다. 만약 오빠한테 여동생보다 적은 유산을 남기면 아들은 엄마가 자기를 덜 사랑한 것으로 받아들일 것이 아니냐는 것이었다. 자기는 자녀 둘을 똑같이 사랑하기 때문에 누구는 많이 주고 누구는 적게 주고 할 수 없다고 했다. 네이딘은 엄마의 말이 서운했지만 그런 대화를 나누어서 기분이 좋았다. 엄마가 돌아가신 뒤 그녀는 마이라 교수에게 이렇게 말했다. "엄마와 그런 대화를 나누지 않았더라면 엄마한테 정말 화가 났을 거예요. 하지만 지금은 조금 서운할 뿐입니다. 엄마의 생각을 이해하니까요. 그날 엄마와 그 문제를 놓고 이야기하길 잘했다고 생각합니다."

유언장을 쓰거나 신탁을 할 때는 유산 집행인executor을 명시한다. 집행인은 유산을 가지고 공과금, 세금 납부 등 여러분이 지고 있는 금융 관련 의무를 수행하고 유언장에 따라 유산을 처분할 법적인 책임을 진다. 집행인이 할 일은 유산의 규모, 상속과 관련 있는 가족의 수, 가족 구성원 간의 불화 정도에 따라 힘들 수도 있고 수월할 수도 있다.

부모나 처가, 시댁 쪽 어른들이 부모가 성인 자녀, 형제자매, 친구, 아니면 전문가를 집행인으로 지정하려고 하는가? 전문가가 차지하는 비율은 낮지만 만약 집행인을 맡겠다는 친척이나 친구가 없다면 전문가를 지정한다. 누구를 집행인으로 지정하고자 한다면 부모 등 당사자가 직접 그 사람을 만나 동의를 구한다.

부모나 시댁 쪽 어른 등 당사자가 금융 대리인을 지정해 본인이 아프거나 거동할 수 없게 되는 경우 대리인이 자신의 금융 자산을 대신 집행할 수 있도록 할 필요가 있다. 예를 들어 대리인이 자신의 개인은퇴자산IRAs을 가지고 병간호에 쓸 수 있도록 하는 것이다.

_____ 가까운 사람이 거동을 못하면
누가 돌볼 것인가?

2018년 65세 넘은 미국인의 수는 5,240만 명으로 7명 가운데 한 명꼴이었다.[17] 미국인 가운데 절반가량이 노년에 살던 집이나 커뮤니티에서 요양 서비스를 받아야 하는데 대부분은 경제적으로 그걸 감당할 형편이 되지 않는다.[18] 노인의료보험인 메디케어Medicare로 커버될 것으로 잘못 생각하는 사람이 많지만 장기 요양 서비스는 메디케어에서 커버해 주지 않는다. 기본적으로 복지 프로그램인 저소득층 의료보장제 메디케이드Medicaid에서 장기 요양 서비스를 커버해 주지만, 집과 자동차를 포함해 여러분이 가진 자산을 거의 모두 소진한 다음부터 적용된다.(자산을 모두 소진하고 5년이 지나야 비로소 메디케이드 수급 신청이 가능하다.)[19]

장기 요양 서비스 보험은 보충보험supplemental insurance으로 일상생활 돌봄 서비스(목욕시키기, 옷 입혀주기, 침대에 눕히고 일으키기) 같은 정규 의료보험이 커버해 주지 않는 비용을 충당해 준다. 미국 공동체생활청 Administration for Community Living은 어느 시점이 되면 국민의 60퍼센트가 일상생활 돌봄 서비스를 필요로 할 것으로 내다보았다.[20]

장기 요양 서비스 보험에 가입하는 사람들 대부분은 50대, 60대에 하는데, 심각한 질병이 발생하기 전에 가입해 놓기 위해 그렇게 하는 것이다. 돈이 많이 들어가지만 장기 요양 서비스에 평생 들어가는 평균비용이 17만 2,000달러[21]이고 전문 요양시설의 연평균 비용이 일반병실은 10만 달러에 육박하고, 1인실은 10만 달러가 넘는다는 점을 감안하면 아주 싼 편이다.[22] 50세가 넘는 미국인 가운데 장기 요양 서비스 보험에 가입한 사람은 7퍼센트에 불과하다.[23] 또한 현재 건강에 문제가 있는 사람은 장기 요양 서비스 보험 가입이 어렵다. 보험회사들이 1980년대에 이 보험을 처음 출시할 때 미래 지불금을 지나치게 낮게 산정했고 그런 이유로 이후 보험 가입 인원을 줄였기 때문이다. 많은 정책 입안자들인 장기 요양 보험을 민간 시장에 의존하는 것은 바람직한 전략이 아니라고 보고 세금으로 운용하는 장기 요양 보험의 필요성을 강조한다. 워싱턴주는 2019년에 이런 프로그램을 법안으로 채택했다.[24]

정책 차원에서의 관심이 필요한 요양 서비스의 또 다른 문제는 요양 서비스 종사자들의 저임금이다.[25] 2021년 여름, 가정 요양 서비스 종사자의 평균 임금은 시간당 13달러이고, 연장근무 수당으로 받는 돈이 연간 4,000달러였다.[26] 양로원에서 근무하는 의료 보조원의 평균 임금은 연간 약 5만 4,210달러(시간당 약 26달러)였다.[27] 이런 저임금 때문에 많은 양로원이 야간근무와 주말근무 인력을 채용하고 유지하는 데 특히 더 많은 어려움을 겪고 있다.

노인 장기 요양 서비스는 대부분 가족과 친구들이 맡아서 하고, 요양 서비스를 맡은 사람들 다수는 여성이다. 장기 요양 서비스를 필요로 하는 노인의 3분의 2 가량은 가족과 친구들의 손에 전적으로 의존하고 있고, 나머지 30퍼센트는 가족과 친구들이 유급 요양사의 도움을 받아서 보충 요양 서비스를 제공하고 있다.[28] 마이라 교수의 강의를 듣는 학생들 중에도 부모와 처가, 시댁 부모를 자기들이 직접 집에서 돌봐드리겠다고 말하는 이들이 많았다. 하지만 그게 얼마나 어려운 일인지에 대해 진지하게 생각하고 그런 말을 하는 것은 아니었다. 더구나 대부분은 당사자인 부모나 시부모, 처가 부모들과 그런 문제를 상의한 적도 없었다. 부모들 대부분은 장성한 자녀의 집에 가서 자녀들의 손에 돌봄을 맡기는 것을 원하지 않는다.

갤럽 최근 조사에 따르면 장성한 자녀의 절반이 나이 드신 부모를 집에 모셔서 돌봐드리겠다고 답한 반면 그런 돌봄을 받겠다고 답한 노인은 전체의 3분의 1에 그쳤다.[29] 노인 돌봄은 스트레스가 심하고 힘든 일이다. 미국 보건복지부 여성보건국US Department of Health and Human Services' Office on Women's Health은 여성들이 노인 돌봄 스트레스로 인해 건강에 심각한 영향을 받을 위험에 처해 있다는 경고를 내놓았다. 여성들이 받는 이런 건강상의 문제에는 신체적인 질병은 물론이고 우울증과 불안증세 등이 있다.

마이라 교수의 두 번째 남편은 파킨슨병을 앓았는데 임종 직전 집에서 집중 요양을 받아야 했다. 유급 요양사의 도움을 받았지만 그녀는 요양이 돌봄 제공자의 건강과 생활에 얼마나 심각한 영향을 주는지에 대해 생생하게 말할 수 있을 정도였다. 돌봐야 할 노인이 다른 도시에 사는 경우에는 노인 돌봄 매니저의 도움을 받는 게 좋다. 돌볼 가족이 같은 도시에 사는 경우에도 돌봄 매니저의 도움을 받으면 더 좋다. 처방전

머니 앤드 러브

노인 돌봄 지침서 『비터스윗 시즌』

뉴욕타임스 저널리스트 제인 그로스Jane Gross는 저서 『비터스윗 시즌』A Bittersweet Season: Caring for Our Aging Parents—and Ourselves에서 85세 노모가 돌아가시기 전 몇 년 동안 돌봐드린 경험에 대해 쓰고 있다. 자신이 직접 겪은 경험을 통해 그녀는 노인 돌봄 '시스템'을 헤쳐 나가는 지혜에 대해 알려준다. 지금은 이 시스템이 종합적이고 원활하게 움직이지 못하고 있다. 그로스의 저서는 읽기 쉬운 책은 아니지만 우리와 가까운 연세 드신 분들이 스스로를 돌볼 능력을 잃었을 때 우리가 마주하게 되는 문제들을 이해하는 데 많은 도움이 된다.

재사용medication refills이나 진료 약속 잡기, 보험회사와의 연락 등에서 돌봄 매니저의 도움을 받을 수 있다.

_____ 사전의료지시서

유언장 작성, 신탁과 함께 또 필요한 것이 바로 사전의료지시서advance health care directive이다. 본인이 스스로 자신의 건강에 관한 결정을 내릴 수 없게 되었을 때 어떤 결정이 내려지기를 원하는지 문서로 적은 것이다. 지시서에는 의료 대리인health-care proxy을 지정할 수 있다. 의료 위임인power of attorney for health care으로도 부르는 이 사람은 여러분을 대신해 생사와 관련한 결정 등 중요한 결정을 지시서의 내용에 따라 내리게 된다. 사전의료지시서 작성에는 대리인 외에 다른 증인의 참석이 필요하다. 작성한 다음 대리인과 의사가 지시서 사본을 한 부씩 보관토록 한다.

사전의료지시서를 작성할 때는 신중한 고려가 필요하다. 그리고 흔히 연명의료계획서POLST로 불리는 본인이 휴대하고 다니는 의료주문서 Portable Medical Orders를 작성할 때는 한층 더 신중한 고려가 필요하다. 생명 연장 치료를 어떤 경우에는 원하고, 어떤 경우에는 원치 않는다는 주문을 담당 의사에게 당부하는 요청서이다. 사랑하는 사람이 불치병을 앓고 있다면 그 사람은 살기 위해 모든 치료를 다 받고 싶어 할까? 그런 치료를 해줄 병원을 찾아가 입원하고 싶을까? 아니면 집에 머물며 완화치료를 받고, 호스피스의 간호를 받으며 통증을 줄여주고 조금이라도 편하게 지낼 수 있는 약물치료를 택하고 싶을까? 어떤 상황에서 자신의 의료 대리인이 DNR연명의료중단을 요청해 주기를 바랄까?

이런 문제들에 대해서는 아툴 가완디Atul Gawande 박사의 저서 『어떻게 죽을 것인가』Being Mortal: Medicine and What Matters in the End가 도움이 될 것이다. 저자는 이 책에서 대부분의 사람에게 있어서 삶의 마지막 시기에 가장 필요한 것은 악착같이 목숨을 부지하는 게 아니라 의미 있는 삶을 살고 평화롭게 죽음을 맞이하는 것이라고 말한다.

지난 15년 동안 집에서 숨을 거두는 사람의 비율은 꾸준히 증가해 왔으며, 2017년에는 집에서 임종을 맞이하는 사람의 수가 병원에서 숨을 거두는 사람보다 조금 더 많아졌다.[30] 사람들이 자신의 삶의 목적이 무엇인지에 대해 생각하고 그것을 의사와 배우자, 자녀, 친구들에게 말해 주는 게 중요하다. 떠나는 사람이 말해 준 그 삶의 목적을 가능한 한 존중해 주는 게 남은 사람들이 할 일이다.

_____ 조력자살 ASSISTED SUICIDE

고려하기 어려운 일이기는 하지만 조력자살도 임종을 맞이하는 한 가지 대안이다. 미국 내 10개 주와 워싱턴 DC가 매우 제한된 경우에 한해 의료진이 자살을 도와줄 수 있도록 허용하고 있다.[31] 매릴린 얄롬Marilyn Yalom, 어빈 얄롬Irvin Yalom 부부가 의료진의 조력자살에 대해 쓴 감동적인 책 『죽음과 삶』A Matter of Death and Life에서 아내 매릴린 얄롬은 자신이 87세에 삶을 마감하고 싶은 이유를 하나하나 설명한다. 다발성 골수종multiple myeloma을 앓아온 그녀는 그동안 받은 화학요법의 부작용 때문에 이제 더 이상 버틸 수 없다고 생각했다.

담당 의사로부터 앞으로 남은 시간이 2개월 남짓하다는 말을 듣고 그녀는 의료진 조력자살을 받을 준비를 했다. 그녀는 이렇게 썼다. "죽는다는 생각은 두렵지가 않다. 나이 87세에 죽는 건 비극이 아니다. 10개월 동안 대부분의 시간을 끔찍한 고통 속에 보냈는데 마침내 이 끔찍한 시간이 끝난다는 사실은 나에게 위안이다."[32] 남편과 4명의 자녀가 모두 그녀가 살던 집에 모여 그녀의 마지막 시간을 지켜보았다.

_____ 5C 프레임워크 활용하기:
노년 돌봄에 대한 말을 어떻게 꺼낼 것인가?

누구든 노년 돌봄과 임종 계획을 주제로 한 대화는 뒤로 미루고 싶을 수 있다. 하지만 이런 불편한 마음을 이겨내고 결정의 시간이 발등에 불처럼 긴박하게 닥치기 전에 사랑하는 사람과 이런 대화를 나누는 게 반드시 필요하다.

이런 대화는 어떻게 시작하는 게 좋을까? 사랑하는 사람에게 제일 잘 맞을 것 같은 접근방법을 택한다. 그분들이 노년에 무엇을 원하고, 무엇을 필요로 하시든 적극 도와드리겠다는 믿음을 주는 게 중요하다. 유머가 효과적일 수도 있다. 대화를 시작할 때는 그분들이 하는 대답이 여러분과 그분들 모두에게 영향을 미칠 것이라는 점을 분명히 밝힌다. 또한 신체 건강과 정신 건강, 경제적인 건강과 관련된 문제 모두를 대화 주제에 포함시킨다. 사랑과 돈의 관계처럼 이런 주제는 모두 서로 연관돼 있다.

step 1 명확히 하기 *Clarify*

대화를 시작하기에 앞서 장기적으로 여러분 자신에게 가장 중요한 문제는 무엇인지 분명히 한다. 가능한 한 오랫동안 독립적인 삶을 유지하고 싶은가? 시간을 두고 점진적으로 은퇴 생활로 접어들기를 원하는가? 아니면 일을 단번에 멈추고 싶은가? 자신의 입장이 어떤지 분명히 알면 다른 사람과도 좀 더 수월하게 이야기를 나눌 수 있다.

돌봐드려야 할 나이 드신 친척이 있다면 여러분이 현실적으로 그분을 돌봐드리는데 얼마나 많은 시간과 에너지, 돈을 투자할 능력과 의지가 있는지에 대해 집중적으로 이야기한다. 마주하기 힘든 문제들이고, 무엇보다도 자신에게 솔직한 게 중요하다. 나이 드신 분에게 '필요하신 건 무엇이든 다' 해드리겠다는 것은 지키기 힘든 약속이다. 노인 부양에는 돈이 많이 들고, 일주일 7일, 하루 24시간을 꼬박 투자해야 하는 경우도 많다. 비용은 많이 드는데 다니는 직장을 그만두어야 할 때도 있다. 사랑과 자기희생은 동의어가 아니라는 점을 명심한다. 인간관계, 자녀, 직장 등등 자신의 삶을 생각하는 것은 이기적인 게 아니라 당연한 책임감이다.

step 2 소통하기 *Communicate*

여러분 자신이 원하는 것과 필요로 하는 게 무엇인지 분명해지면 미

323

Chapter 09 노년의 삶

루지 말고 그런 문제에 대해 부모, 시부모, 장인 장모와 의견을 나눈다. 발등의 불처럼 급박해질 때까지 미루지 않도록 한다. 그분들이 60대가 되면 이야기하는 게 무난하다. 껄끄러운 대화를 여러분이 선제적으로 꺼낸다면 가족들에게 큰 선물을 안겨주는 것이다. 병원 응급실에서 그런 이야기를 시작하는 것보다는 편안한 점심식사 자리에서 하는 게 더 차분하고 더 합리적인 대화를 나눌 수 있다. 어쩌면 사랑하는 어른이 여러분보다 더 편안한 마음으로 이런 대화에 임하는 모습을 보이실 수도 있다.

이런 이야기는 나이 많은 가족들과 나눈 다음 형제자매들과도 나눈다. 앞으로 부모를 돌보는 문제를 놓고 형제들 간에 의견일치와 협력이 필요할 가능성이 있다. 위기가 실제로 닥치기 전에 이런 문제들과 마주함으로써 힘든 시간을 좀 더 품위 있게 견뎌낼 수 있게 된다. 형제들 중 누가 이런 과정을 관리할 것인가? 부모님 돌봐드리는 일에 돈이 든다면 그 돈은 누가 댈 것인가? 부모님을 옆에서 돌봐드리고 찾아가 뵙는 일은 어느 형제가 맡을 것인가? 이혼 과정이 험악할 수도 있고 원만하게 진행될 수도 있는 것처럼 병약하신 부모님을 돌봐드리는 일 역시 가족을 단합시킬 수도 있고 회복불능으로 갈라놓을 수도 있다.

step 3 대안 알아보기 *Consider a Broad Range of Choices*

노후를 어디서 보낼지는 신중히 고려할 문제이다. 타인의 돌봄을 받으며 살 수도 있고 그런 도움 없이 살 수도 있다. 자녀와 함께 살 수도 있고 라이프 플랜 커뮤니티life plan community로 들어갈 수도 있다. 은퇴 공동체CCRC라고도 부르던 곳이다.

시간을 두고 이런 대안을 다양하게 활용해 보는 것도 괜찮다. 어머니가 사고를 당한 뒤 애비의 부모님은 캘리포니아에 있는 콘도로 이사했다. 그곳에서 엄마의 간호는 가정 의료 도우미home health aides의 도움을 받았다. 5년 뒤 애비의 고모가 와서 애비의 어머니가 지난 번 보았을 때보다 너무도 쇠약해진 것을 보았다. 그리고 애비의 아버지도 아내 간호하느라 너무 힘들어한다는 것을 알았다. 다른 방법을 알아보라는 고모의 권유를 듣고 애비는 여기 저기 알아본 다음 아버지께 라이프 플랜 커뮤니티life plan communities로 가실 생각이 있으시냐고 물어보았다. 너무 비쌀 것 같아 아예 고려해 보지 않으셨다고 했다. 애비는 예단하지 말고 몇 군데 시설을 한번 둘러보자고 했다. 가까운 곳에 엄마의 보험으로 비용이 커버되는 곳이 한 군데 있었다. 부모님은 이듬해 그곳으로 들어가셨다. 아버지는 독립적인 공간에서 생활하고 어머니는 전문 간호 인력이 돌보는 곳에서 지냈다.

step 4 다른 사람의 의견 듣기 *Check In*

여러 대안을 검토한 다음에는 노인 돌봄과 관련한 결정을 이미 내려본 경험이 있는 친구와 가정을 찾아 의견을 물어본다. 그런 결정을 했을 때 어떤 문제점이 있었는지? 언젠가 부모님을 집에서 모실 생각을 하고 있다면 현재 부모님을 모시고 있는 사람의 의견을 들어본다. 그리고 부모님의 의견도 들어본다. 부모와 자식 세대가 한집에 살면 자칫 불화와 오해에 싸이기 쉽다. 충분한 의논과 계획 없이 시작하는 경우는 특히 더 그렇다. 부모를 모시고 사는 기간이 예상보다 더 길어지고 부모의 거동이 차츰 불편해지는 경우도 마찬가지다.

애비는 노인 돌봄이라는 문제를 다른 친구들보다 일찍 겪었기 때문에 이 문제에 대해서는 모르는 게 없는 사람이 됐다. 친구 부모들 여러 명이 애비 부모가 사시는 라이프 플랜 커뮤니티life plan community로 들어가는 일까지 생겼다. 그녀의 아버지도 다운사이징, 보험 등 다양한 분야의 컨설턴트와 상담한 덕을 보았다. 상담 계약을 체결한 컨설턴트도 있었다. 그를 돕는 돌봄 후원단체가 이들을 소개해 주었는데 이 후원단체는 정신적으로 위안을 주고 부양에도 큰 도움이 되었다.

step 5 예상 결과 따져보기 Consider Likely Consequences

조사 결과에 따르면 성인 자녀들은 처음에는 부모를 모셔서 같이 사는 것에 대해 열성을 보이다가 시간이 지나면서 갑갑해하고 화를 많이 내게 된다. 연세 드신 부모와 함께 지내다 보니 행동의 자유가 줄어들고, 부모 부양에 드는 비용 때문에 정작 자기들 노후 준비는 제대로 하기 힘들어지기 때문이다. 누구든 예상할 수 있는 결과이다. 그리고 나이 드신 부모를 부양할 능력이 되는지를 놓고 자기 분석을 솔직하게 해보지 않은 결과이기도 하다.

만약 여러분이 노후 책임을 가족에게 지운다면 그것은 부양 사이클을 영구화하는 것이 된다. 여러분이 부모에게 한 것처럼 여러분의 자녀에게도 그들이 합리적으로 감당할 수 있는 능력 이상으로 해줄 것을 기대하게 되는 것이다. 쉬운 일은 아니지만 가능한 결과를 미리 따져 본다. 그리고 그 예상되는 결과를 어떻게 처리하는 게 좋을지에 대해 사랑하는 이들과 의논한다. 그렇게 하지 않으면 그런 일들이 자칫 여러분의 관계를 해치고 여러분의 삶 전체를 위협할지도 모른다.

코로나바이러스 팬데믹이 노인 요양 시설과 관련된 많은 문제점을

샌드위치 세대

이른바 샌드위치 세대라고 불리는 사람의 수가 점점 더 늘고 있다. 자기 자녀를 키우면서 동시에 나이 드신 부모, 친척을 부양하는 사람들을 일컫는 말이다. 퓨Pew리서치센터에 따르면 40대, 50대 성인의 거의 절반(47퍼센트)이 65세 이상의 부모가 있으면서 자녀를 키우고 있거나, 자녀가 성인이 되었지만(18세 이상) 아직 경제적으로 도움을 주는 것으로 나타났다. 나아가 중년 성인 7명 가운데 1명(15퍼센트)은 나이 드신 부모와 자녀 양쪽에 재정 지원을 하는 것으로 나타났다.[35] 베이비붐 세대의 나이가 많아지면서 전체 인구에서 65세 이상이 차지하는 비율이 40년 뒤에는 두 배를 넘을 것으로 예상되기 때문에 이런 추세는 계속될 전망이다.[36]

부각시켜 보여주었다. 미국 질병통제예방센터는 미국 내 코로나-19 관련 사망자 가운데 80퍼센트가 65세 이상이고, 그 가운데 절반 이상이 양로원을 비롯한 장기 돌봄 시설에 있던 사람들이라고 밝혔다.[33] 장기간의 록다운이 초래한 고독감과 관련한 증상으로 사망한 경우는 이 수치에 포함되지 않았다. 고독감은 알츠하이머 증상을 가진 사람들에게 특히 치명적일 수 있다.[34]

여러 세대를 한꺼번에 돌본다는 것은 여러 전선에서 피해를 입을 수 있다는 말이기도 하다. 조사 응답자 중 한 명은 부모 집 가까이 이사했는데 부모와 같은 도시에 산다는 사실이 마음에 평안을 가져다준 한편 다른 예기치 않은 결과들도 가져왔다고 했다.

이후 4년 동안 나는 일주일에 한 번은 아버지가 새 엄마와 함께 사시는 집에 들러 안부를 확인했다. 병원에도 모셔가고 그밖에 내가 할 수 있는 일은 다 해드렸다. 아버지는 치매 초기 증상이 있어서 대화를 나누는 데 어려움이 있었다. 아버지에게 무슨 일을 설명하고 기억하도록 만들려고 여러 가지 방법을 생각해 내야만 했다. 내가 처한 상황을 이겨내기 위해 책도 읽고 싶었지만 그럴 수가 없었다. 일하고 잠잘 시간도 빠듯했다. 사람들과 제대로 된 관계를 유지하고, 아들을 돌보고, 자동차로 30분 거리에 있는 아버지 집을 오가고, 그리고 병원에 모시고 가서 진료실 앞에서 기다리는 일을 몇 년 동안 했다. 아버지는 올해 돌아가셨고 지금도 그 슬픔이 크지만, 아버지를 돌봐드리는 동안 정서적으로 정신적으로 나에게 가해졌던 중압감이 이제 사라졌다는 기분은 감출 수가 없다.

만약 여러분이 여러 세대를 돌보고 있다면 반드시 자기 자신을 위한 투자를 하도록 하라. 개인 요법이 도움이 될 것이다. 부양 제공자 후원 단체와 직원 커뮤니티를 찾아 같은 처지의 사람들과 소통한다. 그리고 운동, 자연에서 시간 보내기, 친구들과의 만남, 창의적인 활동 등 무엇을 하든 스트레스를 완화하는 데 도움이 되는 시간을 반드시 갖도록 한다. 시간 배분을 어떻게 해야 할지 고심 중이라면 미국은퇴자협회AARP의 안내가 도움이 될 것이다. 협회는 한 명 이상을 돌보는 사람들에게 '공평한 돌봄이 아니라 필요에 맞춰' 돌봄을 제공하라고 권고한다. 다시 말해 자신이 돌보는 사람 모두에게 똑같은 시간을 할애해서 돌보겠다고 생각하지 말라는 것이다.[37]

나아가 사소한 일에서 즐거움과 희망의 빛인 실버 라이닝silver linings을 찾으려고 최선을 다하자. 에스더 코흐는 자기 엄마가 돌아가시기 전 몇 년 동안 돌봐드렸는데, 사랑하는 사람을 돌보면서 느끼는 즐거움에 대해 썼다. '순간의 기쁨에 키스하라'kiss the joy as it flies by라는 제목의 글에서 독자들에게 사소한 즐거움을 소중하게 생각하라고 권고한다.[38] 그녀는 지금이 엄마와 함께 즐기는 마지막 시간이라고 생각하고 해변 드라이브, 콘서트 관람, 공원 피크닉 등 그동안 해보지 못한 일, 계획하지 않은 일을 하며 엄마와의 추억을 하나하나 모아 나간다.

에스더처럼 마이라 교수는 남편을 간호하면서 지루하고 불안했지만 그 경험은 두 사람이 더 가까워지는 새로운 기회가 되었다. 퓨Pew리서치센터 보고서에 의하면 돌봄을 제공하는 사람은 그 돌봄을 통해 큰 의미를 맛보게 된다.[39] 돌봄을 제공하는 행위 자체가 바로 돌봄을 받는 사람과의 친밀함을 높여주는 결과로 나타난다.[40] 캘리포니아대학교 버클리 캠퍼스 철학심리학과의 앨리슨 고프닉Alison Gopnik 교수는 우리가 누구를 사랑하기 때문에 그 사람을 돌보는 게 아니라, 그 사람을 돌보기 때문에 그 사람을 사랑하게 되는 것이라고 했다.

내 삶에 적용하기

사랑하는 어른들과의 대화 준비

이 연습문제는 5C 프레임워크 중에서 분명히 하기CLARIFY와 소통하기 COMMUNICATE 단계에 초점을 맞추었다. 먼저 은퇴, 노인 돌봄, 임종 등을 주제로 한 대화에 대해 생각해 본다.

가족이나 친척 중에서 나이 드신 어떤 분과 이야기할 생각인가?

....

어떤 문제에 대해 주로 이야기하려고 하는가?

....

대화를 통해 어떤 성과를 얻어내고 싶은가?

....

시작 대화를 하나 예로 들어보라. 대화 시작을 어떻게 하려고 하는가? 왜 그럴 생각인가?

....

그런 다음에는 대화 시작 전 마지막 총연습을 한다. 친척이나 부모님과 아는 사람에게 부모님 역할을 연기해달라고 부탁한다. 연습 대화를 시작하고 대화가 어떻게 진행되는지 보자.

....

총연습에 대한 평가를 해본다. 배운 점이 있는가? 주제나 대화 방식에서 예상치 못한 점을 깨달은 게 있는가?

....

뜨거운 쟁점을 놓고 이야기했는가? 열기를 어떻게 식힐 것인가?

....

총연습을 해보니 대화의 타이밍과 철저한 사전 준비가 필요하다고 생각되는가?

....

총연습을 해보니 실제 대화를 잘할 자신감이 생겼는가? 그렇지 않다면 자신감을 끌어올릴 방법이 무엇일까?

....

MONEY *and* LOVE

Chapter 10

직장과 가정에 필요한 변화

어떻게 바꿀 것인가?

　　돈Dawn은 평판 좋은 컨설팅 회사의 유능한 인재 채용 담당자였다. 결혼생활 5년째로 같은 여성인 그녀의 아내는 아이를 가져도 좋고 안 가져도 그만이라는 생각이고, 그녀는 아이를 한 명도 갖고 싶지 않았다. 대신 두 사람은 조카들에게 '최고의 숙모'가 되려고 했다. 그런데 35세 생일이 가까워지던 무렵 돈에게 전에 없던 모성 본능 같은 게 갑자기 나타났다. 어느 날 함께 등산하는 길에 돈은 아내에게 아이를 갖고 싶다는 말을 꺼냈다. 그 말에 아내도 사실은 오래 전부터 엄마가 되고 싶은 마음이 간절했지만 남편이 그럴 생각이 전혀 없다는 걸 알기 때문에 참았다고 말하는 것이었다.

　　등산을 마칠 때쯤 두 사람은 아이를 갖기로 뜻을 모았다. 두 사람 모두 순탄치 않을 앞날에 대한 흥분과 두려움이 교차했다. 이튿날 돈은 회사의 인트라넷 사이트에 들어가 혜택 조항을 일일이 검색해 보고(그녀와 아내 모두 대상이 되는) 회사의 보험 혜택이 체외수정IVF의 경우에도 적용된다는 사실을 알았다. 하지만 기쁨은 잠시이고 제외조항을 보니 이 혜택이 불임을 경험한 이성 부부에게만 적용된다고 적혀 있었다. (최소 1년 이상 임신을 못한 경우를 불임으로 규정해 놓았다.)

쉽게 포기할 수 없어서 인사 담당자에게 면담을 요청해 날짜를 잡았다. 면담에서 그녀는 성소수자LGBTQ에게 우호적인 직장으로 여러 차례 수상 경력이 있는 회사에서 체외수정IVF의 적용 조건을 왜 이렇게 좁게 만들어 놓았느냐고 따져 물었다. 인사 담당자는 자기 회사의 방침이 아니라 보험회사의 방침이라 어쩔 수 없다고 했다. 그 인사 담당자는 자기도 그녀의 입장을 이해하지만 자기가 그 조항을 어찌해 볼 방법은 없다고 했다. 돈은 포기하지 않고 인사 부서 책임자와의 면담을 요청했지만 이번에도 같은 답을 들었다. 인사 관련 더 윗선에 있는 고위 임원들과도 면담을 가졌지만 답은 한결같았다.

그녀는 LGBTQ 채용 기업의 직원 커뮤니티를 비롯해 여러 다른 경로로도 자신의 이야기를 알리고 도움을 청했다. 얼마 안 가 다른 기업의 직원들까지 도움을 주겠다고 나타났다. 그들 역시 LGBTQ에 우호적이라는 평판을 듣는 회사에 다니고 있었지만 그런 평판이 보험 혜택의 면제조항과는 별개라는 사실에 실망감을 갖고 있었다. 그러는 동안 돈의 아내가 직장을 옮겼는데 새 직장에서는 동성 부부의 체외수정도 보험 혜택을 받도록 해주었다. 첨단기술 기업으로 LGBTQ에 우호적이라는 평판으로 널리 알려지지 않았지만 직원들에게 상당히 진보적인 복지 정책을 취하고 있었다. 두 사람은 정자 기증자를 찾아 체외수정IVF을 시작했다. 남편 돈이 생모가 되었다. 배가 불러오는 와중에도 그녀는 계속 사내에 자신의 주장을 알렸고 마침내 최고인력책임자CPO에게까지 알려졌다.

지금까지 그녀는 시니어 파트너를 포함해 사내에서 많은 지지자를 모았다. 사람들은 그녀가 임신 후에도 보험 적용 혜택을 확보하기 위해 계속 에너지를 쏟는 것을 보고 놀랐다. 하지만 그녀가 열정적으로 일한 것은 자신이 처한 상황을 개선하기 위해서뿐만이 아니었다. 그녀는 회사가 사원 전부에게 공정하게 혜택이 돌아가도록 하겠다는 방침을 '말에 그치지 않고 실제로 실행에 옮겨주기를' 원했다. 이 문제를 계속 제기하지 않고서는 자기가 하는 인재 채용 업무도 제대로 할 수 없다고 생각했다.

그녀가 출산휴직을 떠나기 몇 주 전 회사는 다음 업무 연도부터 새로운 사원 혜택 패키지를 시행한다고 발표했다. 그리고 함께 공지한 이메일을 통해 회사가 지향하는 '포용의 가치'value of inclusivity에 걸맞게 혜택의 대상 범위를 확대해 동성 부부의 체외수정IVF도 보험 혜택 대상에 포함시킨다고 밝혔다. 그녀가 체외수정 보험 혜택이 이성 부부에게만 적용된다는 사실을 처음 알고부터 2년이 조금 더 지난 시점이었다. 너무도 뿌듯한 기분이 들어 그녀는 옆방에서 기다리는 아내에게 전화를 걸어 들뜬 목소리로 말했다. "자기야, 어서 이리로 와 봐!" 아내는 방으로 뛰어 들어오자 본능적으로 출산 준비물을 챙겨놓은 병원 가방 쪽으로 갔다. "아니, 아직은 아니야." 돈은 웃으며 컴퓨터 스크린을 손으로 가리켰다. 화면에는 새로운 혜택 패키지를 알리는 회사 공고문이 떠 있었다. "다음에는 2년까지 걸리지 않았으면 좋겠어!"

이런 이야기는 우리 모두 누구나 시스템 변화를 이루어내는 데 역할을 할 수 있다는 사실을 일깨워 준다. 돈 부부의 삶처럼 우리 모두의 삶도 충만할 것이고, 때로는 엄청나게 힘들 수도 있을 것이다. 하루 종일 혹은 일주일 내내 일이 너무 힘들 때도 있을 것이다. 사랑과 돈의 조화를 추구하면서 우리는 너무 이상적인 선택을 강요당하는 경우가 많다. 이 부부가 한 것처럼 가능하다면 우리도 자신의 목소리를 내서 자신이 몸담은 세계에 어떤 영향을 미칠 수가 있다. 그렇게 함으로써 시간이 지나면서 긍정적인 변화를 일으키는 파급효과를 만들어내게 되는 것이다.

_____ 고쳐야 할 낡은 관행들

지금 우리가 지키는 제도와 정부 정책은 이성 결혼이 표준이던 시절에 만들어진 것이다.(다른 성적 취향은 모두 금기시되었다.) 남자는 일터에 나가 돈을 벌고 여성은 집안에서 아이를 키우는 게 정상이었다. 그 시절에는 유급 육아휴직이나 가정 외에 양질의 보육시설을 구하는 건 생각하지도 않았다. 지난 수십 년 동안 수백만 명의 여성 인구가 일터에 나가 일하는데도 정부의 많은 정책이 여전히 이러한 '단일 결과 규칙'single-outcome norm에 머물러 있어서 변화하는 사회의 욕구를 충족시키기에 크게 미흡했다. 그 결과로 많은 이들이 계속해서 커리어와 가정이 서로 경쟁적으로 시간, 관심, 돈을 필요로 하는 상황과 마주하고 있다. 그러다 보니 커리어와 가정일 모두 힘들고 비용이 많이 들고, 때로는 함께 병행하기가 불가능해진다.

코로나바이러스 팬데믹은 20세기 후반 이후 몇 십 년이 더 흐르고, 여성 노동 인력이 차지하는 비율이 급등했음에도 불구하고 미국에서 맞벌이 부부에 대한 공식적인 지원 구조가 얼마나 바뀌지 않았는지 여실히 드러내 보여주었다. (2020년 민간 근로 인력에서 여성이 차지하는 비율은 47퍼센트로 1948년의 29퍼센트에서 크게 올랐다.)[1] 팬데믹 이전에도 자녀를 가진 맞벌이 가정의 수가 꾸준히 늘어나 1967년 전체 부부의 44퍼센트에서 2019년에는 63퍼센트로 올랐다.[2] 이런 변화에도 불구하고 정책과 혜택은 놀라울 정도로 낡은 상태 그대로 유지되고 있다. 그 결과 앞에서 본 것처럼 2020년 3월 록다운으로 학교와 보육시설이 문을 닫자 보육의 부담은 가족, 특히 엄마들에게 고스란히 지워졌다.

너무 실망스러운 그림인가? 실망스러워하는 건 여러분만이 아니다. 하지만 이러한 역풍이 초래하는 암울한 현실과 맞닥뜨려 봐야 비로소 시스템 변화가 얼마나 절박한지 실감할 수 있게 된다. 우리는 지금까지 여러 차례 강의를 통해 사랑과 돈에 관련된 문제들을 여러분 스스로 해결해 나갈 수 있도록 도움을 주려고 했다. 하지만 이제 현대 가정에서 필요로 하는 문제들을 제대로 개선하기 위해서는 우리에게 최적이 아닌 선택을 하도록 만드는 시스템, 정책, 그리고 관행들을 점검해 볼 필요가 있다. 그런 다음 여성인 돈Dawn이 동료들과 행동한 것처럼 서로 단결하고, 최적이 아닌 선택을 하도록 만들어놓은 시스템을 차례로 하나씩 바꾸기 위해 최선의 노력을 다해야 한다.

_____ 변화의 주체가 되자

회사의 체외수정IVF 부부에 대한 보험 혜택 관련 정책을 바꾸려는 시도를 시작했을 당시 돈Dawn은 그 회사 재직 기간이 어느 정도 되었다. 장기간 보여준 유능한 근무 경력이 바탕이 되어서 회사의 고위 정책 결정권자들에게 접근하기가 좀 더 쉬었을 수 있다. 조직 안에서 그런 신뢰를 쌓지 않았더라면 어떻게 되었을까? 그래도 변화의 주체가 될 수 있을까? 그렇다. 될 수 있다! 여러분의 힘은 여러분이 가진 경험과 생각, 그리도 동기에서 나오지 반드시 여러분이 차지하고 있는 지위에서만 나오는 건 아니다. 내부 변화의 신봉자인 우리는 조직 내 어떤 지위에 있건 변화에 영향을 주는 게 가능하다고 믿는다. 그리고 그 변화는 여러분 혼자서 밀고 나가지 않아도 된다. 장기적인 성공을 위해서는 시간이 걸리더라도 확실한 지지세력 연합을 구축하는 게 매우 중요하다. 많은 이들이 그렇지만 특히 자신이 스스로를 변화의 주체라고 생각하지 않았다면 먼저 그런 마음가짐부터 바꿀 필요가 있다.

_____ 온건한 혁명가

전문가로 걸어온 우리의 이력을 보고 우리를 변화의 주체들로 생각하지 않을 사람이 있을지 모르겠다. 마이라 교수는 경제학 박사이고 40년 넘는 세월을 교단에서 보냈다. 애비는 경영학 석사MBA로 포춘 200대 기업에서 10년 넘게 일했다. 길거리에서 직접 확성기를 들고 외치지는 않았지만 두 사람은 변화를 전파하기 위해 아이디어를 내고 목소리를 냈다.

마이라 교수는 이름이 알려지지 않은 신참 조교수로 스탠퍼드대에서 가르치기 시작했는데 그때부터 학생은 물론이고 고참 교수들까지 시위에 불러들였다. 왜 그랬느냐고? 나중에 스탠퍼드대 여성연구소Center for Research on Women가 되는 기구를 만들자는 제안을 하기 위한 모임이었다. 시간이 지나며 이 연구소는 대학과 지역사회 여성의 권익을 연구하고 옹호하는 강력한 자원이 되었다. 그리고 이름이 알려지고 후원금이 늘어나면서 클레이먼 양성평등연구소Clayman Institute for Gender Research가 되었다. 현재 이 연구소는 캠퍼스 안의 일은 물론이고 전 세계적으로 일과 가정의 이익을 위한 연구를 진행한다.

애비 역시 다니는 회사에서 직급이 올라가면서 일하는 부모를 위한 직원 커뮤니티를 만들어 이끌고 있다. 자녀를 키우는 사람들에게 새로운 혜택이 돌아가도록 돕고, 어느 직원의 말처럼 '둘째 아이 임신 사실을 떳떳하게 밝힐 수 있는 환경'을 만들기 위해 노력하고 있다.

『온건한 혁명가』*Tempered Radicals: How People Use Difference to Inspire Change at Work* 의 저자 데브라 마이어슨Debra Meyerson은 '온건한 혁명가'tempered radicals라는 용어를 처음으로 썼는데 '자신이 믿는 가치나 정체성이 그 조직의 주류 문화와 일치하지 않더라도 자기 신념을 지키면서 조직 안에서 성공하려고 하는 사람'을 가리키는 말이다.[3] 마이어슨은 "온건한 혁명가는 상자 안에 완전히 들어가 있지 않기 때문에 '상자 바깥'에 있는 사람처럼 생각하려고 한다."고 말한다. 이들은 '조직 내의 아웃사이더'로서 비판적인 면과 창의적인 면을 모두 가지고 있다. 이들이 '새로운 진실'new truths을 말한다.[4]

온건한 개혁가들이 종종 효과적인 변화의 주역이 되기도 한다. 조직 안에서 슬기롭게 처신하며 원하는 변화를 이루어내는 방법을 알기 때문이다. 돈과 사랑의 전문가로 알려진 덕분에 자기들의 일터에서 큰 변화를 이끌어내고 싶은 사람들이 우리한테 찾아와서 도움말을 청하는 일이 종종 있다. 이들은 새로운 인재 채용방식 도입, 편견 없는 직원평가 방식 도입, 자녀 육아에 추가 혜택 제공, 육아휴직, 출산이나 자녀 입양 뒤 복귀할 때 업무 유연성을 더 제공하는 등의 방식으로 변화를 이끌어내고 싶어 한다. "어디서부터 시작해야 하나요?" 이런 질문을 많이 한다.

가정에서 온건한 개혁가 되기

자녀가 있는 사람은 자녀를 온건한 개혁가로 키우는 것도 변화를 이루는 하나의 방법이다. 연구에 따르면 페미니스트의 자녀들은 우리가 여기서 주장하는 종류의 변화를 선호할 가능성이 매우 높다. 여러분이 배우고 익힌 교훈을 자녀들에게 가르치고, 그들이 사랑과 돈의 관계가 지금처럼 경직되지 않은 세상을 만들기 위해 노력하도록 도와주는 것이다.

또한 자녀들에게 5C 프레임워크를 가르쳐준다. 문제의 본질을 명확히 알고, 소통하고, 대안을 알아보고, 다른 사람의 의견을 듣고, 예상되는 결과를 알아보는 식의 접근방식을 알려주는 것이다. 사랑과 돈의 관계뿐만 아니라 다른 문제에 대한 결정을 내릴 때도 마찬가지다. 부부인 경우, 자녀 교육의 중요한 방법 중 하나는 부부가 나가서 돈 버는 일과 집안일의 분담을 어떻게 하는지, 왜 그렇게 나누는지를 자녀들에게 공개적으로 말해준다. 사랑과 돈에 관한 결정을 부부가 의논해서 내린다는 사실을 보여줌으로써 자녀들이 대부분의 결정이 두 가지를 모두 고려해 이루어진다는 것을 확실히 알도록 해주는 것이다. 자녀들이 그런 사실을 안다는 것은 앞으로 그들도 부모들과 마찬가지로 두 가지를 모두 고려하는 선택을 할 것임을 의미한다.

"우리가 추구하는 변화가 경제적으로도 유익하다는 걸 어떻게 보여주면 좋겠습니까? 어떤 변화부터 먼저 하자고 할까요?"

대답은 간단하다(실천하기는 쉽지 않지만). 첫째, 꼼꼼히 연구하라. 당신이 일하는 직장에서 어떻게 변화가 이루어지던가? 이 변화를 가능하게 하는 정책 결정권자가 누구인가? 그들의 마음을 움직이려면 어떤 데이터가 효과적일까? 그들이 누구의 말을 믿는가? 직장마다 사정이 다르기 때문에 정확하게 어떻게 하라는 처방을 내려줄 수는 없지만 우리가 만든 프레임워크가 어떻게 하는 게 좋을지 가이드 역할을 해줄 것이다.

_____ 데이터 수집의 중요성

변화의 주도자가 되고 싶으면 관심 분야의 주제를 하나 선정해 그와 관련된 데이터를 모으는 방법이 있다. 사람들이 좋아하는 데이터에는 두 가지 유형이 있다. 첫째는 개인의 일화들이다. '개인적인 일화를 모은다고 데이터가 되는 건 아니다.'는 말을 들었다면 그건 틀린 말이다. 그 말을 최초로 했다는 사람은 사실 다음과 같이 정반대되는 뜻으로 말했다. '일화를 모은 게 데이터이다.'[5] 두 번째 유형의 데이터는 조사와 직원 정보 시스템을 통해 얻은 딱딱한 수치이다. 두 번째 유형의 데이터가 개인적인 일화 자료와 결합하면 생각과 관점, 정책을 바꾸는 데 중요한 역할을 할 수 있다.

딱딱하고 냉정한 수치는 많은 것을 보여준다. 사람들이 개인 일화는 대수롭지 않은 것으로 넘어가기 쉽다는 점이 문제이다. 하버드 비즈니스 리뷰Harvard Business Review 2021년 9월호에 실린 '대규모 퇴사'great resignation 관련 기사에서는 퇴사자 연령 중에서 30세에서 45세 사이 연령대의 퇴사율이 가장 높게 나타났는데, 2020년부터 2021년 사이 이들의 퇴사율은 평균 20퍼센트의 증가율을 보였다.[6] 그러면서 기사는 고용주들에게 이직률을 낮추기 위해 다음과 같이 데이터에 입각한 접근을 해달라고 주문했다. 1. 문제를 계량화 할 것, 2. 문제의 근원을 찾아낼 것, 3.이직률을 낮추기 위한 맞춤형 프로그램을 만들 것.

그렇게 쉽게 풀 수 있는 문제라면 얼마나 좋겠는가. 30세에서 45세 사이 연령대의 이직률이 높은 것은 일리가 있다. 왜냐하면 이 연령대는 어린 자녀가 있고, 또한 고령의 친척을 돌볼 가능성이 매우 높은 이른바 샌드위치 세대이기 때문이다. 놀랍게도 이런 사실이 하버드 비즈니스 리뷰 기사에서는 언급조차 되지 않았다. 샌드위치 세대 논리는 매우 설득력이 있지만 이를 증명해 내기는 어려운 것 또한 사실이다. 많은 기업이(52퍼센트라는 조사 결과가 있다) 직원이 집안에서 누구를 돌보아야 하는지 여부에 대한 자료를 가지고 있지 않다. 주요 인사 시스템 또한 이와 관련한 자료는 참고하지 않는다.[7] 일부 진보적인 생각을 가진 고용주들이 자체 조사 등을 통해 데이터를 추적하는 노력을 하고 있으나 소수에 그치고 있다.

이처럼 공식 인사 데이터가 없는 상황에서는 창의적으로 생각할 필요가 있다. 회사에 자녀가 있거나 집안에 돌봐야 하는 사람이 있는 직원을 특별히 관리하는 인사팀이 있다면 관련 조사 자료를 그들에게 보여주고 널리 공유해 달라고 부탁한다. 직장에 그런 인사팀이 없다면 당장 만들도록 한다. 그리고 연구 자료를 공유한다. 하버드대에서 발표한 연구 자료에 의하면 전체 피고용자의 약 4분의 3(73퍼센트)이 누군가를 돌봐야 하는 책임을 지고 있는 것으로 나타났다.[8]

_____ 작은 변화가 모여 큰 변화를 만든다

어떤 조직이든 그 안에서 시스템 변화를 이끌어내려면 서로 상충되기도 하는 복잡한 업무를 관장하는 여러 집단의 이해가 관련된다. 부엌에 요리사가 너무 많으면 변화를 이끌어내는 과정이 길어진다는 말이다. 규모가 크고 자리가 잡힌 조직일수록 더 그렇다. 긴박함과 인내심 사이에서 건강하고 지속가능한 균형을 맞추기란 어렵다. 온화한 혁명가들은 지금 당장 필요하다는 생각에서 변화를 추구하는 경우가 많기 때문에 특히 더 그렇다.

애비가 자녀를 둔 직원 커뮤니티를 시작하자는 제안을 처음으로 할 때 그녀는 이 커뮤니티를 본사 직원뿐 아니라 전체 직원에게 적용하고 싶었다. 하지만 전체 직원에게 회원 가입을 허용할 경우에 생겨날 여러 복잡한 문제들이 있었다. 시급으로 일하는 직원들에게는 근로기준법의 적용 기준이 다르기 때문이었다. 애비는 이런 점 때문에 실망했다. 직원 커뮤니티 공동 창설자와 함께 일단 실현가능한 변화에 집중하기로 했다. 먼저 회사 내 여러 부서와 조직에서 회원 가입을 늘리는 데 노력을 기울이기로 한 것이다. 몇 년이 지난 뒤 자녀를 둔 직원 커뮤니티의 새 회장단에 개별 점포와 배달 센터에서 일하는 시간제 직원들의 가입을 지원할 두 명의 인사가 포함됐다. 끈기와 인내심이 마침내 결실을 맺은 것이다. 대부분의 조직에서 변화에는 시간이 오래 걸리기 때문에 변화를 주장하는 본인은 그 변화로부터 혜택을 누리지 못하기 쉽다는 점을 알 필요가 있다. 하지만 자신보다 뒤에 올 사람들을 위해 미리 투자하는 것이다.

니콜도 예상치 않게 자신이 일하는 직장에서 변화의 주역이 되었다. 그녀는 첫 아이를 낳은 뒤 업무로 복귀하려고 했다. 소아과 의사인 그녀는 자기도 이제 부모가 되었으니 진료실에서 만나는 부모들의 마음을 더 잘 헤아릴 수 있을 것이라고 생각했다. 아울러 출산휴직 동안 10억 달러나 들여 수리한 병원도 얼른 보고 싶었다. 소아병동을 확장했기 때문에 특히 더 궁금했다. 그런데 복귀한 첫날 생후 4개월 된 아들에게 먹일 모유를 유축할 장소가 없다는 사실을 알고 충격을 받았다. 아이는 처음으로 데이케어 센터에 맡기고 왔다.

"의사로서 우리가 아는 바를 놓고 보면 병원의 소아병동을 설계하고 건축하면서 여성 직원들에게 필요한 부분을 아무도 생각하지 않았다는 사실이 실로 충격적이었다." 니콜은 다른 병동에 있는 수유실을 이용하라는 제안을 받았다. 하지만 업무 스케줄이 워낙 타이트하다 보니 세 번의 유축 시간에 맞춰 그곳까지 갔다가 환자 진료 시간에 맞춰 돌아오고 하는 게 사실상 불가능했다. 그래서 그녀가 어려움을 호소한 뒤 소아병동에 있는 휴게실 한쪽을 쓸 수 있게 되었다. 얇은 커튼을 쳐서 유축 공간을 분리한 것이다. 하지만 그녀가 그곳에 있는 동안에도 휴게실에는 사람들이 드나들었고 그럴 때마다 그녀는 젖이 잘 뿜어져 나오도록 긴장하지 않으려고 애를 써야 했다. 유축이 제대로 되지 않을 때는 젖이 흘러나와 옷에 묻기도 했다.(흰색 진료복 덕분에 얼룩이 눈에 잘 띄지 않는 것에

머니 앤드 러브

감사했다.) 업무에 복귀한 지 불과 몇 주 만에 초기에 가졌던 기대감은 좌절과 분노로 바뀌었다. 여의사를 비롯해 여성 직원들의 기초적인 불편함을 누구도 신경 쓰지 않았기 때문이다.

어느 날 유축을 마친 뒤 커튼을 젖히고 휴게실로 나오니 그녀가 소속된 과의 과장이 커피를 마시고 있었다. "오, 안녕, 니콜." 과장은 이렇게 말했다. "그 안에 누가 있는지 몰랐네. 휴가 마치고 돌아오니 할 만해요?" 니콜은 여러 해에 걸친 의사 수련을 통해 불평하지 않고 불편 사항을 털어놓는 방법을 터득했다. 녹초가 되다시피 일하고, 부족한 잠을 초인적인 힘으로 버텨내기도 했다. 그 정도 힘든 것은 이겨낼 수 있다는 걸 보여주고 싶었기 때문이다. 과장도 그녀보다 몇 십 년 앞서 그런 수련 과정을 거친 사람이었다. 과장은 그녀의 입에서 아무 문제없다는 말을 듣고 싶었을 것이다.

그녀는 그걸 알면서도 말하지 않을 수가 없었다. 자기가 겪는 일 때문만이 아니라 곧 출산휴직을 가기로 되어 있는 임신한 동료가 두 명 더 있었기 때문이었다. 그 동료들이 돌아왔을 때 자신과 같은 불편을 겪도록 놔둘 수는 없었다. "솔직히 말하자면요." 그녀는 이렇게 답했다. "힘듭니다. 지금도 소아병동에 제대로 유축실이 없어 여기까지 온 것입니다. 모유를 먹이면 아기에게 좋다는 걸 다 알면서도 실상이 이렇습니다. 나를 포함해 병원에 있는 다른 여성 동료들을 위해서 이건 반드시 바꾸고 싶습니다."

과장은 그녀가 하는 말을 듣고는 놀라서 커피를 따르다 말고 고개를 들고 쳐다보았다. 니콜은 불만사항을 털어놓고는 무슨 말을 들을지 몰라 마음을 다잡았다. 하지만 과장은 이렇게 말했다.

"그렇구나, 무슨 조치를 해야겠군요." 그 주 후반에 과장은 병원 증축을 담당한 설계팀, 공간 플래너팀과 가지는 회의에 그녀를 참석시켰다. 회의장에 들어가 주위를 둘러보니 그녀는 머리가 희끗희끗한 남자들 사이에서 유일한 여성이었다. 그걸 보고 그녀는 10억 달러 넘는 돈을 들여서 증축공사를 하면서 왜 여성 직원들에게 꼭 필요한 유축실 만들 생각을 못했는지 그 이유를 금방 알 수 있었다.

과장은 회의를 소집한 이유를 설명하고 니콜에게 사정을 상세히 설명해 보라고 했다. 머리가 희끗희끗한 남자들의 머리가 일제히 그녀를 향했다. 처음에는 약간 당황스러웠지만 그녀는 심호흡을 한번 하고는 임신한 동료들을 생각하며 상황을 차분하게 설명해 나갔다.

_____ 5C 프레임워크 활용하기: 변화의 주체가 되자

변화가 반드시 하루아침에 이루어져야 하는 건 아니라는 점은 알아두자. 또한 변화를 위한 투쟁이 여러분의 삶을 압도하도록 해서도 안 된다. 아무리 변화를 원한다고 하더라도 우리들 대부분은 매일매일 긴장을 늦출 수 없이 여러 가지 일을 챙기며 바쁘게 살고 있다. 조직적인 접근방법을 통해 쉽게 탈진하지 않고 장기적으로 보다 강력한 변화의 주체가 될 수 있도록 한다. 많은 사람이 만드는 작은 변화가 차근차근 쌓이도록 하는 것이다. 스스로 작은 변화를 만들고, 다른 사람도 그렇게 하도록 용기를 북돋워 준다.

step 1 명확히 하기 *Clarify*

변화의 주체가 되기로 한 다음 제일 먼저 할 일은 자신이 어떤 변화를 원하고, 그 이유는 무엇인지 명확히 하는 것이다. 변화를 만들어 가는 과정에는 롤러코스터를 타는 것처럼 굴곡도 많고, 찬성하는 사람도 만나고 반대하는 사람도 만나게 될 것이다. 왜 이 일에 뛰어들었는지에 대한 명분이 확고하면 도중에 어려운 장애물을 만나더라도 가던 길을 계속 갈 수 있게 해주는 힘이 될 것이다. 다음의 경우처럼 부정적인 경험을 통해 '왜' 그 변화를 이루어내야 하는지 동기를 찾고, 그때부터 더 열렬하게 변화를 지지하게 되는 사람도 있다.

나는 첫 번째 육아휴직을 마치고 복귀한 다음 우호적이지 않은 직장 분위기에 적응하지 못해 끔찍한 시간을 보냈다. 그리고 복귀 4개월 만에 결국 직장을 그만두었다. 그때부터 나는 육아를 하는 동료들의 근무 환경을 개선하기 위해 최선을 다해 뛰었다. 지금 일하는 직장에서도 어린 자녀를 둔 직원 커뮤니티에서 회사의 방침을 바꾸기 위해 꾸준히 노력하고 있다.

다른 조사 응답자인 로리 미할리히-레빈Lori Mihalich-Levin도 출산휴직을 마치고 복귀한 뒤 부정적이지만 매우 고무적인 경험을 했다.

나는 출산휴직을 마치고 복귀한 뒤 매우 힘든 시간을 보냈다. (둘째 아이 때 특히 더 심했다.) 어린 자녀를 둔 전문직 부모를 위한 정보가 없어서 너무 힘들었다. 아이에 초점을 맞춘 정보들만 있었다. 그래서 직장의 동업자 조합trade association에 유자녀 커뮤니티를 먼저 만들었다. 그런 다음 유자녀 직원들에게 우호적인 직장 분위기를 만들기 위해 내가 파트너 변호사로 일하는 로펌에 유자녀 직원 커뮤니티를 출범시켰다. 처음에는 로펌에서 일하는 변호사들에게만 회원 가입이 허용되었지만 2년 가까이 걸려서 비로소 모든 직원에게 가입 자격이 주어지도록 허락을 받아냈다.

로리는 이런 경험에서 얻은 명확한 소명의식을 바탕으로 '마인드풀 리턴'Mindful Return이라는 사업체를 시작했다. 직장으로 복귀하는 유자녀 직장인을 지원하는 사업이다. 일단 갓 부모가 된 사람들을 대상으로 4주짜리 코호트cohort 기반 온라인 코스를 시작했다. 이후 코스를 확대해 지금은 어린아이를 둔 부모와 특수아동 부모, 출산휴직을 떠나는 직원의 매니저들을 위한 코스도 개설하고 있다. 90곳이 넘는 기업이 육아수

당의 일환으로 직원들에게 이 코스를 제공하고 있다. 로리는 변화에 대한 확고한 신념 덕분에 자기가 일하는 직장뿐만 아니라 다른 직장 사람들에게까지 도움을 줄 수 있게 되었다. 그리고 본인은 열렬히 기여하고 싶은 분야에서 사업을 시작해 성공하고 CEO가 되었다.

포춘 100대 기업에 다니는 또 다른 조사 응답자는 어린 자녀를 둔 직원들에게 유연한 업무 스케줄이 적용되도록 하고 투명성 강화에 기여하면서 큰 보람을 느꼈다고 했다. 자신이 아이를 가졌을 때인 2000년 초에는 대체 근무 시간을 회사와 조율할 때 상사와 '비공개로' 협상을 진행했다고 했다. 다른 직원들은 그런 일이 이루어지는지도 몰랐다. 그래서 이 여성은 '보이지 않는 일을 보이게' 만들겠다고 공언했다. 자기가 대체 근무 시간을 적용받는다는 사실을 공개적으로 보여주면 다른 직원들도 같은 혜택을 적용받기가 수월해질 것으로 생각했다.

그래서 일주일에 며칠은 오후에 재택근무를 할 수 있도록 한 자신의 업무 스케줄을 모두에게 공개했는데 당시 회사 차원에서는 논란이 소지가 있는 혜택이었다. 그런 다음 같은 근무 시간 조정 혜택을 같은 팀에서 일하는 1백 명 내외의 직원들에게 모두 적용해 달라고 요청했다.

그녀는 대체 근무 시간표 덕분에 '온전한 정신으로' 첫돌 지날 때까지 아이에게 모유를 먹일 수 있었다고 했다. 그리고 다른 직원들도 재택근무가 시작되기 훨씬 전에 그녀처럼 유연 근무 시간제를 적용받을 수 있게 되었다. 이 제도로부터 아무 혜택을 보지 못하는 직원들도 회사에 그런 제도가 있어서 좋다고 했다.

동지를 규합하고 연대를 구축한다

'왜'라는 물음에 명확한 답을 찾은 다음에는 광범위한 규모로 동지 규합에 착수한다. 자신이 추구하는 변화에 대한 생각을 여러 사람에게 전파한다. 그물을 넓게 치는 것이다. 어떤 이들이 참여할지 모르는 일이다. 더 많은 사람이 이런 문제에 관심을 가짐으로써 더 많은 직장이 이런 혜택을 제공하게 될 것이다.

돈Dawn이 직장에서 체외수정IVF 보험 혜택 대상을 바꾸려고 한 노력이 성공을 거둔 것은 그녀가 동료들 사이에 구축한 대규모 지지 연대 덕분이었다. 로펌 전체의 정책에 영향을 미칠 수 있는 위치에 있는 시니어 파트너 변호사들 몇 명도 이 연대에 동참했다. 사실상 시니어 동료들은 중요한 도구 역할을 해줄 수 있는 동지들이다.

그녀는 자신이 성공할 수 있었던 것을 업무능력을 좋게 평가받고 아무리 힘들어도 약속한 파트타임 스케줄을 충실히 지키고, 평판이 좋은 남성 시니어 파트너를 자신의 '바람막이'로 적절히 활용한 덕분이었다고 말한다. 이들이 나서서 회의적인 입장을 갖고 있거나 아예 그런 제안을 들으려고도 하지 않는 다른 파트너들에게 다가가 시험적으로 그녀에게 파트타임 스케줄을 허락해 주자고 설득했다. 바람막이 역할을 해준 시니어 파트너는 그녀가 주 3일을 일하면서 의뢰인을 상대하되 팀에 직접적인 책임은 지지 않는 식의 선택적 역할을 수행할 수 있도록 도와주었다. 그녀는 이처럼 자신의 능력을 보여주었고 영향력 있는 후원자들 덕분에 자신이 원하는 변화를 이룰 수 있었다.

step 3 대안 알아보기 *Consider a Broad Range of Choices*

이상적인 해답을 목표로 노력을 집중하는 게 좋기는 하지만 시스템 변화를 이끌어내기 위해서는 타협이 필요한 경우들이 종종 있다. 그래서 문제 해결에 필요한 다양한 방법을 알아보는 게 중요하다. 다양한 요구사항을 가진 많은 사람이 관련된 일을 추진하기 때문에 다른 나라, 다른 기관 혹은 다른 커뮤니티에서는 유사한 문제 해결을 위해 어떤 방법을 동원했는지 조사해 보는 게 도움이 된다.

다음 여성은 새로 옮겨간 회사의 출산휴직 정책을 바꾸기 위해 자신이 어떤 방법을 동원했는지에 대해 말한다. 기존의 정책이 자신의 장래에 문제가 될 것임을 알았기 때문에 이 여성은 이를 바꾸기 위한 작업을 빨리 시작했다.

새로 옮겨간 회사에서는 연방정부가 요구하는 최소 수준의 출산휴직 정책을 채택하고 있었다. 당시 나는 둘째 아이를 가질 계획이었기 때문에 출산휴직이 그 정도로는 부족하다고 생각했다. 그 전에 다니던 회사에서는 3개월 유급휴가에 3개월 무급휴가까지 추가로 허용해 주었다. 딸을 놓고 6개월을 함께 지낼 수 있었기 때문에 너무 좋았다.

새 회사에는 시아버지가 함께 다니셨는데 시아버지가 제일 먼저 나와 함께 이 문제를 제기해 주셨다. 시아버지와 함께 일하는 여성 팀장도 출산을 앞두고 있어 자연스럽게 출산휴직에 대해 이야기를 나누게 되었고, 시아버지도 회사의 출산휴직 정책이 턱없이 부족하다는 사실을 알게 되었다. 시아버지와 남녀 파트너십을 이루어 출산휴직 늘리기 청원을 시작한 게 매우 큰 도움이 되었다. 물론 도중에 이런저런 어려움도 있었고, 나이 많은 시니어 임원이 내게 이런 말을 하기도 했다. "엄마가 아기와 너무 오래 붙어 있으면 회사로 복귀하지 않고 싶어질까 걱정되는데요?"(그 말에 나는 이렇게 대답했다. "4주 된 아기를 돌본 적 있으세요? 아이 보는 게 누워 떡 먹기처럼 쉬운 일이라서 평생 그 일만 하고 싶다는 여자는 별로 없을 거예요. 그리고 다른 일 다 제쳐두고 아이 보는 일만 해도 된다면 그보다 더 복 받은 사람은 없지 않겠어요?") 결국 데이터를 동원해서 우리 뜻을 관철할 수 있었다.(비용을 산출하고, 다른 회사를 벤치마킹하고, 회사가 여성 인력을 보유함으로써 얻게 되는 장점을 설명했다.) 회사 직원 대부분이 우리가 어떤 역할을 했는지에 대해 모르고 있었지만, 남녀 모두에게 성별 중립적이고 관대한 출산휴직 정책이 도입된 것에 대해 인사부에 감사인사가 쏟아지는 걸 보면서 뿌듯한 기분을 맛보았다.

이 경우에는 여러 출산휴직 정책에 들어가는 비용을 계량화해서 제시한 것이 '대안 알아보기'에 해당된다. 회사 측에 여러 대안에 들어가는 비용을 수치로 비교해 보여줌으로써 회사가 출산휴직 정책을 수정하도록 설득할 수 있었던 것이다.

step 4 다른 사람의 의견 듣기 *Check In*

자신이 일하는 업계의 지도자급 인사들의 의견을 구하고 경쟁 기업을 벤치마킹한다. 그리고 유사한 경험을 한 온건한 혁명가들의 의견을 듣는다. 이런 일은 모두 여러분이 변화를 시도할 때 점검할 일들이다. 뜻을 같이하는 사람들이 줄어들면 왜 그런지 그들의 말도 들어본다. 새로운 자원, 새로운 사람, 새로운 의견을 받아들이도록 늘 귀를 열어둔다.

step 5 예상 결과 따져보기 *Explore Likely Consequences*

긍정적인 변화가 부정적인 영향을 초래할 수 있는가 하면 부정적인 변화가 긍정적인 변화를 가져오기도 한다. 예상 가능한 결과를 점검하면서 좋은 점과 나쁜 점을 모두 따져 보고 그로 인해 초래될 위험 요소와 좋은 기회에 모두 대비한다. 특히 변화를 추구할 때는 여러분이 내리는 결정과 행동, 대응 방향을 몇 번이고 정당화 할 수 있어야 한다. 사과수레를 뒤집어엎으려면 당연히 그런 대비를 해야 한다. 여러 궁금한 사항에 대비를 잘 할수록 정책결정권자들을 설득할 가능성이 한층 더 높아진다.

변화가 필요한 분야들

온건한 혁명가들은 직장에서뿐만 아니라 지방정부, 주정부, 연방정부 등을 상대로 정책적인 차원에서의 변화도 추구할 수 있다. 우리가 관심을 쏟을 만한 이슈는 너무 많기 때문에 제일 먼저 어디에 에너지를 집중할지부터 정해야 한다. 다음에 소개하는 내용은 우리가 생각하기에 아이를 키우는 직장인들에게 꼭 필요한 정책 변화들이다. 직장에서뿐만 아니라 정부 차원에서도 진지한 지원이 필요하다. 이런 정책이 직장에서 제대로 정착할 수 있도록 하기 위해 문화적인 변화가 필요한 분야들도 있다.

데이터 수집

EEO-1 컴포넌트1 보고서는 직원 1백 명이 넘는 민간 사업장과 직원 50명 이상 규모의 연방정부 계약 기관이면 모두 매년 미국 고용평등기회위원회EEOC에 의무적으로 제출해야 하는 자료이다. 자료에는 인종, 민족별, 성별, 업무 분야별 데이터가 포함된다. 육아 등 부양책임을 진 직원들의 자료도 이 자료 수집 대상에 긴급히 포함시킬 필요가 있다. 기업과 연구자들로 하여금 부양책임이 남녀의 임금 격차에 어느 정도 영향을 미치는지 알 수 있도록 하기 위해서다. 또한 조직 내부에서 활동하는 변화 주체들이 직원들이 조직에 만족하고, 그 조직에 남도록 하는 데 필요한 핵심 요소가 무엇인지를 알아내 강력하게 밀어붙일 수 있게 해준다.

현재 부양책임을 피고용인의 정식 인적 자료로 연방 EEO-1 데이터 컬렉션 항목에 포함시키기 위한 몇 가지 노력이 진행 중이다. 기술기업 부모연대PTA라는 단체의 사무총장 새라 조핼Sarah Johal이 작성한 제안서가 미국 노동부에 제출되었다. PTA는 세일즈포스Salesforce, 우버Uber, 링크드인LinkedIn, 리프트Lyft, 옐프Yelp 같은 최고 수준의 첨단기술 기업에서 일하는 부모 대표들이 모여서 만든 단체이다. 이들은 2017년 비밀리에 트위터Twitter 회의실에 모여 '직장 맘들이 직면한 문제에 보다 많은 관심을 환기시키기 위해' 이 단체를 만든다고 밝혔다.[9] 새라 사무총장이 제출한 제안서에는 이런 대목이 있다.

직원 인적 사항을 모은 자료에 성별, 인종, 장애, 군복무 관련 기록 등만 포함되어선 안 된다. 육아 책임 관련 자료가 없다면 특정 기업이 직원들이 체감하기에 실제로 '일하기 좋은 곳'인지 여부를 측정할 핵심적인 기회를 잃게 된다.

전국 단위 비영리 단체인 PTA는 현재 육아 책임 관련 자료 보고를 의무화하는 것을 핵심 과제 중 하나로 추진하고 있다.

유급 육아휴직

미국은 전 세계 선진국 가운데 유급 육아휴직제를 허용하지 않고 있는 유일한 나라이다. 전체 사업장의 약 40퍼센트가 유급 육아휴직을 허용하고, 6개 주에서는 기업들에게 부분 유급 육아휴직제를 의무화하고 있다. 그리고 일반적으로 무급 가족 육아휴직제를 채택하고 있는데 전체 미국인의 60퍼센트가 적용 대상이다. 이 공공정책 분야에서 미국은 다른 나라들에 비해 형편없이 뒤쳐져 있는 셈이다. 가족 친화적인 정책을 채택하고 있는 나라들에 비해 여성 근로인력의 일자리 참여도가 떨어지는 것도 부분적으로는 이런 정책의 영향이다.[10]

배우자의 유급 출산휴직이 정착되지 않고 있는 것도 미국의 정책이 시대에 뒤쳐져 있음을 보여주는 하나의 예이다. 최근 유니세프UNICEF, 유엔아동기금 보고서에 따르면 세계 41개 부국 가운데 26개국이 유급 배우자 출산휴직을 실시하고 있는데 미국은 이 명단에 들어 있지 않다. 그 가운데 16개국은 평균 임금을 받는 대상자들에게 임금 전액을 지급했다. 경제협력개발기구OECD는 회원국의 평균 유급휴직 기간이 8.1주라고 밝혔다.[11]

유급휴직을 몇 주 허용하는 게 타당한지는 논란의 여지가 있겠지만 연구 결과 육아휴직 기간이 아주 긴 나라들에서는 여성이 근로인력으로 복귀하는 데 부정적인 영향을 미치는 것으로 나타났다. 임금에도 부정적인 영향을 미치는 것으로 나타났다. 육아휴직 기간이 너무 길어지면 회사 입장에서는 경영에 지장이 초래되고 그 자리를 계속 비워두기가 힘들어진다. 그렇기 때문에 특별히 긴 육아휴직은 기업의 가임 연령대 여성의 채용에 부정적인 영향을 미칠 수 있다.

배우자가 번갈아 가며 12주씩 유급 육아휴직을 사용하면 아이는 생후 6개월까지 부모 가운데 한 명의 손에서 돌봄을 받을 수 있게 된다. 미국은 유급 배우자 육아휴직제 도입에 크게 뒤져 있기 때문에 스웨덴 같은 나라의 경험에서 배울 점이 많다. 스웨덴은 유급 배우자 출산휴직에 대한 부정적인 인식을 성공적으로 씻어내고 아기 아빠들이 당당하게 휴가를 갈 수 있도록 만들었다. 배우자의 출산휴직 프로그램에는 많은 장점이 있다. 아빠들이 새로 태어난 아기들과의 유대감이 돈독해지도록 해주는데, 아동 발달 전문가들은 이것을 가족 모두에게 대단한 축복이라고 말한다.[12] 자녀의 성장에 아빠가 함께 하지 못하는 경우에는 두 번째 12주를 조부모나 외가 쪽 가족이 맡으면 좋을 것이다.

육아 보조금

우리가 권하는 세 번째 정책 변화는 육아 비용이 가계 수입의 일정 비율(현재는 7퍼센트)을 초과하는 가정에 대해 정부가 보조금을 지급하도록 하는 것이다. 육아 비용을 감당할 능력이 안 되는 가정의 육아 관련 비용 일부 또는 전부를 정부가 부담하도록 하자는 취지이다.

도움이 필요한 사람들에게 보조금을 주는 것은 육아 문제 해결에 있어서 중요하지만 부분적인 해결책에 불과하다. 육아의 수준도 향상시킬 필요가 있다. 단기과정 교육을 담당하는 커뮤니티 칼리지community college들에도 육아 종사자 교육에 필요한 보조금을 줄 필요가 있다. 전국 육아 센터의 돌봄 수준을 향상시키기 위한 노력의 일환으로 육아 종사자의 임금을 일정 수준 보장해 주어야 한다.

양질의 육아를 위해 경제적 지원이 필요한 것은 공교육에 경제적 지원이 필요한 것과 같은 논리이다. 어린아이의 놀라운 학습능력에 대한 뇌 연구 결과들을 보면 유치원에 들어가기 훨씬 전부터 교육을 시작할 필요성은 점점 더 절실해지고 있다. 정부 차원에서 육아 비용을 지원해서 육아의 질을 높여주면 부모들은 마음 놓고 일에 전념할 수 있고, 아이들은 보다 일찍 발달 교육을 받을 수 있게 될 것이다.

양질의 육아를 통해 얻는 혜택 가운데 하나는 출산율 증가이다.(현재 미국의 출산율은 하락 추세이다.)[13] 전반적으로 가정을 위해 더 많은 예산을 쓰는 나라들이 더 높은 출산율을 나타낸다. 예를 들어 독일과 에스토니아는 양질의 육아 방식과 돈을 더 많이 주는 유급 육아휴직제 도입을 통해 출산율 증가를 기록했다.[14]

중앙 정부가 지원하는 육아제도가 없는 경우에는 기업의 육아 지원이 필요하다는 목소리들이 있다. 기업이 육아센터 운영을 지원하는 경우에는 양질에다 믿을 만하다는 장점이 있지만 육아 센터를 수익성 있게 운영해 나갈 만한 규모가 되는 기업이 많지 않은 게 문제이다. 또한 기업이 지원하는 이런 육아센터의 혜택을 누리는 것은 대부분 화이트칼라 근로자의 자녀들이다. 이런 지원 없이도 다른 양질의 육아 수단을 찾을 능력이 되는 사람들이 이런 혜택을 보는 것이다. 더구나 원격근무와 혼합 형태의 근무환경으로 나아가고 있는 현실에서 사무실 건물에 위치한 공동육아센터가 제 역할을 다할 수 있을지도 의문이다.

유급 병가

지구상에는 193개 국가가 있는데 그 가운데 179개국이 유급 병가제도를 채택하고 있다. 그런데 미국은 여기에 속하지 않는다.[15] 코로나바이러스가 가르쳐준 게 있다면 코로나에 걸리면 직장에 출근하지 말라는 것이다. 하지만 아파도 출근하지 않을 수 없는 이들이 지금도 많다. 출근하지 않으면 임금을 못 받기 때문이다. 기업이 앞을 내다보고 직원들에게 유급 병가를 허용해 주는 것은 잘하는 일이다. 하지만 정부는 여기서 한발 더 나갈 필요가 있다. 유급 병가를 법으로 보장해 주거나 아니면 정부에서 병가 지원을 해주는 것이다.

미국 연방의회는 2020년 3월, 코로나19 관련 질환을 가진 이들에게 2주간의 유급휴가를 주도록 하는 법안을 사상 처음으로 통과시켰다.(적용 대상은 고용인원 500명 미만 사업장으로 국한했다.) 연구자들은 2021년 3월 말로 효력이 만료된 이 법안의 효용성에 대해 연구했다.(10일의 유급 휴가를 허용토록 한 추가 조항은 2021년 9월 말로 효력이 만료됐다.) 직장인 800만 명이 6개월에서 8개월까지 긴급 유급 병가 혜택을 받았다. 하지만 연구 결과 "팬데믹 기간 중 유급 병가가 필요함에도 혜택을 누리지 못한 사람의 수가 세 배로 늘었다. 병가 휴가가 필요한데도 혜택을 받지 못한 사람의 수가 월 1,500만 명에 달하고, 여성을 대상으로 할 때는 해당자 비율이 69퍼센트 더 높다."는 결론이 나왔다. 다시 말해 정부의 조치가 하나의 출발점은 되지만 충분하지 않았다는 말이다. 연구 결과는 합당한 정책을 통해 국민 건강 증진 효과를 얻어야 한다며 이렇게 주장했다. "정부가 보조금을 지급하거나 지원하는 방식으로 유급 병가 제도를 도입해 해소되지 않은 병가 수요와 감염률을 줄여 국민건강 증진 효과를 가져올 수 있다."[16]

유연하고 안정적인 근무 시간

일과 육아 사이에서 곡예하듯 아슬아슬하게 살아가는 피고용인들에게는 언제, 어디서, 어떻게 근무할지를 유연하게 선택할 수 있고, 안정적이고 예측가능한 스케줄을 택할 수 있게 되는 게 우선적인 관심사이다. 전날이나 당일 아침까지도 그날 업무 스케줄에 대해 모르면 육아 계획을 세울 수가 없다. 힘들게 육아 준비를 해놓고 출근해서 보니 그날 근무가 취소되었더라는 식의 사연을 겪는 근로자는 너무도 많다. 그날 육아 준비에 들어간 돈은 되찾을 수가 없으니 휴무로 날아간 수입과 함께 이중으로 금전 손해를 보는 것이다. 기업은 유연한 인력가동을 통해 수익을 극대화 할 수 있겠지만 근로자들은 그런 식의 불안정한 근무 스케줄로는 아이를 키울 수가 없다.

직장생활법센터The Center for WorkLife Law는 갭Gap 매장에서 일하는 일선 직원들을 상대로 보다 안정적인 스케줄을 도입할 경우 발생할 효과에 대해 연구했다. 연구팀은 업무 스케줄의 안정화를 다음의 4가지 측면에서 규정했다. 지속성(주 단위로 스케줄의 지속성을 높임), 예측가능성(직원들에게 자신의 근무일에 대한 예측가능성을 높여줌), 적합성(근무 시간을 늘리고 싶은 직원들은 일을 더 할 수 있도록 해줌), 희망사항 고려(언제 일하고, 언제 쉴지에 대해 직원들의 희망사항을 적극 반영함).[17]

존 C. 윌리엄스Joan C. Williams가 이끄는 종합평가팀은 근무 대기제를 없애고, 근무 스케줄을 2주 전에 해당 직원에게 알려주고, 주중 근무 시작 시간과 마침 시간의 일관성을 높이는 식의 조치를 통해 참여 점포들의 매출 증가와 생산성 증가는 물론 점포 직원들의 건강에도 긍정적인 효과를 나타내 수면의 질 향상과 스트레스 감소를 가져왔다는 사실을 알게 되었다.[18] 특히 어린 자녀를 둔 직원들은 근무 스케줄의 안정성 증가를 통해 15퍼센트의 스트레스 감소 효과를 나타냈다.[19]

예측가능한 스케줄은 최저 저임금 근로자들에게 특히 더 필요하지만 금융, 법률, 컨설팅처럼 고객을 상대하는 직종의 최고 고임금 근로자들도 필요하기는 마찬가지다. 사회과학자들은 이런 직종을 '탐욕의 전문직'greedy professions이라고 부른다. 이런 곳에서 일하는 사람은 대부분 남성이고, 깨어 있는 시간 대부분을 일하는 데 쏟고, 그에 대한 보상을 철저히 받기 때문에 붙여진 말이다. 모든 근로자에게 예측가능한 근무 시간과 언제, 어디서 일할지 유연하게 선택할 권한을 주면 남녀의 임금 격차가 줄고, 나아가 여성 근로자를 확보하기 위해 안간힘을 쓰는 기업들에게 도움이 될 것이다.[20] 유연한 근무의 장점을 활용하는 근로자를 좋지 않은 시각으로 바라보고, 불공평하게 대하는 분위기를 없애는 것

역시 도움이 될 것이다.

조직문화의 변화 필요성

아무리 좋은 정책이라도 이를 뒷받침해 줄 문화적 변화가 뒤따르지 않으면 안 된다. 조직문화 전문가인 테런스 딜Terrence Deal과 앨런 케네디Allan Kennedy의 유명한 말처럼 기존의 조직문화가 '우리가 해오던 대로 하자.'는 식이어서 새로 채택된 정책을 뒷받침해 주지 않는다면 정책 변화가 효과를 발휘하기 힘들다.[21] 새로운 정책 효과를 받아들이는 문화를 만드는 게 지도자들이 할 일이다. CEO인 어느 조사 응답자는 본인이 아이를 갖고 난 다음 자신의 리더십 스타일이 달라졌고, 그 때문에 조직 전체의 문화가 크게 바뀌었다고 했다.

내가 처음으로 CEO가 된 것은 아이를 갖기 전이었다. 당시 나는 반 가정적, 심지어 반 인간적인 방식으로 조직을 이끌었다. 오래 가기 힘든 처신이었다. CEO 자리를 또 맡을 것이라는 기대는 하지 않았는데 다시 맡게 되었다. 이번에는 조직원들이 제대로 인격적으로 대접받고, 특히 다양성과 공정함, 포용성에 입각한 조직을 만드는 게 왜 중요한지 분명하게 알았다. 수당을 비롯해 회사 방침에도 많은 변화가 있었지만 반드시 뒤따라야 할 것은 사내 모든 조직이 진정으로 과감한 변화, 인간적인 변화를 보이는 것이다. 물론 리더인 나 자신도 예외가 아니다. 팬데믹이 닥치자 우리는 자녀가 있는 직원들이 어쩔 수 없이 한

걸음 뒤로 물러나는 걸 도와주고, 갑자기 돌봄 비용이 들어가는 직원들에게 금전적인 지원을 해주었다.

바로 지난달에 나는 육아 책임과 팬데믹 때문에 풀타임 근무를 거의 하지 못한 사람을 중요한 자리로 승진시키기로 했다. 이 결정에 대해 당사자와 나는 4년 넘게 걸려서 이룬 하나의 이정표로 생각하며 뿌듯해했다. 큰 기업에서는 이런 일이 간혹 있다. 하지만 우리처럼 정직원이 25명인 곳에서는 이런 동료의 신상 변화는 다른 직원들에게 곧바로 영향을 미치기 때문에 직원 모두가 뜻을 같이해야 가능한 일이다.

CEO인 또 다른 조사 응답자는 임기 초기에 겪은 경직된 회사 분위기를 더 가정 친화적인 환경으로 바꾸기 위해 얼마나 노력 중인지 이렇게 말했다.

첫째를 임신했을 때 나는 임원 가운데 유일한 여성이었고, 그때는 가족 출산휴직제가 없었다. 당시 최고운영책임자COO와 CEO에게 출산휴직제를 시작해 달라고 부탁하는 건 엄청나게 힘든 일이었지만 결국 내 요구대로 관철됐다. 그리고 CEO가 되자 나는 우리 회사를 새로 부모가 된 직원, 특히 엄마가 된 여성들이 너무도 좋아하는(편하게 젖을 먹이고, 젖을 짤 수 있는) 유연한 직장으로 만들기 위해 노력했다.

모두 CEO가 될 수는 없지만 임원이 아닌 직원도 다른 직원들에게 모범이 되는 역할을 보여줄 수는 있다. 특히 아버지가 된 남성 직원들이 출산휴직 일수를 허용된 한도까지 모두 다 쓴다면 다른 직원들도 따라 하도록 영향을 미치는 강력한 수단이 될 수 있다. 허용된 휴직 일수를 다 채우지 않거나 아예 출산휴직을 가지 않는 남성 직원들도 많다. 한부모를 비롯해 얼마나 다양한 부류의 사람들이 육아를 하는지 공개적으로 이야기하는 것은 매우 유익하고 사람들에게 새로운 정보가 된다. 바람직한 근로자는 업무 외에 달리 신경쓸 일이 없어야 한다는 엉터리 신화를 밀쳐내면 그 혜택은 우리 모두에게 돌아온다. 아이를 가질 계획은 없지만 언젠가는 배우자가 앓아눕거나 연로하신 부모님을 부양해야 할 처지가 될 사람들에게도 그 혜택이 돌아갈 것이다.

UC 버클리 하스Berkeley Haas 경영대학원 '평등, 성별 리더십 센터'EGAL의 제네비브 스미스Genevieve Smith와 이시타 루스타기Ishita Rustagi는 '맞벌이 부부를 돕는 방법'Supporting Dual Career Couples이라는 제목의 보고서에서 직장 문화를 바꾸는 데 도움이 되고, 시행 중인 혜택을 직원들이 당당하게 누리도록 하는 몇 가지 변화를 소개했다.

출산휴직과 육아휴가를 가는 직원들을 교육시키는 트레이닝 매니저가 그들이 눈치 보지 않고 휴가를 가고 근무 조정을 요청할 수 있도록 도움을 준다. 동료 모임들이 나서서 그들이 혼자가 아니라는 사실을 보여주며 힘을 줄 수 있다. 아울러 그들의 요구가 상층부에 전달될 수 있도록 통로 역할도 해줄 수도 있다. 성공적인 커리어 관리와 유연한 커리어 트랙에 대해 알려주고, 자기 사정에 맞춰 몇 년 단위로 자리를 바꿔가며 일할 수 있도록 조언도 해 줄 수 있다.[22]

내 삶에 적용하기

직장과 가정의 시스템을
어떻게 바꿀 것인가?

이 연습문제는 어떤 점을 바꾸고, '다른 사람의 의견 듣기'CHECK-IN를 어디서 하는 게 좋을지에 대해 도움을 준다. 여러분이 다니는 직장, 그리고 여러분이 관계하는 조직(봉사 단체, 동창회 등)을 대상으로 생각해 본다. 직원들이 일과 가정의 조화를 이룰 수 있도록 해당 조직이 어떻게 변하는 게 좋을지 다음 문제에 답해 보자.[25] 단답형으로 답하기 곤란한 질문도 있겠지만 문제를 단순화하기 위해 일단 예/아니오로 답한다.

여러분이 일하는 조직은 공식적으로 인사 정보 시스템이든 아니면 비공식 조사 형식이든 직원들의 육아 책임과 관련한 데이터를 수집하고 있는가?

....

여러분이 다니는 조직에서는 다음과 같은 정책과 제도를 운영하고 있는가?

....

유연 근무제와 예측 가능한 근무 스케줄, 이 두 가지 모두

....

유급 출산휴직(입양을 포함해)과 육아휴직

....

양질의 육아와 노인 돌봄 제도

....

유급 병가

....

은퇴 프로그램과 장기 요양 보험

....

앞서 언급한 정책과 혜택이 남녀 성별, 성 정체성에 관계없이 모든 직원에게 동일하게 적용되고 있는가?

....

여러분이 일하는 조직에서는 출산휴직 후 업무에 복귀하는 직원들에게 도움을 주고, 이들에게 유연한 스케줄을 적용하도록 담당 매니저들을 교육시키고 필요한 자원을 제공하는가?

....

여러분이 일하는 조직에서는 어린 자녀를 둔 직원, 돌봄 책임이 있는 직원들에게 직원 커뮤니티(ERG)나 친목단체에 가입하기를 권장하는가?

....

여러분이 일하는 조직에서는 유연한 경력관리제(승진하려면 출장을 많이 다녀야 한다거나 다른 지역으로 자리를 옮기라고 권한다)를 채택하고 있는가?

....

여러분이 '아니요(no).'라고 답한 문제들을 다시 살펴보자.

'아니요.'라고 답한 문제들 중에서 여러분을 제일 화나게 하는 점은 무엇인가?

....

여러분이 일하는 조직에서 이 문제로 영향을 받는 사람이 얼마나 되는지에 관한 자료는 어떻게 모으는가?

....

여러분의 답을 '아니요.'에서 '그렇다.'로 바꾸도록 해줄 결정권은 조직에서 누구에게 있는가?

....

이 문제에 관심을 가질 만한 사람이 또 누가 있는가?(이들이 여러분의 동지가 될 수 있다.)

....

동지들에게 힘을 합치자고 손을 내밀 때는 제일 먼저 어떻게 해야 할까?

....

이 첫 번째 행동을 실행에 옮기는 시기는 언제가 좋을까?

....

특정 조직 안에서의 변화보다는 정책적인 변화를 이루는 데 더 관심이 있다면 다음 질문들을 고민해 보자.

지방정부, 주, 중앙 정부 차원에서 어떤 정책적인 문제에 가장 관심이 많은가?

....

현재 이런 정책적인 문제에서 변화를 이루기 위해 노력 중인 조직이 있는가? 있다면 어떤 조직들인가. 여러분은 그런 노력을 어떻게 시작할 것인가?

....

그런 조직이 없다면, 여러분이 직접 나서 볼 의향은 있는가?(뜻을 같이하는 동지들과 함께)

....

머니 앤드 러브

마치는 글

이 책을 처음 쓰기 시작할 당시만 해도 우리는 사랑과 돈에 관련된 복잡한 문제들에 대해 어렴풋이 아는 정도에 불과했다. 우리뿐만 아니라 전 세계 수십억 명의 사람들이 마찬가지였을 것이다. 원고를 마무리하는 순간까지 코로나-19 팬데믹이 우리를 괴롭히며 모두의 삶을 갖가지 방법으로 뒤집어놓았다. 별 것 아닌 어려움도 있었고('아이들이 언제까지 학교에 가는 대신 집에서 이어폰을 끼고 수업을 들어야 한단 말인가?'와 같은 사소한 문제들), 사랑하는 사람이 감염되고, 전 세계적으로 수백만 명이 사망하고, 언제 끝날지 모를 두려움과 걱정, 슬픔과 불안감을 이겨내기 위해 수백만 명이 밤잠을 설쳤다.

팬데믹 기간 동안에도 사람들은 돈과 사랑에 관한 힘들고 복잡한 결정을 내려야 했다. 책을 쓰는 우리도 그랬다. 계속 나타나는 선택 과정을 거치며 우리는 우리가 만든 의사결정 프레임워크를 쉼 없이 사용하고 있다는 사실을 깨달았다. 우리는 이 프레임워크가 일관되게 효과가 있다는 사실을 알게 되었고, 그러는 한편 우리의 충고를 스스로 실천에 옮기기가 얼마나 어려운지도 알았다.

완성된 원고를 출판사에 넘길 즈음에 애비의 어머니가 호스피스 병실로 모셔진 뒤 돌아가셨다. 애비를 비롯해 친지들은 사랑하는 사람을 잃은 슬픔을 서로 몇 백 킬로미터씩 떨어진 곳에서 줌Zoom을 통해 나누어야 하는 전 세계 수백만 명의 대열에 합류했다. 어머니의 죽음을 애도하는 가장 안전한 방법이었지만 그 때문에 슬픔과 외로움은 더 깊고 무거웠다. 친지, 가까운 친구들과 나누는 눈물겨운 위로의 포옹은 아예 생각조차 할 수 없었다.

같은 시기에 마이라 교수의 남편 제이가 파킨슨병에 걸렸고 한 주가 다르게 증상이 악화됐다. 코로나바이러스 백신이 개발되어 접종할 수 있게 되기까지 여러 달 동안 마이라 교수는 감염 위험 때문에 재택 요양사의 도움을 받을 수가 없었다. 전 세계 수백 만 명이 그랬던 것처럼 그녀는 밤낮없이 남편 곁을 지키는 전담 요양사가 되었다. 깊은 사랑과 헌신에서 우러나는 24시간 종일 간병이었다.

시간이 흐르며 애비와 로스 부부는 손바닥만한 집에서 계속 살 수 있을지 의문을 갖기 시작했다. 많은 가정이 그랬지만 그 작은 집이 임시 교실도 되고 사무실로도 쓰였다. 어린 두 자녀는 여러 달째 원격수업을 하고 부부는 힘들고 손이 많이 가는 일을 했다. 애비는 늘 도심에 사는

머니 앤드 러브

것을 선호했지만 얼마 안 가 두 사람은 교외에 주택을 물색하기 시작했다. 대출을 많이 받아서 교외에 더 큰 집을 구해나가 사는 것이 좋을지 어떨지 수없이 따져보았다. 그러다 결국은 도시에 그대로 눌러 살기로 했다. 그러한 결정은 그들에게 일종의 결연함과 안도감, 그리고 실망감까지 안겨다 주었다. 그런 다음에도 아이들의 원격수업이 몇 개월 더 계속되었다.

여러 달 째 남편 제이를 매일 하루 24시간 간병하면서 마이라 교수는 두 번 크게 넘어지며 갈비뼈 네 개와 한쪽 손목뼈가 부러지는 사고를 당했다. 이마에도 큰 상처가 났고 인공 심박조율기 삽입 시술도 받았다. 부부 공동 명의의 주택을 파는 시기에 이런 일이 한꺼번에 일어났다. 남편의 병이 진전되면서 집안 내부의 계단도 위험요소가 되었기 때문이다. 새로 구입한 단층 콘도로 이사하기 전 집수리도 그녀가 직접 챙겼다. 수많은 금융거래와 매매 계약, 그리고 매일 신경을 곤두세우고 크고 작은 결정을 내리며 그녀의 건강도 영향을 받기 시작했다. 가파른 속도로 병세가 악화되는 남편을 간병하며 혼자서 세세한 집안일을 모두 챙기는 것은 오래 지속하기 힘든 역할이었다.

결국 남편은 요양 시설로 들어갔다. 실로 가슴 아픈 결정이었다. 환영받지도 못한 일이었다. 남편 제이의 세 자녀 모두 그 말을 듣고 아무 대꾸도 하지 않고 입을 닫아 버렸다. 그들의 동의를 구하기 위해, 아니면 이해라도 구해보려고 모두 가족 치료 상담을 받으러 갔더니 그곳에서 감사하게도 가족 모두에게 자신의 속마음을 털어놓을 기회를 주었다. 그 상담을 받고 난 이후부터 가족 모두 효과적으로 의견소통을 잘하고 있다.

마이라 교수는 남편이 들어간 요양 시설로 매일 찾아가 보면서도 그가 집에 없다는 사실이 너무 슬펐다. 일상의 새로운 루틴을 만들어 남편이 없는 생활에 적응하려고 했다. 남편은 몇 개월 뒤 숨을 거두었다. 그리고 한 달도 채 지나지 않아 전남편인 샘도 저세상으로 가고 말았다. 슬픔과 상실감이 가족 모두를 휘감았다. 팬데믹 와중이라 장례식도 감염 위험을 피해 극히 간소하게 치렀다. 고인의 유언과 유산을 집행하는 데도 수많은 결정을 내려야 하고, 그 과정에서 감당하기 힘들 정도의 집중력과 에너지가 필요했다.

오랜 기간 팬데믹을 겪으며 사람들은 개인적인 삶과 공동체 삶의 토대까지 흔들릴 정도로 충격을 받았다. 그러는 과정에서 회복력은 커졌지만 사람들은 지치고 경계심도 커졌다. 오키나와 주민들은 이키가이いきがい의 삶을 믿는데, 코스타리카인들은 이를 쁠란 데 비다plan de vida라고 부른다. 둘 다 인간은 본래 분명한 삶의 목표와 의미 있는 삶을 추구하도록 타고났다는 점을 강조한다. 장수 연구에서 어김없이 등장하는 삶의 원칙이기도 하다. 연구 결과에 따르면 이런 삶을 살면 수명이 늘 수 있다.[1] 목적 있는 삶과 의미 있는 삶은 우리의 건강과 행복에 반드시 필요한 요소이며, 그것은 정신적인 면, 정서적인 면, 그리고 신체적인 면에서 모두 그렇다.

우리는 이 책을 쓰는 동안 그런 효과를 직접 경험했다. 삶의 의미를 강화시켜 주는 이런 작업을 많은 독자들에게 보여주겠다는 목표가 우리로 하여금 일상의 목적과 의미를 가파르게 끌어올려 주었다. 밝은 일들 더 부각시키고, 어두운 일은 별것 아닌 것처럼 보이도록 해주었다.

여러 해 동안 5C 프레임워크를 통해 우리는 보다 심사숙고하게 되었고 덕분에 유익한 결정을 내릴 수 있었다. 처음에 상황이 밝아 보이지 않는 일에도 희망의 단서를 찾을 수 있었다. 우리는 이 프레임워크를 통해 미래지향적인 결정을 더 잘 내릴 수 있다는 자신감을 갖게 되었다. 그렇게 해서 우리는 꼭 필요한 목적의식과 의미를 찾는 데 도움이 되는 것은 물론이고, 일상생활에 즐거움과 여유를 더해주는 사람과 일에 더 집중할 여유와 자유를 가질 수 있었다.

목적과 의미 있는 삶에 더 핵심적인 요소로 사랑과 돈 말고 또 무엇이 있을까? 사랑은 우리의 마음과 영혼을 채워주고, 돈은 의미 있고 목적 있는 삶을 사는데 도움이 되는 선택을 할 수 있게 해준다. 문제를 사랑이냐 돈이냐의 제로섬 게임으로 보는 것은 건강하지 않을 뿐만 아니라 공정하지도 않은 생각이다. 그것은 마치 '배우자와 원만한 관계를 유지할래? 아니면 성공적인 커리어를 쌓을래?' 혹은 '자상한 부모가 될래? 아니면 유능한 전문가가 될래?'를 양자택일하라는 것처럼 어리석은 생각이다.

이 책을 쓰면서 우리는 엄연한 현실 앞에 계속해서 놀랐다. 공동저자 두 사람은 40년 가까운 나이차가 있지만, 그럼에도 불구하고 우리가 겪은 돈과 사랑의 관계는 그 본질에서 놀라울 정도로 비슷하다. 사회적으로 우리는 여전히 어린이와 노인을 돌보는 일을 체계적인 접근이 필요한 집단 책임으로 보지 않고 개인의 문제로 간주한다.

구획화compartmentalization를 지향하는 사회적 경향이 여러 세대에게 불가능한 선택을 강요하고 있다. 이런 구획화가 어디서부터 유래되었는지는 분명하지 않지만 최근 인류학자 데이비드 그뢰버David Graeber가 흥미로운 연구 결과를 내놓았다. 인류애에 관심을 가진 세계 주요 종교 다수가 주화가 처음 등장한 것과 같은 시기(기원전 800년에서 기원후 600년 사이), 같은 장소에서 일어났다는 것이다. 카비르 세갈Kabir Sehgal은 돈의 역사에 관한 저서에서 그뢰버의 주장을 참고해 이렇게 말한다. "시장의 중요성이 커지며 이에 대한 대응으로 대형 종교가 확산되었을 가능성이 크다."[2]

사람들이 돈과 사랑을 왜 구분해서 나누기 시작했는지는 차치하고, 이 두 가지가 서로 깊이 관련돼 있다는 사실을 먼저 인정해야 한다. 그리고 둘 다 목표가 있는 삶, 건강하고 행복한 삶을 사는 데 반드시 필요한 요소이다. 누구도 좋은 일자리와 안락한 삶, 육아, 노인 돌봄을 양자택일 하도록 해서는 안 된다. 그럼에도 불구하고 지금도 수백만 명이 바로 이런 결정을 강요당하고 있다.

우리는 지금 그 어느 때보다도 많은 기회를 누리고 있다. 하지만 건강보험과 요양사를 비롯해 여러 다양한 필수 지원을 받으면서도 사람들은 힘든 시기를 보내고 있다. 취약한 사람들이 직면한 엄청난 어려움을 외면하면 안 된다. 어떻게 해서 문명사회에서 사람들이 사랑이 먼저냐 돈이 먼저냐를 놓고 계속 선택을 강요받아야 한단 말인가? 그것은 사람들에게 심장이 먼저냐 폐가 먼저냐를 선택하라는 것이나 마찬가지다. 몸 안에 피가 흐르는 것과 숨을 쉬는 것 중에서 어느 것이 더 중요하다는 말인가? 사랑과 돈은 양자택일의 대상이 아니라 둘 다 우리의 건강과 행복에 꼭 필요한 요소들이다.

이 책 원고를 쓰고, 원고의 내용을 기반으로 함께 강의하면서 우리의 협력관계는 활발한 토대가 되었다. 그 토대를 기반으로 우리는 장기간 미루어 온 결실을 맺기 위해 움직여 나갔다. 그것은 바로 강의 내용을 더 많은 사람에게 알리는 것이었다. 이 책은 첫걸음을 뗀 것에 불과하다. 우리가 사는 사회는 변화를 절실히 필요로 하고 있다. 여러분도 우리와 함께 오랫동안 관심권 밖에 머물러 있던 이 주제를 전면에 내세우는 작업에 동참해 주기를 바란다. 우리 모두 사랑과 돈을 모두 즐기기 위해 필요한 자원과 기술을 향유할 권리가 있다.

코로나바이러스가 창궐한 지난 몇 년은 사회적인 면에서 하나의 이정표가 될 것이다. 팬데믹 기간 동안 시작된 몇 가지 변화들은 앞으로도 계속 남을 것이다. 전 세계적으로 재택근무remote workforce가 크게 증가한 것이 한 가지 예이다. 재택근무의 증가는 일과 가족 사이의 해묵은 갈등 문제를 해소하는 대신 새로운 문제들을 만들어내게 될 것이다. 대공황이나 2차세계대전 때와 매우 흡사하게 팬데믹을 겪은 사람들은 그 시절의 경험을 영원히 기억하고 그 영향을 받을 것이다.

2022년 7월 미국 연방대법원은 '돕스 대 잭슨'Dobbs v. Jackson 판결을 통해 낙태를 합법화한 이른바 로 대 웨이드Roe v. Wade 판결을 공식 폐기했다. 이로써 낙태권의 인정 여부는 주정부와 주의회의 권한으로 넘어가게 되었다. 우리 역사에서 지금은 이 판결로 크게 특정될 것이다. 이 판결은 수많은 미국인들이 돈과 사랑과 관련된 결정을 내리는 데 큰 영향을 미칠 것이다. 그 가운데서도 경제적으로 넉넉하지 못한 사람들이 특히 더 많은 영향을 받을 것이다.

이 책이 여러분이 삶의 즐거움과 목적, 의의를 자유롭게 추구할 수 있도록 돈과 사랑과 관련된 결정을 내리는 데 도움이 되기를 바란다. 그렇게 해서 여러분의 매일 매일이 더 가치 있고 더 의미 있는 삶이 되었으면 좋겠다. 여러분의 삶이 모든 면에서 알차고 보람 있는 경험으로 멋지게 채워지기를 바란다.

참고자료

Chapter 01
일과 사랑 | 5C 프레임워크 활용하기

1. Ruth Chang, interview by Meghan Keane, "Faced with a Tough Decision? The Key to Choosing May Be Your Mindset," NPR (KQED), January 4, 2021.

2. Daniel Kahneman, *Thinking, Fast and Slow* (New York: Farrar, Straus and Giroux, 2011).

3. Adam Grant (@AdamMGrant), Twitter, August 30, 2018, https://twitter.com/adammgrant/status/1035150432295940102?lang=en.

4. Peter Suciu, "History of Influencer Marketing Predates Social Media by Centuries—but Is There Enough Transparency in the 21st Century?," *Forbes*, December 7, 2020, https://www.forbes.com/sites/petersuciu/2020/12/07/history-of-influencer-marketing-predates-social-media-by-centuries-but-is-there-enough-transparency-in-the-21st-century/.

5. Plato, Plato's *Phaedrus*, Translated by R. Hackforth (Cambridge: University Press, 1952); Réne Descartes, *The Passions of the Soul* (Paris: H. Legras, 1649).

6. Ellie Lisitsa, "The Four Horsemen: Criticism, Contempt, Defensiveness, and

Stonewalling," Gottman Relationship Blog, Gottman Institute, accessed October 11, 2021, https://www.gottman.com/blog/the-four-horsemen-recognizing-criticism-contempt-defensiveness-and-stonewalling.

7. Lisitsa, "Four Horsemen."

8. Lonnie Golden, "Part-Time Workers Pay a Big-Time Penalty," Economic Policy Institute, February 27, 2020, https://www.epi.org/publication/part-time-pay-penalty/.

9. Centers for Disease Control and Prevention, "CDC: 1 in 4 US Adults Live with a Disability," press release, August 16, 2018, https://www.cdc.gov/media/releases/2018/p0816-disability.html.

10. Gary Klein, "Performing a Project Premortem," *Harvard Business Review*, September 2007, https://hbr.org/2007/09/performing-a-project-premortem.

Chapter 02
짝 찾기 | 사랑과 결혼

1. Gaby Galvin, "U.S. Marriage Rate Hits Historic Low," *U.S. News & World Report*, April 29, 2020, https://www.usnews.com/news/healthiest-communities/articles/2020-04-29/us-marriage-rate-drops-to-record-low.

2. Patrick T. Brown and Rachel Sheffield, "U.S. Marriage Rates Hit New Recorded Low," US Congress Joint Economic Committee, April 29, 2020, https://www.jec.senate.gov/public/index.cfm/republicans/2020/4/marriage-rate-blog-test.

3. Kaitlyn Greenidge, "What Does Marriage Ask Us to Give Up?," *New York Times*, January 4, 2022, https://www.nytimes.com/2022/01/04/opinion/marriage-divorce.html.

4. Joe Pinsker, "The Hidden Costs of Living Alone," *Atlantic*, October 20, 2021, https://www.theatlantic.com/family/archive/2021/10/living-alone-couple-partner-single/620434/.

5. Ellen Byron, "More Americans Are Living Solo, and Companies Want Their Business," *Wall Street Journal*, June 2, 2019, https://www.wsj.com/articles/more-americans-are-living-solo-and-companies-want-their-business-11559497606.

6. Alexandra Sifferlin, "Do Married People Really Live Longer?," *Time*, February 12, 2015, https://time.com/3706692/do-married-people-really-live-longer/.

7. Bella DePaulo, "Research Shows Life-Threatening Bias Against Single People," *Psychology Today*, July 7, 2019, https://www.psychologytoday.com/us/blog/living-single/201907/research-shows-life-threatening-bias-against-single-people.

8. Alexander H. Jordan and Emily M. Zitek, "Marital Status Bias in Perceptions of Employees," *Basic and Applied Social Psychology* 34, no. 5 (2012): 474–481, https://doi.org/10.1080/01973533.2012.711687.

9. Juliana Menasce Horowitz, Nikki Graf, and Gretchen Livingston, "Marriage and Cohabitation in the U.S.," Pew Research Center, November 6, 2019, www.pewresearch.org/social-trends/2019/11/06/marriage-and-cohabitation-in-the-u-s/.

10. Bella DePaulo, "The Social Lives of Single People," *Psychology Today*, May 17, 2019, https://www.psychologytoday.com/us/blog/living-single/201905/the-social-lives-single-people.

11. Josie Santi, "What 'Finding the One' Really Means in 2020," Everygirl, February 16, 2020, https://theeverygirl.com/finding-the-one/.

12. Myra Strober, *Sharing the Work: What My Family and Career Taught Me About Breaking Through (and Holding the Door Open for Others)* (Cambridge, MA:MIT Press, 2016).

13. Community Research and Development Information Service, "New Evidence That Humans Choose Their Partners Through Assortative Mating," January 13, 2017, https://phys.org/news/2017-01-evidence-humans-partners-assortative.html.

14. Rhymer Rigby, "The Wealthy Marrying Their Own. Does It Even Matter?," *Financial Times*, September 1, 2018, https://www.ft.com/content/2f0b77da-89d2-11e8-affd-da9960227309.

15. Gina Potarca, "Does the Internet Affect Assortative Mating? Evidence from the U.S. and Germany," *Social Science Research* 61 (January 2017): 278–297, https://doi.org/10.1016/j.ssresearch.2016.06.019.

16. Paul Oyer, *Everything I Ever Needed to Know About Economics I Learned from Online Dating* (Boston, MA: Harvard Business Review Press, 2014), 151.

17. Lasse Eika, Magne Mogstad, and Basit Zafar, "Educational Assortative Mating and Household Income Inequality," Federal Reserve Bank of New York, Staff Report no. 682, August 2014, revised March 2017, https://www.newyorkfed.org/medialibrary/media/research/staff_reports/sr682.pdf?la=en.

18. Minda Zetlin, "Want a Happy Marriage? Science Says Look for These Personality Traits in Your Spouse," *Inc.*, September 29, 2019, https://www.inc.com/minda-zetlin/marriage-partner-personality-traits-what-to-look-for.html.

19. Marina Krakovsky, "The Trouble with One at a Time," Stanford Graduate School of Business, Insights by Stanford Business, September 14, 2012, https://www.gsb.stanford.edu/insights/trouble-one-time.

20. Alyson Krueger, "What It's Like to Work with a Matchmaker," *New York Times*, February 27, 2021, updated March 4, 2021, https://www.nytimes.com/2021/02/27/style/what-its-like-to-work-with-a-matchmaker.html.

21. Krakovsky, "Trouble with One at a Time."

22. Lori Gottlieb, "Marry Him! The Case for Settling for Mr. Good Enough," *Atlantic*, March 2008, https://www.theatlantic.com/magazine/archive/2008/03/marry-him/306651/.

23. The authors are grateful to Myra's former student Sophie Pinkard, who contributed to this section with research on how dual-career couples should

approach their finances in her 2009 final paper submitted to Myra's Work & Family Class "Combining Finances in Dual-Income Relationships: Approaches, Research, and Best Practices."

24. Pinkard, "Combining Finances," 5.

25. Such as this one: "Values Exercise," Carnegie Mellon University, Career & Professional Development Center, accessed July 6, 2021, https://www.cmu.edu/career/documents/my-career-path/values-exercise.pdf

26. Krakovsky, "Trouble with One at a Time."

27. Joel Peterson, remarks made at the GSB Class of 2008 Last Lecture, Stanford, California, May 2008.

28. Some questions were inspired by Eleanor Stanford, "13 Questions to Ask Before Getting Married," *New York Times*, March 24, 2016, https://www.nytimes.com/interactive/2016/03/23/fashion/weddings/marriage-questions.html.

Chapter 03
결혼에 대하여 | 피할 수 없는 질문들

1. Amanda Barroso, "More than Half of Americans Say Marriage Is Important but Not Essential to Leading a Fulfilling Life," Pew Research Center, February 14, 2020, https://www.pewresearch.org/fact-tank/2020/02/14/more-than-half-of-americans-say-marriage-is-important-but-not-essential-to-leading-a-fulfilling-life/.

2. "Marriage license," Wikipedia, accessed January 17, 2022, https://en.wikipedia.org/wiki/Marriage_license.

3. Stephanie Coontz, *Marriage, a History: How Love Conquered Marriage* (New York: Penguin Books, 2006).

4. Julia Carpenter, "The Unpaid Work That Always Falls to Women," CNN

Money, February 21, 2018, https://money.cnn.com/2018/02/21/pf/women-unpaid-work/index.html.

5. Lori Gottlieb, "Marry Him! The Case for Settling for Mr. Good Enough," *Atlantic*, March 2008, https://www.theatlantic.com/magazine/archive/2008/03/marry-him/306651/.

6. Juliana Menasce Horowitz, Nikki Graf, and Gretchen Livingston, "Marriage and Cohabitation in the U.S.," Pew Research Center, November 6, 2019, www.pewresearch.org/social-trends/2019/11/06/marriage-and-cohabitation-in-the-u-s/.

7. Julie Sullivan, "Comparing Characteristics and Selected Expenditures of Dual- and Single-Income Households with Children," US Department of Labor, Bureau of Labor Statistics, *Monthly Labor Review*, September 2020, https://doi.org/10.21916/mlr.2020.19.

8. TD Ameritrade, "Breadwinners Survey," March 2020, https://s2.q4cdn.com/437609071/files/doc_news/research/2020/breadwinners-survey.pdf.

9. Richard V. Reeves and Christopher Pulliam, "Middle Class Marriage Is Declining, and Likely Deepening Inequality," Brookings Institution, March 11, 2020, https://www.brookings.edu/research/middle-class-marriage-is-declining-and-likely-deepening-inequality/.

10. USAFacts, "The State of American Households: Smaller, More Diverse and Unmarried," *U.S. News & World Report*, February 14, 2020, https://www.usnews.com/news/elections/articles/2020-02-14/the-state-of-american-households-smaller-more-diverse-and-unmarried.

11. Richard V. Reeves, Christopher Pulliam, Ashley Schobert, "Are Wages Rising, Falling, or Stagnating?," Brookings Institution, September 10, 2019, https://www.brookings.edu/blog/up-front/2019l/09/10/are-wages-rising-falling-or-stagnating/.

12. US Census Bureau, "2016 ACS 1-Year Estimates," updated October 8, 2021, https://www.census.gov/programs-surveys/acs/technical-documentation/table-and-geography-changes/2016/1-year.html.

13. The reasons why Black women do not marry out (marry a non-Black partner) at the same rate as Black men are complex and most likely have more to do with differences in their sense of community than with their economic interests. See Ralph Richard Banks, *Is Marriage for White People? How the African American Marriage Decline Affects Everyone* (New York: Penguin Group, 2012).

14. US Department of Labor, Bureau of Labor Statistics, "Usual Weekly Earnings of Wage and Salary Workers, Fourth Quarter 2021," News Release no. USDL-22-0078, January 19, 2021, https://www.bls.gov/news.release/pdf/wkyeng.pdf.

15. Black Demographics, "Black Marriage in America," March 3, 2021, https://blackdemographics.com/households/marriage-in-black-america/.See also Pew Research Center report finding that in 2015, 24 percent of Black male newlyweds married non-Black women compared with 12 percent of Black women who "married out." Kristen Bialik, "Key Facts About Race and Marriage, 50 Years After *Loving v. Virginia*," Pew Research Center, June 12, 2017, pewrsr.ch/2tcaRtz.

16. USAFacts, "State of American Households."

17. The 2020 Census should provide even more recent estimates, including the number of same-sex couples living together but not married. See USAFacts, "State of American Households."

18. Alicia Tuovila, "What You Should Know About Same-Sex Marriage Tax Benefits," Investopedia, updated January 21, 2022, https://www.investopedia.com/articles/personal-finance/080415/gay-marriage-and-taxes-everything-you-should-know.asp.

19. Horowitz, Graf, and Livingston, "Marriage and Cohabitation in the U.S."

20. Such as Elizabeth Thomson and Ugo Colella, "Cohabitation and Marital Stability:Quality or Commitment?," *Journal of Marriage and Family* 54, no. 2(May

1992): 259–267, https://doi.org/10.2307/353057.

21. Ashley Fetters, "So Is Living Together Before Marriage Linked to Divorce or What?," *Atlantic*, October 24, 2018, https://www.theatlantic.com/family/archive/2018/10/premarital-cohabitation-divorce/573817/.

22. Kelli B. Grant, "Why Do So Many Parents Lack Life Insurance and Wills?," CNBC, July 8, 2015, https://www.cnbc.com/2015/07/07/why-do-so-many-parents-lack-life-insurance-and-wills.html.

23. Susan Shain, "The Rise of the Millennial Prenup," *New York Times*, July 6,2018, https://www.nytimes.com/2018/07/06/smarter-living/millennial-prenup-weddings-money.html.

24. Juliana Menasce Horowitz, Nikki Graf, and Gretchen Livingston, "Why People Get Married or Move In with a Partner," Pew Research Center, November 6, 2019, https://www.pewresearch.org/social-trends/2019/11/06/why-people-get-married-or-move-in-with-a-partner/

25. Horowitz, Graf, and Livingston, "Why People Get Married or Move In."

26. Some questions were inspired by Eleanor Stanford, "13 Questions to Ask Before Getting Married," *New York Times*, March 24, 2016, https://www.nytimes.com/interactive/2016/03/23/fashion/weddings/marriage-questions.html."

Chapter 04
아이 갖기

1. US Census Bureau, "Historical Table 2. Distribution of Women Age 40 to 50 by Number of Children Ever Born and Marital Status: Selected Years, 1970 to 2018," Updated October 8, 2021, https://www.census.gov/data/tables/time-series/demo/fertility/his-cps.html#par_list

머니 앤드 러브

2. It is estimated that about 7 percent of children under eighteen are living with an adoptive parent or a stepparent. See Gretchen Livingston, "Childlessness Falls, Family Size Grows Among Highly Educated Women," Pew Research Center, May 7, 2015, https://www.pewresearch.org/social-trends/2015/05/07/childlessness-falls-family-size-grows-among-highly-educated-women/.

3. Gladys M. Martinez, Kimberly Daniels, and Isaedmarie Febo-Vazquez, "Fertility of Men and Women Aged 15–44 in the United States: National Survey of Family Growth, 2011–2015," *National Health Statistics Reports* 113 (July 11, 2018): 3, PMID: 30248009.

4. US Census Bureau, "Table FM-3. Average Number of Own Children Under 18 by Type of Family, 1955 to Present," Updated November 22, 2021, https:// www.census.gov/data/tables/time-series/demo/families/families.html.

5. "Birth Rate in the United States in 2019, by Ethnic Group of Mother," Statista, January 27, 2022, https://www.statista.com/statistics/241514/birth-rate-by-ethnic-group-of-mother-in-the-us/.

6. Quoctrung Bui and Claire Cain Miller, "The Age That Women Have Babies:How a Gap Divides America," *New York Times*, August 4, 2018, https:// www.nytimes.com/interactive/2018/08/04/upshot/up-birth-age-gap.html.

7. US Bureau of Labor Statistics, "Average Hours per Day Spent in Selected Activities on Days Worked by Employment Status and Sex," accessed November 14, 2021, https://www.bls.gov/charts/american-time-use/activity-by-work.htm.

8. Whitney Leach, "This Is Where People Work the Longest Hours," World Economic Forum, January 16, 2018, https://www.weforum.org/agenda/2018/01/the-countries-where-people-work-the-longest-hours/.

9. Joseph Chamie, "Out-of-Wedlock Births Rise Worldwide," YaleGlobal Online, March 16, 2017, https://archive-yaleglobal.yale.edu/content/out-wedlock-births-rise-worldwide.

10. Rham Dhel, "10 Reasons Why People Want Kids (and 10 Reasons They Don't)," March 2, 2022, https://wehavekids.com/having-baby/Most-Common-Reasons-Why-People-Want-Children.

11. Alex Williams, "To Breed or Not to Breed?," *New York Times*, November 20, 2021, updated December 2, 2021, https://www.nytimes.com/2021/11/20/style/breed-children-climate-change.html.

12. Leslie W. Price, "11 Reasons Some People Are Childless by Choice (and Why You Need to Stay Out of It)," Fairygodboss, accessed April 3, 2021, https://fairygodboss.com/career-topics/childless-by-choice.

13. Alyson Fearnley Shapiro, John M. Gottman, and Sybil Carrère, "The Baby and the Marriage: Identifying Factors That Buffer Against Decline in Marital Satisfaction After First Baby Arrives," *Journal of Family Psychology* 14, no. 1(2000), 59–70, https://doi.org/10.1037//0893-3200.14.1.59.

14. Alyson F. Shapiro and John M. Gottman, "Effects on Marriage of a Psycho-Communicative-Educational Intervention with Couples Undergoing the Transition to Parenthood, Evaluation at 1-Year Post Intervention," *Journal of Family Communication* 5, no. 1 (2005): 1–24, https://doi.org/10.1207/s15327698jfc0501_1.

15. "Child Labor," History.com, October 27, 2009, updated April 17, 2020,https://www.history.com/topics/industrial-revolution/child-labor.

16. Tim Parker, "The Cost of Raising a Child in the United States," Investopedia, updated January 9, 2022, https://www.investopedia.com/articles/personal-finance/090415/cost-raising-child-america.asp; Maryalene LaPonsie, "How Much Does It Cost to Raise a Child?," *U.S. News & World Report*, September 7, 2021, https://money.usnews.com/money/personal-finance/articles/how-much-does-it-cost-to-raise-a-child.

17. Parker, "Cost of Raising a Child in the United States."

18. "What Is Room and Board & What Will It Cost You?," Scholarship System, updated October 12, 2021, https://thescholarshipsystem.com/blog-for-students-families/what-is-room-and-board-what-will-it-cost-you/.

19. Melanie Hanson, "Average Cost of College & Tuition," Education Data Initiative, updated March 29, 2022, educationdata.org/average-cost-of-college.

20. "Parents Now Spend Twice as Much Time with Their Children as 50 Years Ago," *Economist*, November 27, 2017, https://www.economist.com/graphic-detail/2017/11/27/parents-now-spend-twice-as-much-time-with-their-children-as-50-years-ago;Joe Pinsker, " 'Intensive' Parenting Is Now the Norm in America," *Atlantic*, January 16, 2019, https://www.theatlantic.com/family/archive/2019/01/intensive-helicopter-parenting-inequality/580528/.

21. Suzanne M. Bianchi, John P. Robinson, and Melissa A. Milkie, *Changing Rhythms of American Family Life* (New York: Russell Sage, 2006); https://www.russellsage.org/publications/changing-rhythms-american-family-life-1.

22. Veronica Graham, "Parents Put 'Intensive Parenting' on a Pedestal; Experts Say There's a Better Approach," *Washington Post*, February 15, 2019, https://www.washingtonpost.com/lifestyle/2019/02/15/parents-put-intensive-parenting-pedestal-experts-say-theres-better-approach/.

23. Patrick Ishizuka, "Social Class, Gender, and Contemporary Parenting Standards in the United States: Evidence from a National Survey Experiment," *Social Forces* 98, no. 1 (September 2019): 31–58, https://doi.org/10.1093/sf/soy107.

24. Barbara Bronson Gray, "Over-Scheduling Kids May Be Detrimental to Their Development," CBS News, July 8, 2014, https://www.cbsnews.com/news/over-scheduling-kids-may-be-detrimental-to-their-development/.

25. "How Will the Wait Until 8th Pledge Work?," Wait Until 8th, accessed January 31, 2022, https://www.waituntil8th.org/faqs.

26. We are not suggesting that congenital abnormalities are something to be avoided at all costs, just that people may want to consider this in deciding when to

have a child.

27. Carla Dugas and Valori H. Slane, *Miscarriage* (Treasure Island, FL: StatPearls, 2022), online edition last updated June 29, 2021, https://www.ncbi.nlm.nih.gov/books/NBK532992/.

28. "Risk of Miscarriage Linked Strongly to Mother's Age and Pregnancy History," BMJ, March 20, 2019, https://www.bmj.com/company/news room/risk-of-miscarriage-linked-strongly-to-mothers-age-and-pregnancy-history/.

29. American College of Obstetricians and Gynecologists, "FAQs: Having a Baby After Age 35: How Aging Affects Fertility and Pregnancy," accessed April 3, 2021, https://www.acog.org/womens-health/faqs/having-a-baby-after-age-35-how-aging-affects-fertility-and-pregnancy.

30. Sarah DeWeerdt, "The Link Between Parental Age and Autism, Explained," Spectrum, January 28, 2020, https://www.spectrumnews.org/news/link-parental-age-autism-explained/.

31. "Infertility and In Vitro Fertilization," WebMD, August 1, 2021, https://www.webmd.com/infertility-and-reproduction/guide/in-vitro-fertilization.

32. Abby Budiman and Mark Hugo Lopez, "Amid Decline in International Adoptions to U.S., Boys Outnumber Girls for the First Time," Pew Research Center, Oct 17, 2017, www.pewresearch.org/fact-tank/2017/10/17/amid-decline-in-international-adoptions-to-u-s-boys-outnumber-girls-for-the-first-time/.

33. Joyce A. Martin, Brady E. Hamilton, and Michelle J. K. Osterman, "Births in the United States, 2015," NCHS Data Brief no. 258 (September 2016): 1–8, http://www.cdc.gov/nchs/data/databriefs/db258.pdf.

34. Mary Boo, "Foster Care Population Rises Again in 2015," North American Council on Adoptable Children, February 7, 2016, https://nacac.org/resource/foster-care-population-risen-2015.

35. "US Adoption Statistics," Adoption Network, accessed April 3, 2021, https://

머니 앤드 러브

adoptionnetwork.com/adoption-myths-facts/domestic-us-statistics/.

36. Budiman and Lopez, "Amid Decline in International Adoptions."

37. "Annual Report on Intercountry Adoption," Travel.State.Gov, accessed April 3, 2021, https://travel.state.gov/content/dam/NEWadoptionassets/pdfs/FY%20 2019%20Annual%20Report%20.pdf.

38. "What Is the Cost of Adoption from Foster Care?," AdoptUSKids, accessed November 26, 2021, https://www.adoptuskids.org/adoption-and-foster-care/ overview/what-does-it-cost; David Dodge, "What I Spent to Adopt My Child," *New York Times*, February 11, 2020, updated February 18, 2020, https://www. nytimes.com/2020/02/11/parenting/adoption-costs.html.

39. Nancy Rosenhaus, "How Long Does It Take to Adopt a Baby?," Adoptions with Love, November 25, 2021, https://adoptionswithlove.org/adoptive-parents/ how-long-does-it-take-to-adopt.

40. Caitlin Snyder, "What Is the Timeline for an International Adoption?," RainbowKids, July 7, 2016, https://www.rainbowkids.com/adoption-stories/what-is-the-timeline-for-an-international-adoption-1684.

41. David Dodge, "What to Know Before Adopting a Child," *New York Times*, April 18, 2020, updated March 25, 2022, https://www.nytimes.com/2020/04/18/ parenting/guides/adopting-a-child.html. This article provides the names of numerous agencies and organizations that can help you make adoption decisions.

42. Dodge, "What to Know Before Adopting a Child."

43. Abby wrote about celebrating "Airplane Day," or the day her brother arrived, in a short piece in an anthology of stories of adoption edited by Sarah Holloway called *Family Wanted: True Stories of Adoption* (Random House, 2006).

44. JaeRan Kim, "Advice to Parents Adopting a Child of Another Race," Adopt USKids, July 12, 2021, https://blog.adoptuskids.org/advice-to-parents-adopting-a-child-of-another-race/.

45. Claire Cain Miller, "Americans Are Having Fewer Babies. They Told Us Why," *New York Times*, July 5, 2018, https://www.nytimes.com/2018/07/05/upshot/americans-are-having-fewer-babies-they-told-us-why.html.

46. Virginia Sole-Smith and Nicole Harris, "Are You at Risk of Having a Baby with Down Syndrome?," *Parents*, updated September 9, 2020, https://www.parents.com/health/down-syndrome/are-you-at-risk-of-having-a-baby-with-down-syndrome/.

47. For more on this, see Indra Nooyi's memoir, *My Life in Full: Work, Family, and Our Future* (New York: Penguin Random House, 2021).

48. Larry Light, "Why You Shouldn't Buy Insurance (OK, Some May Need It)," *Forbes*, March 20, 2018, www.forbes.com/sites/lawrencelight/2018/03/20/why-you-shouldnt-buy-life-insurance-ok-some-may-need-it/.

49. Maxime Croll, "The Pros and Cons of Permanent Life Insurance," Value-Penguin, updated September 15, 2021, https://www.valuepenguin.com/life-insurance/permanent-life-insurance.

50. Daisy Dowling, chap. 6 in *Workparent: The Complete Guide to Succeeding on the Job, Staying True to Yourself, and Raising Happy Kids* (Boston, MA: Harvard Business Review Press, 2021), 174–185.

51. Thomas Gilovich and Victoria Husted Medvec, "The Temporal Pattern to the Experience of Regret," *Journal of Personality and Social Psychology* 67, no. 3 (September 1994): 357–365, https://content.apa.org/doi/10.1037/0022-3514.67.3.357.

Chapter 05
가사 분담

1. Sarah Jane Glynn, "An Unequal Division of Labor," Center for American

머니 앤드 러브

Progress, May 18, 2018, https://www.americanprogress.org/article/unequal-division-labor/.

2. Glynn, "Unequal Division of Labor," 7–9.

3. Glynn, "Unequal Division of Labor," 8. See Katherine Guyot and Isabel V. Sawhill, "Telecommuting Will Likely Continue Long After the Pandemic," Brookings Institution blog, April 6, 2020, https://www.brookings.edu/blog/up-front/2020/04/06/telecommuting-will-likely-continue-long-after-the-pandemic/.

4. Kristin W. Vogan, "This Is Your Kid's School and Even Though the Emergency Contact Form Lists Your Husband, We Need You, the Mom," McSweeney's Internet Tendency, December 28, 2021, https://www.mcsweeneys.net/articles/this-is-your-kids-school-and-even-though-the-emergency-contact-form-lists-your-husband-we-need-you-the-mom.

5. Arlie Russell Hochschild and Anne Machung, *The Second Shift: Working Parents and the Revolution at Home* (New York: Avon Books, 1989).

6. Hochschild and Machung, *The Second Shift*.

7. Aliya Hamid Rao, "Even Breadwinning Wives Don't Get Equality at Home," *Atlantic*, May 12, 2019, https://www.theatlantic.com/family/archive/2019/05/breadwinning-wives-gender-inequality/589237/. See also Aliya Hamid Rao, *Crunch Time: How Married Couples Confront Unemployment* (Berkeley: University of California Press, 2020).

8. Wendy Klein and Marjorie Harness Goodwin, "Chores," in *Fast-Forward Family: Home, Work, and Relationships in Middle-ClassAmerica*, ed. Elinor Ochs and Tamar Kremer-Sadlik(Berkeley: University of California Press, 2013), 111–129.

9. Eve Rodsky, "I Created a System to Make Sure My Husband and I Divide Household Duties Fairly. Here's How It Works," *Time*, October 1, 2019, https://time.com/5690007/divide-household-chores-fairly/.

10. Maaike van der Vleuten, Eva Jaspers, and Tanja van der Lippe, "Same-

Sex Couples' Division of Labor from a Cross-National Perspective," *Journal of GLBT Family Studies* 17, no. 2 (2021): 150–167, https://doi.org/10.1080/155042 8X.2020.1862012.

11. US Bureau of Labor Statistics, "American Time Use Survey," accessed October 23, 2021, https://www.bls.gov/charts/american-time-use/activity-by-hldh.htm>>

12. Lauren Bauer et al., "Ten Economic Facts on How Mothers Spend Their Time," The Hamilton Project at Brookings Institution, March 2021, 6, https://www.brookings.edu/wp-content/uploads/2021/03/Maternal_Time_Use_Facts_final-1.pdf.

13. Eve Rodsky, chaps. 7 and 8 in *Fair Play: A Game-Changing Solution for When You Have Too Much to Do (and More Life to Live)* (New York: G. P. Putnam's Sons, 2019), 163–243.

14. Sharon Meers and Joanna Strober, *Getting to 50/50: How Working Parents Can Have It All* (Berkeley, CA: Viva Editions, 2013; original hardback edition published by Bantam Dell, 2009), 190.

15. Steven Rowe, "How to Split Chores When the Honey-Do List Gets Heated," PsychCentral, updated July 30, 2021, https://psychcentral.com/lib/chore-war-household-tasks-and-the-two-paycheck-couple#6.

16. Eric Rosenberg, "Is a Maid Worth the Money or Should I Clean Myself?," Investopedia, updated March 8, 2022, https://www.investopedia.com/articles/personal-finance/120815/maid-worth-money-or-should-i-clean-myself.asp.

17. Klein and Goodwin, "Chores."

18. Chef Chang, "Eating Out vs. Cooking at Home: The 12 Statistics You Must See," Slice of Kitchen, May 17, 2019, https://sliceofkitchen.com/eating-out-vs-cooking-at-home-statistics/.

19. Roberto A. Ferdman, "The Slow Death of the Home-Cooked Meal," *Washington Post*, March 5, 2015, https://www.washingtonpost.com/news/wonk/

wp/2015/03/05/the-slow-death-of-the-home-cooked-meal/.

20. Nir Halevy and Matt Abrahams, "Dissolve Disagreements: How Communication Impacts Conflict," Stanford Graduate School of Business, Insights by Stanford Business, April 1, 2021, https://www.gsb.stanford.edu/insights/dissolve-disagreements-how-communication-impacts-conflict.

21. Raven Ishak, "The Relationship-Saving Way to Split Chores with Your Partner," Everygirl, July 30, 2019, https://theeverygirl.com/split-chores-with-your-partner/.

22. Jennifer Miller, "Family Life Is Chaotic. Could Office Software Help?," New York Times, May 27, 2020, https://www.nytimes.com/2020/05/27/style/family-calendar. html?searchResultPosition=1.

Chapter 06
어디서 살 것인가?

1. D'Vera Cohn and Rich Morin, "Who Moves? Who Stays Put? Where's Home?," Pew Research Center, December 17, 2008, updated December 29, 2008, https://www.pewresearch.org/social-trends/2008/12/17/who-moves-who-stays-put-wheres-home/.

2. Quoctrung Bui and Claire Cain Miller, "The Typical American Lives Only 18 Miles from Mom," New York Times, December 23, 2015, https://www.nytimes.com/interactive/2015/12/24/upshot/24up-family.html.

3. Elissa Strauss, "How 'Alloparenting' Can Be a Less Isolating Way to Raise Kids," CNN, updated June 15, 2021, https://www.cnnphilippines.com/lifestyle/2021/6/16/Alloparenting-raising-kids.html.

4. D'Vera Cohn, "As the Pandemic Persisted, Financial Pressures Became a Bigger

Factor in Why Americans Decided to Move," Pew Research Center, February 4, 2021, https://www.pewresearch.org/fact-tank/2021/02/04/as-the-pandemic-persisted-financial-pressures-became-a-bigger-factor-in-why-americans-decided-to-move/.

5. Cohn, "As the Pandemic Persisted."

6. Richard L. Florida, *Who's Your City? How the Creative Economy Is Making Where to Live the Most Important Decision of Your Life* (New York: Basic Books, 2008), 196.

7. Florida, *Who's Your City?*, 200.

8. "What the Future: Housing," Ipsos, November 16, 2021, https://www.ipsos.com/sites/default/files/What-The-Future-Housing.pdf.

9. "What the Future: Housing," 19.

10. Ron Lieber, "Make Your First Home Your Last: The Case for Not Moving Up," *New York Times*, October 17, 2020, https://www.nytimes.com/2020/10/17/your-money/real-estate-coronavirus-mortgage.html.

11. Carly M. Thornock et al., "There's No Place Like Home: The Associations Between Residential Attributes and Family Functioning," *Journal of Environmental Psychology* 64 (August 2019): 39–47, https://doi.org/10.1016/j.jenvp.2019.04.011.

12. "What the Future: Housing," 5.

13. "What Is MUJI?," Ryohin Keikaku Co., accessed November 7, 2021, https://ryohin-keikaku.jp/eng/about-muji/whatismuji/.

14. Drew DeSilver, "As National Eviction Ban Expires, a Look at Who Rents and Who Owns in the U.S.," Pew Research Center, August 2, 2021, https://www.pewresearch.org/fact-tank/2021/08/02/as-national-eviction-ban-expires-a-look-at-who-rents-and-who-owns-in-the-u-s/.

15. DeSilver, "As National Eviction Ban Expires."

16. Debra Kamin, "The Market for Single-Family Rentals Grows as Homeownership Wanes," *New York Times*, October 22, 2021, https://www.nytimes.

com/2021/10/22/realestate/single-family-rentals.html.

17. Florida, *Who's Your City?*, 154.

18. "What the Future: Housing."

19. "Renovate or Move: Our Flowchart Will Help You Decide," Zebra, updated August 9, 2021, https://www.thezebra.com/resources/home/renovate-or-move/.

20. Barry Schwartz et al., "Maximizing Versus Satisficing: Happiness Is a Matter of Choice," *Journal of Personality and Social Psychology* 83, no. 5 (2002): 1178–1197, https://doi.org/10.1037/0022-3514.83.5.1178.

21. P. Brickman, D. Coates, and R. Janoff-Bulman, "Lottery Winners and Accident Victims: Is Happiness Relative?," *Journal of Personality and Social Psychology* 36, no. 8 (August 1978): 917–927, https://doi.org/10.1037//0022-3514.36.8.917.

22. Kennon M. Sheldon and Sonja Lyubomirsky, "The Challenge of Staying Happier: Testing the Hedonic Adaptation Prevention Model," *Personality and Social Psychology Bulletin* 38, no. 5 (2012): 670–680, https://doi.org/10.1177%2F0146167212436400.

23. Ron Lieber, "43 Questions to Ask Before Picking a New Town," *New York Times*, May 2, 2014, https://www.nytimes.com/2014/05/03/your-money/43-questions-to-ask-before-picking-a-new-town.html.

24. Alexis Grant, "How We Decided Where to Live, and Chose an Unexpected Place," January 6, 2020, https://alexisgrant.com/2020/01/06/how-to-decide-where-to-live/.

Chapter 07
맞벌이와 육아 | 일과 육아의 조화

1. "PayScale Research Shows Women Who Leave the Workforce Incur Up to a 7

Percent Pay Penalty upon Their Return," PayScale, April 5, 2018, https://www.payscale.com/compensation-trends/gender-pay-gap-research/.

2. Courtney Connley, "More Dads Are Choosing to Stay at Home with Their Kids. Will Covid-19 Accelerate This Trend?," CNBC, May 7, 2021, https://www.cnbc.com/2021/05/07/stay-at-home-dads-were-on-the-rise-pre-pandemic-will-covid-accelerate-the-trend.html.

3. Kim Eckart, "Why 9 to 5 Isn't the Only Shift That Can Work for Busy Families," UW News, University of Washington, June 20, 2018, https://www.washington.edu/news/2018/06/20/why-9-to-5-isnt-the-only-shift-that-can-work-for-busy-families/.

4. Jianghong Li et al., "Parents' Nonstandard Work Schedules and Child Well-Being: A Critical Review of the Literature," *Journal of Primary Prevention* 35(2014): 53–73, https://doi.org/10.1007/s10935-013-0318-z.

5. Eckart, "Why 9 to 5 Isn't the Only Shift."

6. US Census Bureau, "Table F-22. Married-Couple Families with Wives' Earnings Greater than Husbands' Earnings," accessed October 12, 2021, https://www.census.gov/data/tables/time-series/demo/income-poverty/historical-income-families.html.

7. US Census Bureau, "Table F-14. Work Experience of Husband and Wife—Married-Couple Families, by Presence of Children Under 18 Years Old and by Median and Mean Income," accessed August 30, 2021, http://www.census.gov/data/tables/time-series/demo/income-poverty/historical-income-families.html. See also "PayScale Research Shows Women Who Leave the Workforce."

8. Brian Knop, "Among Recent Moms, More Educated Most Likely to Work," US Census Bureau, August 19, 2019, www.census.gov/library/stories/2019/08/are-women-really-opting-out-of-work-after-they-have-babies.html.

9. Dina Gerdeman, "Kids of Working Moms Grow into Happy Adults," *Harvard*

Business School Working Knowledge, July 16, 2018, https://hbswk.hbs.edu/item/kids-of-working-moms-grow-into-happy-adults. The article is based on research by Harvard Business School professor Kathleen McGinn.

10. Cathy Benko, "How the Corporate Ladder Became the Corporate Lattice," *Harvard Business Review*, November 4, 2010, https://hbr.org/2010/11/how-the-corporate-ladder-becam.

11. Mark J. Perry, "Women Earned Majority of Doctoral Degrees in 2019 for 11th Straight Year and Outnumber Men in Grad School 141 to 100," American Enterprise Institute, October 15, 2020, https://www.aei.org/carpe-diem/women-earned-majority-of-doctoral-degrees-in-2019-for-11th-straight-year-and-outnumber-men-in-grad-school-141-to-100/.

12. "The Majority of U.S. Medical Students Are Women, New Data Show," Association of American Medical Colleges, December 9, 2019, https://www.aamc.org/news-insights/press-releases/majority-us-medical-students-are-women-new-data-show.

13. Enjuris, "Report: Where Do Women Go to Law School in the U.S.?," GlobeNewswire, March 1, 2021, https://www.globenewswire.com/news-release/2021/03/01/2183996/0/en/Report-Where-Do-Women-Go-to-Law-School-in-the-U-S.html.

14. Enjuris, "Where Do Women Go to Law School?"

15. Amy Paturel, "Why Women Leave Medicine," Association of American Medical Colleges, October 1, 2019, https://www.aamc.org/news-insights/why-women-leave-medicine.

16. Paturel, "Why Women Leave Medicine."

17. James Allen, "The Total Cost to Train a Physician," *The Hospital Medical Director*(blog), July 11, 2019, https://hospitalmedicaldirector.com/the-total-cost-to-train-a-physician/.

18. Paturel, "Why Women Leave Medicine."

19. Emma Goldberg, "When the Surgeon Is a Mom," *New York Times*, December 20, 2019, https://www.nytimes.com/2019/12/20/science/doctors-surgery-motherhood-medical-school.html.

20. Roberta D. Liebenberg and Stephanie A. Scharf, "Walking Out the Door: The Facts, Figures, and Future of Experienced Women Lawyers in Private Practice," American Bar Association and ALM Intelligence Legal Compass, 2019, https://www.americanbar.org/content/dam/aba/administrative/women/walking-out-the-door-4920053.pdf.

21. Liebenberg and Scharf, "Walking Out the Door."

22. "Data Snapshot: Full-Time Women Faculty and Faculty of Color," American Association of University Professors, December 9, 2020, https://www.aaup.org/news/data-snapshot-full-time-women-faculty-and-faculty-color#.YWOLfRDMI7Y.

23. Wendy Wang, "Mothers and Work: What's 'Ideal'?," Pew Research Center,August 19, 2013, https://www.pewresearch.org/fact-tank/2013/08/19/mothers-and-work-whats-ideal/.

24. Lonnie Golden, "Part-Time Workers Pay a Big-Time Penalty," Economic Policy Institute, February 27, 2020, https://www.epi.org/publication/part-time-pay-penalty/.

25. Monica Torres, "Going Part Time Can Be a Cruel Trap for Women, but There's a Way to Do It Right," HuffPost, June 21, 2019, updated July 15, 2019, https://www.huffpost.com/entry/part-time-work-trap-tips-women_l_5d091ea2e4b06ad4d256f856.

26. Megan Dunn, "Who Chooses Part-Time Work and Why?," *Monthly Labor Review*, US Bureau of Labor Statistics, March 2018, https://www.bls.gov/opub/mlr/2018/article/pdf/who-chooses-part-time-work-and-why.pdf.

머니 앤드 러브

27. Boris Groysberg, Paul Healy, and Eric Lin, "Job-Hopping Toward Equity," *MIT Sloan Management Review*, July 14, 2021, https://sloanreview.mit.edu/article/job-hopping-toward-equity/.

28. The percentages of care arrangements exceed 100 percent because slightly more than 25 percent of children are cared for in multiple arrangements, including by their fathers, who work different shifts from their mothers.

29. "51 Percent of People in the United States Live in a Child Care Desert," Center for American Progress, 2020, accessed October 15, 2021, https://childcaredeserts.org/2018/.

30. Sylvia Ann Hewlett and Carolyn Buck Luce, "Off-Ramps and On-Ramps: Keeping Talented Women on the Road to Success," *Harvard Business Review*, March 1, 2005, https://hbr.org/2005/03/off-ramps-and-on-ramps-keeping-talented-women-on-the-road-to-success; Sylvia Ann Hewlett et al., *Off-Ramps and On-Ramps Revisited* (New York: Center for Work-Life Policy, 2010).

31. Elaine Pofeldt, "Survey: Nearly 30% of Americans Are Self-Employed," *Forbes*, May 30, 2020, https://www.forbes.com/sites/elainepofeldt/2020/05/30/survey-nearly-30-of-americans-are-self-employed/?sh=35c3265e2d21.

32. Pamela Stone and Meg Lovejoy, *Opting Back In: What Really Happens When Mothers Go Back to Work* (Oakland: University of California Press, 2019).

33. Sylvia Ann Hewlett, Laura Sherbin, and Diana Forster, "Off-Ramps and On-Ramps Revisited," *Harvard Business Review*, June 2010, https://hbr.org/2010/06/off-ramps-and-on-ramps-revisited.

34. "Why Lack of Sleep Is Bad for Your Health," UK National Health Service, accessed October 13, 2021, https://www.nhs.uk/live-well/sleep-and-tiredness/why-lack-of-sleep-is-bad-for-your-health/(page discontinued).

Chapter 08
위기의 부부 | 위기의 결혼생활을 우아하게 끝내기

1. John Gottman, *Why Marriages Succeed or Fail: And How You Can Make Yours Last* (New York: Simon & Schuster, 2012).

2. Chrisanna Northrup, Pepper Schwartz, and James Witte, "Sex at 50-Plus: What's Normal?," AARP, accessed April 19, 2021, https://www.aarp.org/home-family/sex-intimacy/info-01-2013/seniors-having-sex-older-couples.html.

3. Belinda Luscombe, "Yes, Couples Who Share Chores Have More Sex," *Time*, June 22, 2016, https://time.com/4378502/yes-couples-who-share-chores-have-more-sex/.

4. Susan Dominus, "The Sexual Healer," New York Times, January 24, 2014, https://www.nytimes.com/2014/01/26/fashion/Sex-Esther-Perel-Couples-Therapy.html.

5. Wendy Wang, "Who Cheats More? The Demographics of Infidelity in America," Institute for Family Studies, January 10, 2018, https://ifstudies.org/blog/who-cheats-more-the-demographics-of-cheating-in-america.

6. Rebeca A. Marín, Andrew Christensen, and David C. Atkins, "Infidelity and Behavioral Couple Therapy: Relationship Outcomes over 5 Years Following Therapy," *Couple and Family Psychology: Research and Practice* 3, no. 1 (2014): 1–12, https://psycnet.apa.org/doi/10.1037/cfp0000012.

7. Marín, Christensen, and Atkins, "Infidelity and Behavioral Couple Therapy."

8. Bank of America, "2018 Better Money Habits Millennial Report," Winter 2018, https://bettermoneyhabits.bankofamerica.com/content/dam/bmh/pdf/ar6vnln9-boa-bmh-millennial-report-winter-2018-final2.pdf.

9. Jennifer Petriglieri, *Couples That Work: How Dual-Career Couples Can Thrive in Love and Work* (Boston, MA: Harvard Business Review Press, 2019).

10. Brianna Holt, "Counseling Is Not Only for Couples in Crisis," *New York Times*, April 13, 2021, https://www.nytimes.com/2021/04/13/style/couples-therapy.html.

11. The rate is lower for couples who marry after age twenty-five, for couples whose first baby is born more than seven months after marriage, for couples with some college education, and for couples with incomes above the median. The rate for second or third marriages is higher than the rate for first marriages (60–67 percent for second marriages and 73–74 percent for third marriages). The higher rate for additional marriages is partly what pundits have in mind when they say that remarriage is the triumph of hope over experience.

12. Hal Arkowitz and Scott O. Lilienfeld, "Is Divorce Bad for Children?," *Scientific American* (March 1, 2013): 68–69, https://www.scientificamerican.com/article/is-divorce-bad-for-children/.

13. Arkowitz and Lilienfeld, "Is Divorce Bad for Children?," 68–69.

14. Bruce Fredenburg, "How to Lessen the Stress Divorce Has on Your College-Aged Child," Divorced Moms, September 8, 2020, https://divorcedmoms.com/how-to-lessen-the-stress-divorce-has-on-your-college-aged-child.

15. Aaron Thomas, "What Types of Divorces Typically Go to Trial?," Lawyers.com, March 31, 2016, https://www.lawyers.com/legal-info/family-law/divorce/what-types-of-divorces-typically-go-to-trial.html.

16. Myra H. Strober, "What's a Wife Worth?," in *Inside the American Couple: New Thinking, New Challenges*, ed. Marilyn Yalom and Laura L. Carstensen(Berkeley: University of California Press, 2002), 174–188.

17. Edward Tsui, "Divorce and Child Custody: Everything You Need to Know," Expertise.com, updated February 24, 2022, https://www.expertise.com/divorce-attorney/divorce-and-child-custody-everything-you-need-to-know.

18. "Who Gets Custody of the Child(ren)?," LawFirms, accessed April 26, 2021,

https://www.lawfirms.com/resources/child-custody/custody-during-divorce/
who-gets-custody.htm.

19. "Child Support Requirements for Post-Secondary Education by State,"
DivorceNet, accessed April 28, 2021, https://www.divorcenet.com/states/
washington/wa_art02.

20. "How Is California Child Support Calculated When There Is Joint Physical
Custody?," Law Offices of Paul H. Nathan, accessed February 9, 2022, https://
www.nathanlawoffices.com/faqs/how-is-california-child-support-calculated-when-
there-is-joint-physical-custody-.cfm.

21. US Census Bureau, "44 Percent of Custodial Parents Receive the Full Amount
of Child Support," press release, January 30, 2018, https://www.census.gov/
newsroom/press-releases/2018/cb18-tps03.html.

22. Law Office of Jody L. Fisher, "How Does a Judge Determine Alimony?," Jody
Fisher Law, April 20, 2020, https://www.attorney-fisher.com/blog/2020/april/
how-does-a-judge-determine-alimony-/.

23. Lynda Gratton and Andrew J. Scott, *The 100-Year Life: Living and Working in an
Age of Longevity* (London: Bloomsbury Information, 2016), 207.

24. Ann Gold Buscho, "Do Trial Separations Ever Work?," *Psychology Today*,
November 23, 2021, https://www.psychologytoday.com/us/blog/better-
divorce/202111/do-trial-separations-ever-work.

25. Robert Taibbi, "Why Separations Usually Lead to Divorce," *Psychology
Today*, August 8, 2020, https://www.psychologytoday.com/us/blog/fixing-
families/202008/why-separations-usually-lead-divorce.

Chapter 09

노년의 삶 | 아름다운 마무리를 위한 준비

1. Lauren Medina, Shannon Sabo, and Jonathan Vespa, "Living Longer: Historical and Projected Life Expectancy in the United States, 1960 to 2060," US Census Bureau, Current Population Reports no. P25-1145, February 2020, www.census. gov/content/dam/Census/library/publications/2020/demo/p25-1145.pdf, 3.

2. Medina, Sabo, and Vespa, "Living Longer," 3.

3. Eilene Zimmerman, "What 'Retirement' Means Now," *New York Times*, September 12, 2019, https://www.nytimes.com/2019/09/12/business/retirement/what-retirement-means-now.html.

4. "How to Plan and Invest for Retirement Throughout Your Life—Even When It Feels Like You Have Other Financial Priorities," *Real Simple*, April 5, 2021, https://www.realsimple.com/money/money-confidential-podcast/episode-6-claudia-new-rules-retirement.

5. Sarah Laskow, "How Retirement Was Invented," *Atlantic*, October 24, 2014, https://www.theatlantic.com/business/archive/2014/10/how-retirement-was-invented/381802/.

6. "Life Expectancy for Men at the Age of 65 Years in the U.S. from 1960 to 2019," Statista, accessed August 11, 2021, https://www.statista.com/statistics/266657/us-life-expectancy-for-men-aat-the-age-of-65-years-since-1960/.

7. Gratton and Scott, 100-Year Life, 1; Alessandra Malito, "Good News and Bad News: Kids Born Today Will Probably Live to Be Older than 100—and They'll Need to Pay for It," MarketWatch, June 15, 2019, https://www.marketwatch.com/story/good-news-and-bad-news-kids-born-today-will-probably-live-to-be-older-than-100-and-theyll-need-to-pay-for-it-2019-06-14.

8. "Mandatory Retirement: Is It Legal?," Strategic HR, April 25, 2017, https://

strategichrinc.com/mandatory-retirement-guidelines/.

9. "How Much Do You Really Need to Save for Retirement?," Merrill, accessed August 12, 2021, https://www.merrilledge.com/article/how-much-do-you-really-need-to-save-for-retirement; John Waggoner, "How Much Money Do You Need to Retire?," AARP, updated January 6, 2021, https://www.aarp.org/retirement/planning-for-retirement/info-2020/how-much-money-do-you-need-to-retire.html.

10. Peter Coy, "How to Enjoy Retirement Without Going Broke," *New York Times*, August 27, 2021, https://www.nytimes.com/2021/08/27/opinion/how-to-enjoy-retirement-without-going-broke.html.

11. William G. Gale, J. Mark Iwry, and David C. John, eds., *Wealth After Work: Innovative Reforms to Expand Retirement Security* (Washington, DC: Brookings Institution, 2021), 16.

12. James Royal and Brian Baker, "What Is the Average Social Security Check?," Bankrate, April 7, 2022, https://www.bankrate.com/retirement/average-monthly-social-security-check/.

13. "Most Retirees Never Move to New Home, Study Finds," FEDweek, March 19, 2020, https://www.fedweek.com/retirement-financial-planning/most-retirees-never-move-to-new-home-study-finds/.

14. Jane E. Brody, "Keeping Older Drivers Protected on the Road," *New York Times*, October 18, 2021, updated October 21, 2021, https://www.nytimes.com/2021/10/18/well/live/old-drivers.html.

15. Brody, "Keeping Older Drivers Protected."

16. Maggie Germano, "Despite Their Priorities, Nearly Half of Americans over 55 Still Don't Have a Will," *Forbes*, February 15, 2019, https://www.forbes.com/sites/maggiegermano/2019/02/15/despite-their-priorities-nearly-half-of-americans-over-55-still-dont-have-a-will/?sh=2e7683345238.

17. "2019 Profile of Older Americans," Administration for Community Living and

Administration on Aging, US Department of Health and Human Services, May 2020, https://acl.gov/sites/default/files/Aging%20and%20Disability %20in%20 America/2019ProfileOlderAmericans508.pdf.

18. Lynn Hallarman, "What I've Learned over a Lifetime of Caring for the Dying," *New York Times*, August 11, 2021, https://www.nytimes.com/2021/08/11/ opinion/health-care-aides-elderly.html.

19. Lita Epstein, "Medicaid and Nursing Homes: A Quick Guide to the Rules," Investopedia, accessed August 15, 2021, https://www.investopedia.com/articles/ personal-finance/072215/quick-guide-medicaid-and-nursing-home-rules.asp.

20. "What Is Long-Term Care (LTC) and Who Needs It?," LongTermCare.gov, last modified January 4, 2021, https://acl.gov/ltc.

21. "Formal Cost of Long-Term Care Services," PwC, accessed July 23, 2021, https://www.pwc.com/us/en/insurance/assets/pwc-insurance-cost-of-long-term-care.pdf.

22. Scott Witt and Jeff Hoyt, "Skilled Nursing Costs," SeniorLiving.org, updated January 4, 2022, https://www.seniorliving.org/skilled-nursing/cost/.

23. Alexander Sammon, "The Collapse of Long-Term Care Insurance," American Prospect, October 20, 2020, https://prospect.org/familycare/the-collapse-of-long-term-care-insurance/.

24. Sammon, "Collapse."

25. Dhruv Khullar, "Who Will Care for the Caregivers?," *New York Times*, January 19, 2017, https://www.nytimes.com/2017/01/19/upshot/who-will-care-for-the-caregivers.html.

26. "Home Health Aide Salary in United States," Indeed, accessed August 15, 2021, https://www.indeed.com/career/home-health-aide/salaries.

27. "Nursing Home Aide Salary," ZipRecruiter, accessed August 19, 2021, https:// www.ziprecruiter.com/Salaries/Nursing-Home-Aide-Salary.

28. National Center on Caregiving, "Women and Caregiving: Facts and Figures," Family Caregiver Alliance, accessed August 19, 2021, https://www.caregiver.org/resource/women-and-caregiving-facts-and-figures/.

29. Carol Bradley Bursack, "Do Parents Really Want to Live with Their Adult Children?," AgingCare, accessed September 1, 2021, https://www.agingcare.com/articles/parents-living-with-adult-children-152285.htm.

30. Gina Kolata, "More Americans Are Dying at Home Than in Hospitals," *New York Times*, December 11, 2019, updated December 26, 2019, https://www.nytimes.com/2019/12/11/health/death-hospitals-home.html.

31. "Assisted Suicide in the United States," Wikipedia, accessed August 14, 2021, https://en.wikipedia.org/wiki/Assisted_suicide_in_the_United_States.

32. Irvin D. Yalom and Marilyn Yalom, *A Matter of Death and Life* (Stanford, CA: Stanford University Press, 2021), 102, 100, 105.

33. Bart Astor, "After Covid-19: What Housing for America's Oldest Could Be Like," *Forbes*, July 23, 2020, https://www.forbes.com/sites/nextavenue/2020/07/23/after-covid-19-what-housing-for-americas-oldest-could-be-like/? sh=343e49b71eb5.

34. Suzy Khimm, "The Hidden Covid-19 Health Crisis: Elderly People Are Dying from Isolation," NBC News, October 27, 2020, updated November 17, 2020, https://www.nbcnews.com/news/us-news/hidden-covid-19-health-crisis-elderly-people-are-dying-isolation-n1244853.

35. Bruce Drake, "The Sandwich Generation: Burdens on Middle-Aged Americans on the Rise," Pew Research Center, May 15, 2013, https://www.pewresearch.org/fact-tank/2013/05/15/the-sandwich-generation-burdens-on-middle-aged-americans-on-the-rise/.

36. "The US Population Is Aging," Urban Institute, accessed July 23, 2021, www.urban.org/policy-centers/cross-center-initiatives/program-retirement-policy/

projects/data-warehouse/what-future-holds/us-population-aging.

37. Barry J. Jacobs, "The Sandwich Generation Feels the Caregiving Crunch," AARP, January 3, 2020, https://www.aarp.org/caregiving/life-balance/info-2020/sandwich-generation-caregivers.html.

38. Esther Koch, "Kiss the Joy as It Flies By," Stanford Business Magazine, November 2006, http://www.encoremgmt.com/images/Kiss_The_Joy_As_It_Flies_By.pdf.

39. Gretchen Livingston, "Adult Caregiving Often Seen as Very Meaningful by Those Who Do It," Pew Research Center, November 8, 2018, https://www.pewresearch.org/fact-tank/2018/11/08/adult-caregiving-often-seen-as-very-meaningful-by-those-who-do-it/.

40. Ezra Klein, "Alison Gopnik Changed How I Think About Love," Vox podcast, June 13, 2019, https://www.vox.com/podcasts/2019/6/13/18677595/alison-gopnik-changed-how-i-think-about-love.

Chapter 10
직장과 가정에 필요한 변화 | 어떻게 바꿀 것인가?

1. "Civilian Labor Force by Sex," US Department of Labor, Women's Bureau, accessed August 20, 2021, https://www.dol.gov/agencies/wb/data/lfp/civilian lfbysex.

2. "Employment Characteristics of Families—2018," US Department of Labor, Bureau of Labor Statistics, news release no. USDL-19-0666, April 18, 2019, https://www.bls.gov/news.release/archives/famee_04182019.pdf.

3. Debra E. Meyerson, *Tempered Radicals: How People Use Difference to Inspire Change at Work* (Boston, MA: Harvard Business School Press, 2001), xi.

4. Meyerson, *Tempered Radicals*, 17.

5. David Smith, "The Plural of Anecdote Is Data, After All," *Revolutions* (blog), April 6, 2011, https://blog.revolutionanalytics.com/2011/04/the-plural-of-anecdote-is-data-after-all.html.

6. Ian Cook, "Who Is Driving the Great Resignation?," *Harvard Business Review*, September 15, 2021, https://hbr.org/2021/09/who-is-driving-the-great-resignation.

7. Joseph B. Fuller and Manjari Raman, "The Caring Company," Harvard Business School, updated January 17, 2019, https://www.hbs.edu/managing-the-future-of-work/Documents/The_Caring_Company.pdf.

8. Fuller and Raman, "Caring Company," 2.

9. Amy Henderson, "The Secret Society of Parents from Tech's Biggest Companies," *Fast Company*, May 1, 2018, https://www.fastcompany.com/40563270/the-secret-society-of-parents-from-techs-biggest-companies.

10. Francine D. Blau and Lawrence M. Kahn, "Female Labor Supply: Why Is the United States Falling Behind?," *American Economic Review: Papers & Proceedings 2013* 103, no. 3 (May 2013): 251–256, http://dx.doi.org/10.1257/aer.103.3.251.

11. Miranda Bryant, "Paternity Leave: US Is Least Generous in List of World's Richest Countries," *Guardian*, January 29, 2020, https://www.theguardian.com/us-news/2020/jan/29/paternity-leave-us-policy.

12. Lynn Erdman, "Father's Day: A Father's Bond with His Newborn Is Just as Important as a Mother's Bond," HuffPost, June 8, 2017, https://www.huffpost.com/entry/fathers-day-a-fathers-bond-with-his-newborn-is-just_b_5939b1a9e4b094fa859f16c8.

13. Sabrina Tavernise, "The U.S. Birthrate Has Dropped Again. The Pandemic May Be Accelerating the Decline," *New York Times*, May 5, 2021, https://www.nytimes.com/2021/05/05/us/us-birthrate-falls-covid.html.

머니 앤드 러브

14. Joe Pinsker, "The 2 Ways to Raise a Country's Birth Rate," *Atlantic*, July 6, 2021, https://www.theatlantic.com/family/archive/2021/07/improve-us-birth-rate-give-parents-money-and-time/619367/.

15. The World Staff, "179 Countries Have Paid Sick Leave. Not the US," The World, March 13, 2020, https://www.pri.org/stories/2020-03-13/179-countries-have-paid-sick-leave-not-us.

16. Emma Jelliffe et al., "Awareness and Use of (Emergency) Sick Leave: US Employees' Unaddressed Sick Leave Needs in a Global Pandemic," *Proceedings of the National Academy of Sciences* 118, no. 29 (July 12, 2021): e2107670118, https://doi.org/10.1073/pnas.2107670118.

17. Joan C. Williams et al., "Who Benefits from Workplace Flexibility?," Slate, March 28, 2018, https://slate.com/human-interest/2018/03/new-study-examines-schedule-instability-in-retail-jobs.html.

18. "Fair Work Schedules," Center for WorkLife Law, University of California Hastings College of the Law, accessed October 11, 2021, https://worklifelaw.org/projects/stable-scheduling-study/.

19. Joan C. Williams et al., "Stable Scheduling Study: Health Outcomes Report," p. 18, accessed October 11, 2021, https://worklifelaw.org/wp-content/uploads/2019/02/Stable-Scheduling-Health-Outcomes-Report.pdf.

20. Claire Cain Miller, "Women Did Everything Right. Then Work Got 'Greedy,'" *New York Times*, April 26, 2019, https://www.nytimes.com/2019/04/26/upshot/women-long-hours-greedy-professions.html.

21. Amanda Zhou, "Washington's New Long-Term-Care Tax Begins in January. Here's What to Know About the Program," *Seattle Times*, October 8, 2021, accessed October 11, 2021, https://www.seattletimes.com/seattle-news/health/washingtons-new-long-term-care-tax-deduction-begins-in-january-heres-what-to-know-about-the-program/.

22. Howard Gleckman, "How Making Public Long-Term Care Insurance (Sort of) Voluntary Created a Mess in Washington State," *Forbes*, October 6, 2021, https://www.forbes.com/sites/howardgleckman/2021/10/06/how-making-public-long-term-care-insurance-sort-of-voluntary-created-a-mess-in-washington-state/.

23. Many of these questions were inspired by Smith and Rustagi, "Supporting Dual Career Couples."

마치는 글

1. "Huge Study Confirms Purpose and Meaning Add Years to Life," Blue Zones, accessed February 16, 2022, https://www.bluezones.com/2019/05/news-huge-study-confirms-purpose-and-meaning-add-years-to-life/.

2. Kabir Sehgal, *Coined: The Rich Life of Money and How Its History Has Shaped Us*(New York: Grand Central, 2015), 203.

머니 앤드 러브

옮긴이 이기동

서울신문에서 초대 모스크바특파원과 국제부장, 논설위원을 지냈다. 소련연방 해체를 비롯한 동유럽 변혁의 과정을 현장에서 취재했다. 경북 성주에서 태어나 경북고, 경북대 철학과, 서울대학원을 졸업하고, 관훈클럽정신영기금 지원으로 미시간대에서 저널리즘을 공부했다. 『바이러스를 이기는 새로운 습관』 『나스 데일리의 1분 세계여행』 『김정은 평전—마지막 계승자』 『AI의 미래—생각하는 기계』 『현대자동차 푸상무 이야기』 『블라디미르 푸틴 평전—뉴차르』 『미국의 세기는 끝났는가』 『인터뷰의 여왕 바버라 월터스 회고록—내 인생의 오디션』 『미하일 고르바초프 최후의 자서전—선택』을 우리말로 옮겼으며 저서로 『기본을 지키는 미디어 글쓰기』가 있다.

머니 앤드 러브

초판 1쇄 인쇄 | 2023년 5월 18일
초판 1쇄 발행 | 2023년 5월 30일

지은이 | 마이라 스트로버 · 애비 데이비슨 지음
옮긴이 | 이기동   펴낸이 | 이기동
편집주간 | 권기숙   편집기획 | 이민영 임미숙
마케팅 | 유민호 이정호
주소 | 서울특별시 성동구 아차산로 7길 15-1 효정빌딩 4층
이메일 | previewbooks@naver.com
블로그 | http://blog.naver.com/previewbooks

전화 | 02)3409-4210
팩스 | 02)463-8554
등록번호 | 제206-93-29887호

디자인 | 박성진
인쇄 | 상지사 P&B

ISBN 978-89-97201-67-9 03190

잘못된 책은 구입하신 서점에서 바꿔드립니다.
책값은 뒤표지에 있습니다.